献给我的父亲母亲
是他们成就了本书

赋税制度、租佃关系与中国中古经济研究

张 雨 著

本书出版受到北京联合大学应用文理学院学术著作出版基金资助

序

魏晋南北朝和隋唐，被称为中国的中古时代。将这个跨度差不多七个世纪的长时段作为一个研究单元，是现代史学探讨中国历史演进大势和发展阶段背景下的一个重要现象。以陈寅恪、唐长孺、何兹全等学者为代表的中国史学家，在这个单元中各项专题研究和整体研究都取得了令国内外史学界瞩目的丰硕成果。尤其是这个时期的社会结构、生产方式、土地占有状况、赋税制度和租佃关系等社会经济史问题，相关研究不仅丰富，而且相当深入。张雨的博士后出站报告选择从赋税制度和租佃关系入手来研究中古经济形态的演进，无疑是接受了一个高难度的挑战。本人除了围绕课堂教学阅读过一些研究论著，思考过一些宏观问题，在这方面没有任何实质性的研究体验。所以当张雨准备整理出版并再次把全文发给我后，我花了很长时间来阅读，试图借助他的梳理，对中古经济形态演进的主要线索提出一些不成熟的看法。

宏观上研判中国帝制时代的经济现象及其发展轨迹，可以划分出两个明显不同的阶段。第一个阶段是从帝制初创的秦汉时代到唐代中期，属于中国帝制的前半期，经济问题的中心是赋税制度。在这个时期内，赋税制度的变化还具有很大的空间，调整频繁，以适应货币经济的兴衰和大土地所有制的起落。从汉代的赋钱（从计口赋钱逐渐变为计赀定赋）与田租，魏晋的户调与田租，到北朝至唐前期的租庸调，其间的变化非常频繁。唐代中期以后，随着两税法的实施，赋税最终不再称"租"而称"税"（唐前期的户税与地税已启其端），佃农给地主交纳的"租"与民户向国家交纳的"税"得以分离。从此，赋税制度大抵稳定下来，其变化的方向已经明确，就是在核实土地占有状况的前提下，把赋税（并且各种徭役和差科也逐渐纳入其中）的征收标准完全落实到以土地为主体的财产上。从唐代中后期陆贽奏请"均节赋税恤百姓"、元稹在同州奏请"均田"，到北宋中期王安石的"方田均税"以及役法改革、强制放贷取息，明代中期张居正的丈量土地和通过"一条鞭法"以均平赋役，再到清朝初年实行"摊丁入亩"，每一步都是朝着这个方向发展变化的。唐德宗建中元年（780）两税法的出台，标志着中国帝制时代赋税制度演进史的"终结"。此后，经济问题的中心就转为租佃关系，赋税制度在确定方向后的逐步完善则退居幕后了。

张雨的研究以"赋税制度、租佃关系与中国中古经济研究"为题，可谓抓住了中国帝制时代经济现象演变轨迹的主线。他的学术研究是从唐史开始起步的，这在一定程度上也有利于其把握住中国古代长时段历史变迁的一些关节点。吴宗国先生曾撰《唐朝的特性》，指出唐代的特点就是"变"。我体会，唐代之所以呈现出以"变"为主的时代特征，是因为唐代的社会、经济与政治都存在着较大的变革空间。空间大，转身就比较容易。一些重大的具有划时代意义的变革，在日积月累的政务运行机制调整下，似乎不经意间就实现了。无论是从三省制到中书门下体制，从府兵制到募兵制，从租庸调制到两税法，以及科举取代门荫成为出身正途，每一项变革都是划时代的，但是，都没有也不必经过一场思想解放运动，甚至有的变革都没在官私史书中留下详实的记载。张雨对唐代历史的这些特性具有较深体认，所以能够从唐代社会经济的变革入手，抓住赋税制度和租佃关系两个维度，溯源析流，对中国中古经济形态的变迁提出较为系统的看法。书中涉及的问题很多，我提出以下几点进行简要的商讨。

一、关于土地兼并和地主大土地所有制问题。从中国历史发展的实际情况来看，土地兼并在传统社会中是一个必然趋势。在通常情况下，土地兼并及由此带来的地主大土地所有制的顺利发展必须具有若干条件，例如：社会局面相对稳定，产权有所保障（战乱时期如十六国北朝贵族官僚的大规模占地，是特殊现象，不能作为大土地所有制发展的标志）；货币经济比较发达，形成财富的集聚和强大购买力（尽管中国历史上的土地兼并许多时候是通过政治上的特权进行掠夺或由君主进行赏赐而实现的，但土地占有权或所有权的政治性转移与生产性转移当区别看待）；生产关系相应调整，土地兼并带来的失去土地的农民重新回到土地上进行生产（失去土地后重新回到土地从事生产的身份则随着人身依附关系的不断减弱而有所变化）。土地兼并顺利发展的时期，大都是经济增长最快的时期，例如汉代的文景到武帝时期，唐代的高宗武则天至玄宗时期。尽管随着土地兼并和大土地所有制的发展，也会出现一些社会问题，甚至产生严重对抗性的社会矛盾，如汉代的流民和唐代的逃户，但规模经营带来的经济增长确实也是显而易见的。无论是帝制前期赋税制度的变化，还是帝制后期租佃关系的调整，都是围绕着土地兼并和大土地所有制的起伏而发生的。不过，中古时期地主大土地所有制的发展一直受到货币经济、人身依附关系等各种因素制约，其发展的瓶颈在唐宋之际获得了突破。至于获得突破的具体原因和环节，则有待于进一步的研究。

二、商品货币关系或者说交换经济的发展与大土地所有制发展之间的关系及其演进趋势。不同时代大土地的经营模式有所不同，这与生产力和生产关系都密切相关。例如，书中引用唐长孺先生的观点指出，西汉地主大土地经营模式以大规模种植单一品类作物为主，以供市场需求；东汉以经营庄园为主，种植多样化以求自给。何兹全先生也曾经指出，汉魏之际社会经济变化的一个重要方面就是从城市交换经济到乡村自然经济的变化。这个变化的具体原因，前辈学者都有不同角度的解释，但是应该还有更大的解释空间。春秋战国以来货币经济的发展，是否构成了西汉大土地所有制发展的一个前提？地主大土地所有制的发展，超出了失去土地农民重新回到土地的速度，势必引起严重的社会矛盾，所以西汉末年以来出现了强烈的限田之议。限田政策伴随着货币经济的萎缩，地主大土地所有制的发展受挫。东汉以后地主大土地所有制有所恢复和发展，主要原因是失去土地的农民大部分能够以部曲、佃客的身份重新回到土地上。但是，发展的程度还是有限度的，受限的原因与商品货币关系的衰落有关。到底有哪些复杂的原因导致了两汉之际开始的商品货币关系的衰退呢？书中综合前人研究提出的解释是，东汉时期有所谓"闭门成市"

之说，反映了庄园经济的自给自足经营模式，因此导致了市场交易的萎缩。问题在于，两汉之际开始地主大土地经营者为什么要摒弃市场而在庄园内部搞自给自足呢？经济学理论应该可以给出较为合理的解释。或许已经有了深入的解释了，只是我囿于个人知识局限而未知。

三、赋税征收标准变化的趋势以及引起其变化的主要原因。当地主大土地所有制发展还受到局限，大部分土地还是掌握在国家手里时，赋税制度就是分析其时经济形态的主要抓手。赋税征收标准从以丁、口为主到以资产（主要是土地）为主，是秦汉以来的大趋势。这个趋势在十六国时期受到了挫折，北朝隋唐建立在均田制基础上的租庸调制，征收标准还是以丁、口为主，这是一种过渡的状态。两税法以后，则一直顺着以土地财产为主这个趋势发展。在这个过程中，以户为单位征收户调，是特定历史条件下的制度。至于引起赋税征收标准变化的原因，应该包括商品货币经济的起伏、土地占有状况的变化以及行政技术的进步等许多方面。

四、租佃制与地主大土地所有制发展之间的关系。租佃制是建立在租佃契约基础上的土地经营方式，随着土地集中到一定程度和规模，租佃制就成为分析经济形态的主要切入点。中国古代的租佃关系出现很早，至少在战国时代就出现了。但是，要成为一种主体的生产关系，应是在两税法实施以后，尤其是在"田制不立"导致全国绝大部分土地都由地主所占有的宋代才有可能。理论上讲，租佃关系是基于土地出租与佃耕双方自愿而达成的契约关系，选择分成租还是定额租，以及地租率的高低，都须由主、佃双方认可。其背后的制约力量，则是对生产效率的追求。随着大土地所有制发展瓶颈在唐宋之际的突破，租佃契约开始普遍化，分成租和定额租两种契约形式同时存在并交替发展，总体趋势则是定额租逐渐成为租佃契约的主体。但是，唐朝初年均田制背景下的租佃关系中，定额租契约却远多于分成租契约。这是因为均田农民具有较强的承受风险能力，他们租种别人土地的同时，自己还有一定数量的土地。另外，还有一些重要的现象值得注意，如土地兼并日渐严重的两宋之际，在户口统计中客户的比例却有所下降。这是因为，租佃关系的发达并不意味着客户数量的增加。在宋代，一些经济发达地区，租佃关系很发达，但租种土地的多为主户中的乡村下户，他们自己还有少量的土地，可以承受定额租契约中的较大风险。作为主户的乡村下户，一定时期内成为了佃农的主体。这是宋代社会经济史上的重要现象。至于需要核算收成、手续复杂导致交易成本较高的分成租契约为什么在中国历史上长期存在，宋代以后地权为什么呈分散化发展，书中都试图进行了经济学逻辑上的解释。

张雨在书中采用了一些经济学的分析手段，并表示尽量采取定量分析的方法，对一些习以为常的学术概念，尤其是传统马克思主义史学所提出的社会性质与历史分期等重要问题进行重新解释，在"为什么"和"如何"的向度上提出新问题。这样的研究，试图接续一个强大的学术传统，将1920年代以来中国马克思主义史学的理论与方法进行了较为全面而深刻的梳理，提供了一个相当详尽的学术史综述。感佩于张雨选择了如此高难度的学术训练项目，一边阅读一边思考，断断续续写下几句不成熟的想法，权以为序。

刘后滨
2015年7月于北京

目　　录

序 ………………………………………………………… 刘后滨　1

第一章　绪论 …………………………………………………… 1
　一　选题意义 ………………………………………………… 1
　二　学术史回顾 ……………………………………………… 5
　　1. 唐代社会性质与中国史分期研究 …………………………… 6
　　2. 唐宋变革论与唐宋社会经济概观研究 ……………………… 24
　　3. 反思中国史诸分期说和唐宋变革论 ………………………… 32
第二章　社会生产结构变化与魏晋南北朝赋税制度发展 ………… 43
　一　汉魏社会生产结构变化与魏晋户调制产生 ……………… 43
　　1. 两汉大土地经营方式转变与社会经济自给化、实物化 …… 44
　　2. 曹操对汉末赋税制度的整顿与户调制的产生 ……………… 47
　　3. 西晋户调之式及其影响 ……………………………………… 50
　二　南北分治时期赋税制度对西晋户调式的继承与改变 …… 56
　　1. 北方地区赋税制度演变与均田制的出现 …………………… 57
　　附论：从《魏书·张彝传》看北魏前期合户现象 …………… 67
　　2. 南朝大土地经营的继续发展与户调制的废弃 ……………… 73
　本章小结 ……………………………………………………… 83
第三章　北朝后期赋税制度发展及唐代租庸调制的形成 ……… 86
　一　北魏后期租调制由床调向丁调过渡完成 ………………… 86
　二　北朝后期租调制演变与户等的恢复 ……………………… 90
　　1. 东魏、北齐租调制及其变化 ………………………………… 91

  2. 西魏、北周租调制及其变化 ·················· 96
 三　隋朝均田令与赋役制度改革 ·················· 99
  1. 应对人地矛盾：隋朝均田令的调整与变化 ·········· 101
  2. 隋炀帝与大业税制改革 ··················· 103
 四　唐代租庸调与户税、地税 ···················· 107
  1. 唐代力役的变化与租庸调制的形成 ············· 110
  2. 唐前期的户税与地税 ···················· 114
本章小结 ································ 123

第四章　契约选择、效率分析与中国中古租佃关系新探 ······ 129
 一　唐宋租佃关系研究及其问题 ··················· 131
 二　中古租佃关系发展中的经济学逻辑 ··············· 150
  1. 新古典模型中的分成租佃制困惑 ·············· 150
  2. 基于新古典的分析：唐宋租佃契约安排中的经济学逻辑 ·· 154
  3. 中古社会高、低定额租及其对社会生产结构的影响 ····· 163
  4. 唐宋间地租率的变化及对新古典租佃模型的反思 ······ 173
  5. 回溯魏晋：建立观察中国中古租佃关系发展的新坐标 ··· 182
本章小结 ································ 188

第五章　余论：从中古到近代——为什么中国未进入资本主义社会 ··· 192

参考文献 ································ 201
附　录 ································· 214
后　记 ································· 221

Study on the Chinese Economic History of Medieval Times: Focus on the Taxes System and the Tenancy Relationship

Table of Contents

Chapter One: Introduction 1
1.1　Significance of Choosing this Research Topic 1
1.2　Literature Review 5
1.2.1　Social Characteristics of the Tang Dynasty and Study on the Periodization of Chinese History ·· 6
1.2.2　The Tang-Song Transition and an Overview of Social Economy in the Tang and Song Dynasties ·· 24
1.2.3　Rethinking of the Periodization of Chinese History and the Tang-Song Transition ·· 32

Chapter Two: Changes of Social Productivity Structure and Developments of the Taxes System in the Wei, Jin, Southern and Northern Dynastie 43
2.1　Changes of Social Productivity Structure in the Han and Wei Dynasties and Establishment of Hudiao System in the Wei and Jin Dynasties 43
2.11　The Transformation of Management Modes of Land Owned by Big Land Owners in the Western Han and Eastern Han Dynasties and Self-Sufficient and Materialized Social Economy···················· 44
2.12　Cao Cao's Reform of the Taxes System in the Later Han Dynasty and Establishment of Hudiao System 47
2.13　Hudiaoshi System of the Western Jin Dynasty and its Effects 50
2.2　The Succession and Adjustments to Hudiao System in the Western Jin Dynasty of the Taxes System in the Period of Division...................... 56
2.21　The Evolution of the Taxes System in the Northern China and the Coming of Juntian System 57
　　　An Added Discussion: Reviewing the Phenomenon of Unionizing

Household Registration in the Early Northern Wei Dynasty—From *Wei shu* "Zhang Yi Zhuan" ·· 67

2.22　The Ongoing Development of Management Modes of Land Owned by Big Land Owners in the Southern Dynasties and Abolishment of Hudiao System ·· 73

2.3　Conclusion ·· 83

Chapter Three: Developments of the Taxes System in the Later Northern Dynasties and Formation of Zuyongdiao System in the Tang Dynasty ······ 86

3.1　Accomplishment of Transition from Chuangdiao to Dingdiao of Zudiao System in the Later Northern Wei Dynasty ··················· 86

3.2　The Evolution of Zudiao System in the Northern Dynasties and the Reoccurrence of Raking of Households ······················· 90

3.21　Zudiao System in the Eastern Wei and Northern Qi Dynasties and its Changes ·· 91

3.22　Zudiao System in the Western Wei and Northern Zhou Dynasties and its Changes ·· 96

3.3　Juntian System in the Sui Dynasty and Reform of the Taxes and Corvee System ··· 99

3.31　Confronting the Contradictions Between Man and Land: Adjustments and Changes to Juntian System in the Sui Dynasty ················· 101

3.32　Emperor Yang of the Sui Dynasty and the Taxes Reform in the Daye Period ·· 103

3.4　Zuyongdiao, the Household Tax and Land Tax in the Tang Dynasty ··· 107

3.41　Changes to the Corvee System in the Tang Dynasty and Formation of Zuyongdiao System ··· 110

3.42　The Household Tax and Land Tax in the Early Tang Dynasty ············ 114

3.5　Conclusion ·· 123

Chapter Four: A New Probe into the Tenancy Relationship in Medieval China: Based on Contract Choice and Efficiency Analysis ·················· 129

4.1	On the Tenancy Relationship in the Tang and Song Dynasties and its Problems	131
4.2	The Economic Logic in the Development of the Tenancy Relationship in Medieval China	150
4.21	Confusion in Share Tenancy System of the Neoclassical Model	150
4.22	The Economic Logic of Tenancy Contracts in the Tang and Song Dynasties:Based on an Analysis of Neoclassical Economics	154
4.23	High or Low Fixed Rent in Medieval Society and Its Effects on Social Productivity Structure	163
4.24	Variation of Rent Rates Between the Tang and Song Dynasties and Rethinking of the Neoclassical Rent Model	173
4.25	Reflection on the Status of the Wei and Jin Dynasties in Chinese History: Establish a New Coordinate to Observe Developments of the Tenancy Relationship in Medieval China	182
4.3	Conclusion	188

Chapter Five: From Medieval China to Modern China:Why China had not Enter the Capitalist Society? 192

Bibliography 201
Appendix 214
Acknowledgment 221

图表目录

图 1　新古典模型中分成租佃制的无效率……………………… 151
图 2　分成租契约与定额租契约的效率分析…………………… 155
图 3　一个佃农的分成租佃………………………………………… 157
图 4　多个佃农的分成租佃………………………………………… 159
图 5　封建社会中分成制的有效率………………………………… 175
图 6　奴隶社会中租佃制的无效率………………………………… 183

表 2-1　西晋品官占田荫客表……………………………………… 54
表 2-2　两汉魏晋南北朝户均口数变化表………………………… 55
表 2-3　北魏太和八年前后户调额对照表………………………… 58
表 2-4　北魏均田民户应受田额表………………………………… 62
表 2-5　太和八年户调与太和十年民调对比表…………………… 63
表 3-1　北齐奴婢应受田限止人数表……………………………… 94
表 3-2　唐前期著籍户口表………………………………………… 108
表 3-3　唐天宝年间政府年收年支统计表………………………… 123
表 3-4　唐天宝年间政府年支细目统计表………………………… 123
表 4-1　公元 6—8 世纪吐鲁番地区定额地租统计表…………… 164

第一章 绪 论

一 选题意义

本书拟从赋税制度和租佃关系两个角度来研究中古时期中国的社会经济形态及其演变。本书所谓的"中古时期",仅仅具有时间属性,大约涵盖了上起秦汉,下迄唐宋的历史时段。其中,研究的重点是魏晋南北朝至隋唐前期赋税制度的演变,以及唐宋租佃关系的发展。

中古时期是中国历史上极为重要的发展阶段。就传统马克思主义史学叙事模式来说,在这一阶段,统一、多民族的中国真正形成,并不断地发展和巩固,奠定和塑造了今日中国的基本面貌。但近年来,随着西方中国学研究传入国内,影响不断扩大,大量社会科学新词汇涌入历史学研究中,对传统马克思主义史学研究范式产生了较大冲击。借用相关西方社会科学理论及其概念,几乎成为历史学方法论代际转换的明显标志。当前史学研究中出现的这种"概念化"倾向,来源于研究者对多元化差异的关注。[1]对多元化差异的关注和强调,是世界各国学者在全球化的浪潮下,对资本主义生产方式,或者说是对工业化迅猛发展所导致的世界"同质化"或"扁平化"倾向的一种抵制。

受此影响,尤其是受到区域史研究中重视区域(或地方)差异的研究思路的影响,有些学者开始质疑作为概念的"中国",能否有效涵盖曾经包

---

[1] 杨念群《美国中国学研究的范式转变与中国史研究的现实处境》,黄宗智主编《中国研究的范式问题讨论》,社会科学文献出版社,2003年,第289—314页,尤其是第297—298页。对多元化差异的重视,源于20世纪50—60年代以来西方学者对"欧洲中心观"等一元化历史观念的反思,参见本书第五章相关论述。

含了各个民族、各朝历史的空间：各个区域的差异性能够被简单地划在同一的"中国"里面？这样一个具有同一性的"中国"是否真的存在？它是一个想象的政治共用体，还是一个具有同一性的历史单位？这样的质疑，对于改变过去只有"一个历史"，而且是以"汉族中国"为中心的传统研究范式，确实非常有意义。但正如葛兆光所指出的，在面对上述质疑时，需要追问的是，历史学研究中，这种似乎是"从民族国家拯救历史"的方法和立场本身，[1]是否又过度放大了民族、宗教、地方历史的差异性，或者过度小看了"中国"，尤其是"汉族中国"的历史延续性和文化同一性。[2] 追问中的这两个"过度"，恰恰体现了不同研究思路下，学者对历史演进规律特殊性或普遍性的不同侧重。

确实，大部分的中国大陆学者，出于自然的感情和简单的认同，就会把"中国"当作天经地义的历史论述同一性空间，并有意识地去建设一个具有政治、文化和传统同一性的中国历史（葛兆光语）。所以，将"中国"作为问题，并非本书研究的重点。但由上述追问所引发的对规律（尤其是人文、社会科学领域内的规律或理论）适用性的反思，是本书关注的重点。

笔者之所以在一开始就强调"本书所谓的'中古时期'，仅仅具有时间属性"，是因为若从社会经济形态演变的角度，来观察同一历史阶段的中国，中古社会就呈现出复杂多变，甚至是相互对立的面相。在同样是遵循马克思五种社会形态理论的中国学者中，持西周封建论、战国封建论和西汉封建论的研究者认为，中古时期是中国封建社会巩固、发展以至于鼎盛的阶段，而魏晋封建论者则认为同时期是中国由奴隶社会向封建社会过渡的转型期。同样，在受到马克思主义理论（或经济史观）影响的战后日本史学界，也有着相互对立的看法。京都学派认为唐宋之际是中国由中世向近世的变革期，而东京学派则认为该时期的中国完成了由古代向中世的转型（详见本章第二节2）。

在同样的理论的指导或影响下，不同学者不仅没能消弭分歧，反而更

---

[1] ［美］杜赞奇（Prasenjit Duara）《从民族国家拯救历史：民族主义话语与中国现代史研究》，王宪明译，社会科学文献出版社，2003年。

[2] 葛兆光《宅兹中国——重建有关"中国"的历史论述》，绪说引言，《"中国"作为问题与作为问题的"中国"》，中华书局，2011年，第3—5页。

加重了人们对中古中国社会经济形态认识上的困惑。在新的学术语境下，这种困惑进而导致了对旧有研究范式的反思和扬弃。对各式各样欧洲中心史观的批判，对传统马克思主义史学话语的反感，都体现了人们对规律普遍性的恐惧和怀疑，从而带动了中国中心史观的兴起。然而，在对欧洲中心论进行批判的同时，中外学者却又不断地重新陷入到新的欧洲中心论中去。① 同时，对规律普遍性的淡化，又带来了史学研究中的"碎片化"倾向。种种新问题，不断促使笔者去反思：在面对新、旧不同的研究范式时，真正应该去反思和扬弃的是什么？

在研究的过程中，笔者逐渐意识到，区分五种社会形态，最初是马克思在其政治经济学研究的基础上，立足于辩证唯物主义和历史唯物主义，提出的一套内在逻辑严密的学说，其核心思想是生产方式决定社会形态的性质及其经济发展模式（参见本书第四章小结）。该学说在传入东亚后，对中国和日本史学界都产生了深远影响。不过，在运用五种社会形态理论研究中国史时，历史学者往往缺乏经济学的分析手段，因而在实际研究中经常采取定性而非定量的方法，从而导致研究结论易于出现偏差。这一不足，在中日两国的史学研究者中，都不同程度的存在（详见本章第二节3）。

为了纠正上述不足，近些年来，西方经济学理论成为中国史研究中新派学者所采用的主流范式。② 然而，单纯依靠西方经济学的分析模型，在实际研究中又出现了理论脱离一定历史现实的不足。研究者往往不去区分相似的历史现象背后，因社会发展阶段和生产力发展水平不同，所隐藏着的本质完全不同的社会性质（或者说经济发展模式）。比如在反思马克思主义史学的基本概念时，秦晖曾对"租佃"这个研究中极常用的概念，从符号学的角度进行了探讨，追寻这一"符号"所要表达的"语义"。他认为，所谓的租佃制，有广、狭二义。广义的租佃制指独立经营者向别人交纳剩余产品或劳务，不论这种交纳是基于土地所有权、人身权利、政治特

---

① 关永强《从欧洲中心史观看美国中国史研究的变迁》，《史学理论研究》2009年第1期，第74—85、159页，亦可参见本书第五章。
② 本书所谓的新派学者，指的是那些有着主流经济学背景的西方中国学研究者，或者受到前者影响，并借鉴经济学理论进行分析的中国史学研究者，以区别于传统马克思主义政治经济学影响下的史学研究者。

权还是宗教特权等等。狭义的租佃制是建立在土地所有权基础上的经济关系,其实质是土地所有权或土地资本的有息借贷,也可以理解为土地定期使用权的买卖。这个意义上的地租,只能是商品经济发展的产物。它的前提是土地之为商品,土地之为货币等价物,土地之为生息资本,而租佃关系的当事人必须是自由人。这种作为自由人的佃户以等价交换方式租赁作为自由财产的土地(亦即购买土地一定时期内的使用权)的制度,只有在商品经济较发达的时代,存在着自由人与自由私有财产的时代才能存在。也就是说,租佃制只有在古典时代与近代才能存在。在封建社会,它只有作为农奴化之前的古典私有制遗存,或作为人身依附制度瓦解之后的近代自由私有制的历史前提而存在。

因而在秦晖看来,只有在广义租佃制的概念下,才可以认为中世纪(指西欧封建社会时期)存在着地租。因为,广义租佃制与封建制之间并无必然联系,封建发达的国家(如中世纪的西欧诸国)未必有发达的租佃制,而租佃制发达的国家未必就是封建国家(如汉代的中国和古典时代的罗马)。狭义的租佃制即自由租佃制,更与封建制在逻辑上是矛盾的。然而,为了不与传统的中国历史分期研究中关于中国封建社会下限的主流结论产生矛盾,他特意强调,之所以说鸦片战争前的中国处在封建社会,不是因为有租佃关系,而是因为自然经济、人身依附与宗法共同体——私有制关系上的宗法与特权羁绊,因此租佃制也是不自由的。换言之,不是租佃制决定了当时社会的封建性质,而是社会的封建性质,决定了那种租佃关系的性质。① 可见,在他的分析逻辑中,不再是经济基础决定上层建

---

① 秦晖《古典租佃制初探——汉代与罗马租佃制度比较研究》,《中国经济史研究》1992年第4期,第58—71页。其实,有意将租佃制(秦晖所谓的狭义租佃制)与封建制区分开来,并不始于秦晖。主张魏晋封建论的日知(林志纯)就指出,在奴隶社会,特别当其初期,由于公社解体和社会内部分化,被公社排挤出来的失地的自由民,变成佃农,是正常的现象。比如雅典在梭伦变法前,就曾盛行租佃制。被称为"六一汉"(Hectemori,双方约定地租为土地收获物的1/6,但近代学者多主张此为交租5/6,自余1/6,见[古希腊]亚里士多德《雅典政制》,日知、力野译,商务印书馆,1999年,第4页注释5)的佃农,在当时雅典的农民中就占极大多数,可是决定雅典社会面貌的,绝不是这种租佃制流行和佃农普遍存在的现象,而是当时虽然刚刚发生,但已居主导地位的奴隶制。他还强调,在研究极大多数古代东方国家时,都会面临"租佃制"问题,如果处理不得其道,就不免被"佃农"、"地租"等名词弄迷糊。见日知《我们在研究古代史中所存在的一些问题》,《历史研究》1956年第12期,第1—27页。对于上述看法,将汉代视为封建制国家的其他分期论者则批评指出,在主张"租佃制在　　(转下页)

筑,而是上层建筑(私有制关系上的宗法与特权羁绊)决定了经济基础(租佃关系的性质)。然而,将租佃制定义为自由租佃制,这本身就是"作为资本主义生产方式的理论表现的现代经济学的观点",[①]并且是将这种观点默认为观照历史上一切社会经济形态的前提的做法。所以,秦晖才将租佃制与商品经济和自由私有财产(产权)联系起来,并将汉代的中国视为租佃制发达的"非封建"国家的典型。这样的研究,不仅在理论上存在着短板,而且在实证研究上也存在有待证实的前提。[②]

有鉴于此,本书将在辩证唯物主义和历史唯物主义的指导下,运用马克思五种社会形态理论,并借鉴经济学研究的分析方法,围绕着赋税制度与租佃关系来研究中国中古时期社会经济形态的演进。当然,这样的思路是在本书写作过程中逐步形成并清晰起来的。笔者虽然尽力使研究更加充实,但在具体方法上更多地侧重于理论分析,因而在实证分析方面有待日后进一步加强。

二 学术史回顾

近代以来,随着社会学科影响下的西方历史学传入中国,中国学者也开始尝试从社会经济形态入手,研究本国历史及其发展,并以此呼应当时

(接上页) 古典的古代是普遍的现象,对于确定社会性质并没有重要意义"的同时,魏晋封建论者却回避了一个重要问题:在古典时代普遍存在的租佃制究竟属于什么性质的生产关系?奴隶社会的租佃制和封建社会的租佃制在性质上是否一样?如果说不一样,那么只有先证明秦汉时代的租佃制是一种奴隶制的租佃制而不是封建的租佃制之后,才能把它与希腊罗马的租佃制相提并论。否则,就未必恰当。但是关于这个问题,处在讨论中的双方都没有予以足够的重视。详见林甘泉、田人隆、李祖德《中国古代史分期讨论五十年》,上海人民出版社,1982年,第388—389、391—392页。秦晖的研究,从符号学角度切入,看上去比较新颖,但其中存在的问题,就如同《中国古代史分期讨论五十年》所指出的那样,他也回避了对租佃制这种生产关系的性质做出说明,因而不能将租佃制作为经济基础,只能将租佃制视为上层建筑,以此来构建自己的分析基础。这样的分析同样存在着不足。

① 马克思《资本论》第3卷,人民出版社,2004年,第884页。
② 秦晖之所以将汉代的中国视为租佃制发达的国家,与其受中国历史分期研究中西周封建论、战国封建论和西汉封建论的影响有关,所以他才会将上述结论视为自己结论的先验前提。笔者并不认同将汉代视为租佃制发达的时期,同时仍将租佃制视为封建社会的生产方式和基础,相关分析研究,详见本书第四章第二节。

社会各阶层在求索中国未来发展道路时所产生的对理论探索和实证研究的诉求。唐宋时代社会经济的发展,对近现代中国面貌的塑造,有至关重要的影响。所以,从那时起,唐宋社会经济形态就成为中国古代史研究的核心问题之一。中外学者对唐宋经济史的研究,也大都着眼于中国古代历史分期问题,取得了极为丰富的成果。也正是源于此学术背景,对唐宋经济的局部和整体研究,微观和宏观研究,交互推进,未尝偏废。不过,限于选题的研究旨趣,本书将围绕着唐宋经济史研究的宏观层面,分两个主题,对相关学术史进行梳理。至于微观层面的研究成果,将随文而注,不具于此。

1. 唐代社会性质与中国史分期研究

本节主要围绕着唐代社会性质、中国古代历史分期及唐代土地关系发展三个方面的研究进行综述。

(1) 唐代社会性质的研究

唐代经济史成为唐史研究的专门领域,大致起步于20世纪20年代末。在此之前的19—20世纪之交,西方进化论传入中国。中国史学家开始摆脱传统的王朝史观和历史循环论,尝试用社会进化论来重构国史,建立起新的研究范式和叙事结构。历史学及历史编纂学面目为之一新。其中,吕思勉在其所著《白话本国史》中,已经关注于生产方式(社会物质方面)对社会进化的作用,提出了自己的历史分期法。他将中国历史分为"上古"(秦统一以前)、"中古"(唐安史之乱以前)、"近古"(元之前)、"近世"(清中叶以前)和"最近世"(鸦片战争以后)等阶段。不过,虽然意识到了社会生产方式对历史变迁的作用,但他却没有对中国古代生产技术进步给予足够的注意。这使得吕思勉得出了中国社会处在停滞阶段的论断:自秦汉以来,至清代开海禁(五口通商)之前,中国的社会经济组织没有根本变化,其根源就在于"生产方法和生产社会的组织,始终没有变更的缘故"。①

1927年大革命失败后,一场关于中国革命性质的论战随之展开,并在思想界和学术界引发了中国社会史大论战。在这场论战中,中国社会长期停滞说被突破。在回答"中国到底经历了哪些社会发展阶段"这一问题时,对

---

① 吕思勉《白话本国史》,商务印书馆,1923年;上海古籍出版社,2005年,第3—11、328、592页。

不同阶段生产方式和生产关系的发展进行探讨,并作出判断,成为研究的先决条件。其中,首当其冲的问题是:中国的封建社会于何时出现、又于何时衰亡。① 尤其是对封建社会下限的划定,与当时中国革命的任务直接相关。

当时的托洛茨基派及陈独秀取消派认为,② 大革命的失败是资产阶级取得了胜利。中国处在资本主义社会阶段,资产阶级民主革命已经结束,而社会主义革命是将来的事。相反,改组派认为中国社会经济结构是一个"为封建思想所支配的初级资本主义",③ 资产阶级民主革命并未终结。为此,在回答中国经历了哪些社会发展阶段时,新生命派代表陶希圣等人提出了"商业资本主义社会"、"先资本主义社会"等概念。他们认为中国的封建制度早在周朝就已经崩坏,秦汉以降,"集权的君主国,如秦始皇,这已经不是代表封建,而是商业资本的政权形式了"。④ 至宋代,中国便进入了作为"近世"的先资本主义时期。他将"先资本主义社会"的特征概括为:"宋代的记载多田佣或佣工或佣仆","自由劳动已代奴隶劳动为社会重要的现象";"耕地分散是明显的趋势,唐代的大庄园到宋代多变为多数独立农场,平均每一农家以耕地十亩为多";"行会的势力比唐为小,行会以外,颇有独立的大商工业","国外贸易之发达","银的普遍使用",等

---

① 关于1937年以前,中外学者分析中国封建社会起止时间的不同观点,参见李根蟠《中国"封建"概念的演变和"封建地主制"理论的形成》一文中,表1《关于中国封建社会起迄的各种意见》、表2《关于中国封建社会崩溃期各类意见的统计》、表3《关于秦迄鸦片战争中国社会性质各种意见及其代表人物》,《历史研究》2004年第3期,第146—172页。

② 取消派,即"中国共产党——列宁主义左翼反对派",或称"中国共产党左派反对派",其名称来源于俄国的孟什维克取消派。"取消派"一词,出自俄国社会民主党孟什维克对布尔什维克"剥夺"行为和非法打家劫舍行为的批评。孟什维克要求坚决取消"涅恰耶夫式"和"雅各宾式"的工作方式,摒弃"鞑靼——蒙古式的野蛮手段",进而要求"取消现有的俄国社会民主党组织,代之以一种绝对要在合法范围内活动的不定形的联盟,甚至不惜以公然放弃党的纲领、策略和传统为代价"。参见《苏联共产党代表大会、代表会议和中央全会决议汇编》第1分册,人民出版社,1956年,第246页;金雁《革命与金钱——俄国社会民主党内关于"经费"问题的争论》(上、下),《经济观察报》2009年11月2日,第45版,2009年11月16日,第36版。

③ 公孙愈之(顾孟馀)《中国农民问题》,陶希圣编《中国问题之回顾与展望》,新生命书局,1930年,第265页。改组派,即"中国国民党改组同志会",是20世纪20—30年代南京国民政府初期国民党内部的主要反对派。1928年成立于上海,主要发起人为陈公博、顾孟馀等。改组派的社会史理论,主要来源于社会史大论战中以陶希圣为代表的新生命派。

④ 陈邦国《中国历史的发展道路》,《读书杂志》第1卷第4—5期,1931年,王礼锡、陆晶清编《中国社会史的论战》第1辑,神州国光社,1932年;《民国丛书》第2编第79册,上海书店,1990年,第10页。

等。① 基于此,陶希圣在与鞠清远合著的《唐代经济史》中,将唐代的社会经济形态表述为由"中世"(三国至唐末)向"近世"的过渡形式。② 这是唐代经济史研究的第一部专著,也由此引发了学界对于唐代社会性质的持续讨论。

与之相对,郭沫若在《中国古代社会研究》中提出了自己对中国历史发展阶段的看法。他认为"东周以后,特别是秦以后",中国才真正进入到封建社会。③ 受此影响,服膺唯物史观的史学者展开了对"商业资本主义社会"、"先资本主义社会"说的批判。吕振羽在《隋唐五代经济概论》一文中,始终从生产关系领域里阶级矛盾及其发展着眼,考察和解释唐代的经济变动和政治变动。他认为中国自西周至清代中叶,是地主经济占支配地位的封建社会,因而将隋唐五代定位为封建社会的"地主经济复兴"(隋唐)和"大地主经济没落"(唐末五代)的时期。④

社会史大论战之后,左翼史家围绕着中国历史发展阶段问题,继续展开大讨论。到1940年代前期,基本形成了对古代中国历史发展阶段的几种看法。其中,在封建社会的确立时间上,大致形成西周封建论、⑤ 战国封建论、⑥ 西汉封建论。⑦ 后来,还出现了魏晋封建

---

① 陶希圣《中国社会形式发达过程的新估定》,《读书杂志》第2卷第7—8期,1932年,王礼锡、陆晶清辑《中国社会史的论战》第3辑,神州国光社,1932年;《民国丛书》第2编第80册,第6—7页。
② 陶希圣、鞠清远《唐代经济史》,商务印书馆,1936年,后收入许嘉璐主编《近代名家散佚学术著作丛刊》,山西人民出版社,2014年。
③ 郭沫若《中国古代社会研究》,上海联合书店,1930年;《民国丛书》第1编第76册,上海书店,1989年,第197页。关于中国封建社会的起始,郭沫若又先后修订为春秋中叶、春秋战国之交,奠定了战国封建论。
④ 吕振羽《隋唐五代经济概论》,《中山文化教育馆季刊》第2卷第4期,1935年,后收入《吕振羽集》,中国社会科学出版社,2001年,第145—179页。
⑤ 范文澜《关于上古历史阶段的商榷》,《群众》第5卷第4—5期、《中国文化》第1卷第3期,1940年,后收入《范文澜历史论文选集》,中国社会科学出版社,1979年,第81—92页。范文澜赞成吴玉章关于殷代是奴隶社会、西周是封建社会的主张,对郭沫若"西周仍是奴隶社会"的观点提出质疑。主张西周封建论的学者还有吕振羽、翦伯赞、杨向奎、徐中舒、王玉哲、王亚南、赵光贤、李埏等。
⑥ 郭沫若《古代研究的自我批判》,《群众周刊》第9卷第2期,1944年,后收入《十批判书》,《中国古代社会研究(外两种)》,河北教育出版社,2000年,第599—666页。此外,吴大琨、杨宽、田昌五、林甘泉等学者也都持战国封建说。
⑦ 侯外庐《中国古典社会史论》,五十年代出版社,1943年;《中国古代社会史论》(修订本),人民出版社,1955年。此分期论代表学者还有赵锡元。

论。① 这些分期论虽然分歧明显,但在"唐代是中国封建社会的重要发展时期"这一论断上,各家皆无疑义。② 应该说,左翼史家对唐代社会所处宏观阶段的大体共识,为建国后将唐代经济史同中国封建社会经济形态的演进结合在一起进行研究,奠定了坚实的基础。③

(2)中国古代历史分期问题

与封建社会经济形态密切相关的是土地关系。唐代土地关系的研究,主要是围绕着前期的均田制和后期的庄园制展开的。提到均田制和庄园制,就不得不涉及土地所有制性质(是国家土地所有制、还是地主土地所有制)和直接生产者的阶级属性(是佃农、奴隶,还是农奴)的研究。因此,有必要对中国古代由奴隶社会向封建社会过渡的问题有所了解。

中国历史上是否存在奴隶社会?如果存在,它的起止时间又如何划分?这两个问题,不仅是社会史大论战时的重要问题,也是建国后有关"五朵金花"(古代史分期问题、封建土地所有制形式问题、农民战争问题、汉民族形成问题、资本主义萌芽问题)讨论的核心话题。

首先肯定中国历史上存在过奴隶社会的学者是郭沫若。在《中国古代社会研究》中,他根据自己对《易》、《诗》、《书》、卜辞、彝铭中材料的解读,论证了古代中国社会的发展阶段:原始共产社会(西周以前)、奴隶社会(西周时代)和封建社会(春秋以后)。此外,吕振羽、王宜昌等人也

---

① 尚钺《中国历史纲要》,人民出版社,1954年;修订本,人民出版社,1980年;河北教育出版社,2000年;王仲荦《关于中国奴隶社会的瓦解及封建关系的形成问题》,《文史哲》1956年第3—5期,湖北人民出版社,1957年;何兹全《关于中国古代社会的几个问题》,《文史哲》1956年第8期,第2—22页。其代表学者还有陶希圣、唐长孺、王思治、日知、赵俪生等。
② 除了上述四种主要分期说之外,还有其他一些分期说被提出,如春秋封建说(李亚农、唐兰、祝瑞开、吴慧)、秦统一封建说(黄子通、夏甄陶、白寿彝、金景芳)、东汉封建说(周谷城、郑昌淦)、东晋封建说(梁作干)。这四种分期论可以被认为是前四种分期论的依附理论。参见何怀宏《世袭社会及其解体:中国历史上的春秋时代》第2章第2节《各期"封建社会"说的理论依据》,三联书店,1996年,第46—56页;陈其泰主编《中国马克思主义史学的理论成就》第2章《创造性运用唯物史观原理的重大成就》,国家图书馆出版社,2008年,第100—103、107—111页。
③ 参见胡戟、张弓、李斌城、葛承雍主编《二十世纪唐研究·经济卷·概论》(张弓执笔),中国社会科学出版社,2002年,第291—294页。

都对中国经历过奴隶社会持肯定态度。① 不过,在论战之初,郭沫若等人属于少数派,大多数学者都否认中国历史上奴隶社会的存在。反对者的学术背景非常多元化,不但有"特殊亚细亚社会"论者、② "商业资本主义社会"论者和政治上属于托派的一些学者,而且还有以马克思主义观点研究中国历史的学者。例如写《中国社会发展史》的苏联学者沙发诺夫(Georgiĭ I. Safarov,现译萨法罗夫),翻译《资本论》的中国学者王亚南,都认为中国没有经历奴隶社会,但他们并不否认社会经济形态依次更替规律的普遍性。③

郭沫若等在论战中处于下风的局面,在1935年后出现了逆转。何幹之在《中国社会史问题论战》一书中详细描述了这个变化:"在中国过去的八九年间,附和他(指郭沫若)的人极少,而反对他的人却极多","但是自一九三五年以来,郭沫若的中国古史观,好像复活起来。六七年来为思想界所集中抨击的观点,忽然变(成)了大家共同信奉的

---

① 郭沫若指出殷代还处在原始公社制的氏族社会,为金石并用时代,农业虽已出现,但尚未充分发展,畜牧业仍是主要生产部门。周代以后,由于铁的出现,才进入奴隶社会,见氏著《中国古代社会研究》,第9—26页。吕振羽不同意郭沫若的这个意见,在对中国原始社会内部结构进行探索后,提出了殷商奴隶社会论和西周封建说,见氏著《殷周时代的中国社会》,上海不二书店,1936年;湖南教育出版社,2009年。在他之前,虽然也有不少人认为西周是封建社会,但他们大都是从周初封建诸侯来立论的,并未触及其生产方式。吕振羽则从土地所有制形态、直接生产者的身份和剥削方式等方面来论述西周的社会性质,从而提出了西周封建说。王宜昌是农村社会性质论战中"中国经济派"(除了《中国经济》外,这些学者还以《动力》杂志为阵地,亦被称为"动力派")的代表人物,受托洛茨基理论的影响,主张当时中国已经进入资本主义社会。但与大多数托派学者否定中国存在奴隶社会不同,他认为中国在商代以前为原始社会,西周至汉末三国是奴隶社会,从五胡十六国以后进入封建社会,见氏著《中国奴隶社会史—附论》,《读书杂志》第2卷第7—8期,1932年,王礼锡、陆晶清辑《中国社会史的论战》第3辑。在奴隶社会的产生及奴隶社会、封建社会更替的原因上,王宜昌更多地着眼于地理因素和异族入侵的影响,反对郭沫若所提出的"封建制的革命",因而他的分期论受到了主流马克思主义史学界强烈的批判。参见林甘泉等《中国古代史分期讨论五十年》,第36—41、44—46页。
② 关于亚细亚生产方式与特殊亚细亚社会论,参见本书第三章小结注释。
③ 李根蟠、张剑平《社会经济形态理论与古史分期讨论——李根蟠先生访谈录》,《史学史理论研究》2002年第4期,第73—80页。反对者认为中国不存在奴隶社会,东方社会历来以家庭奴隶为主,生产奴隶不占支配地位(刘兴唐《奴隶社会还是封建社会》,《中国经济》第3卷第9期,1935年,第1—21页),因而奴隶制被他们"当作散在的或偶然的形态看的东西",是"先阶级社会或阶级社会各阶段中之附属的因素"(翦伯赞语,见氏著《关于历史发展中之"奴隶所有者社会"问题》,《中山文化教育馆季刊》第3卷第3期,1936年,后收入《翦伯赞全集》第6卷,河北教育出版社,2008年,第238页),被排除在社会经济形态演进的普遍规律之外。

真知灼见,甚至许多从前反对过他的人,也改变了态度。"因为"西周奴隶说,打破了一二千年来官学对中国古代史的'湮没''改造'和'曲解',确是一桩破天荒的工作。目前中外的新史家,差不多都以他的研究为出发点"。①

从此以后,尽管对奴隶社会的具体认识还存在很多分歧,但"中国存在过奴隶社会"的观点,已经确立了其在学界的主流地位。新中国成立后,学习马克思主义理论,运用唯物史观,成为绝大多数史学家积极"预流"的不二法门。把中国古代社会的发展看作是自然历史过程,从物质资料生产方式的发展变化着眼,阐明中国古代社会是遵循"五种生产方式"理论和社会形态学说的演进历程,成为新时代史学家的重要学术目标之一。这样,作为社会史论战延续的古代史分期讨论,就形成了主要围绕如何划分奴隶社会与封建社会进行探讨的局面。②

西周封建论的理论依据,是斯大林在《辩证唯物主义与历史唯物主义》中对奴隶社会、封建社会所下的定义:"在奴隶制度下,生产关系底基础是奴隶主占有生产资料和占有生产工作者,这生产工作者便是奴隶主所能当作牲畜来买卖屠杀的奴隶";"在封建制度下,生产关系底基础是封建主占有生产资料和不完全占有生产工作者,这生产工作者便是封建主虽已不能屠杀,但仍可以买卖的农奴。"③

持此论者认为周族在消灭殷商后,便宣布土地王有政策和废除奴隶制度,所谓"普天之下,莫非王土;率土之滨,莫非王臣"(《诗·小雅·北山》),表现的正是这一历史内容。西周统治者将土地由"国有"(公有制)变为"王有"(私有制),从而建立了封建制国家。为了区别于秦汉以后的封建地主土地所有制,他们将西周土地所有制判定为封建领主所有制。在封建领主制下,社会的主要矛盾是领主与农奴的矛盾。西周最高的封建领主,即周天子,是全国土地和人民的最高所有者。周天子通过分封制,

---

① 何幹之《中国社会史问题论战》,上海生活书店,1937年;《民国丛书》第2编第78册,上海书店,1990年,第95—105页。
② 林甘泉等《中国古代史分期讨论五十年·前言》,第1页。
③ 斯大林《辩证唯物主义与历史唯物主义》,人民出版社,1956年,第34页。

将土地和人民赐给诸侯、采邑主。由于是将土地和人民同时赐给诸侯,这改变了奴隶制下商代邦伯(诸侯)的单一身份:"征收贡纳的代理人",使之成为大小不等的封建领主。这些领主将封域内的人民,不问其是奴隶还是自由民,整族整族地转化为农奴,并将其束缚在土地上,完成了奴隶制农业经营向庄园制封建农业经营的过渡。他们认为农奴与奴隶的区别在于农奴有自己的生产工具,有自己的家室。封建领主制社会的剥削形式,主要是井田制基础上的劳役地租。① 当然,在封建社会中,并不排除存在有氏族制、奴隶制残余。

西周封建论者在判断西周社会的性质时,主要着眼于直接生产者身份、地位的变化。这源于他们对郭沫若的批判。在主张中国存在奴隶社会时,郭沫若主要从西周的"众"和"庶人"可以用于赏赐和买卖来论证奴隶身份的存在。于是,西周封建论者根据斯大林所定义的封建生产关系特征,指出庶人(主要是农奴)也是可以用来赏赐及买卖的,因而认为郭沫若的论据并不能成立。②

面对这样的质疑,郭沫若也只能另觅他径来反驳。在论证封建制的产生时,他不再主要着眼于直接生产者,因为"由于年代的久远和记载的简单,如果单从农民方面来着眼,是容易发生混淆的。从事农业生产的奴隶和封建农奴的区别,往往不很显著。……中国古代史分期问题之所以不容易解决,其主要的原因就在这里"。所以他开始"有意识地照着毛主席的指示走路","抓住在封建社会中的农民阶级与地主阶级这个主要矛盾,而且特别是地主阶级这个矛盾方面",③由此奠定了战国封建论。

---

① 对于井田制的性质,李埏后来有了新的看法。他认为西周封建社会中仍存在农村公社,井田制就是公社土地形态。所以,西周是建立在农村公社之上的封建领主制社会。春秋战国后,随着农村公社的解体,封建领主制演变为封建地主制。见氏著《试论中国古代农村公社的延续和解体》,《思想战线》1979 年第 3 期,第 57—67 页。进而,他将夏商周三代看做是中国古代历史发展的一个特定的阶段:"井田制时代",即农村公社时代,见氏著《夏、商、周——中国古代的一个历史发展阶段》,《思想战线》1997 年第 6 期,第 53—58 页。
② 林甘泉等《中国古代史分期讨论五十年》,第 113—121 页。
③ 郭沫若《中国古代史的分期问题》,《奴隶制时代》(代序),见《郭沫若全集》历史编第 3 卷,人民出版社,1984 年,第 5 页。

战国封建论者与西周封建论者一样,都将奴隶制下的土地所有制视为国家(公有)土地所有制。① 但与后者将井田看作是领主制下封建私有土地不同,郭沫若认为殷周时代实际存在的井田,应该是一种"规整划分的公田制"。井田制对土田的分割,并非是"土地的私有",而只是"土地的享有"。《礼记·王制》所谓"制农田百亩",一方面可以作为考查奴隶生产的勤惰、榨取奴隶劳动的工作单位,另一方面是作为奴隶管理者的报酬单位,方便表示等级和报酬的差别。所以,井田制是和当时的奴隶制相结合的。②

西汉封建论者受王国维《殷周制度论》影响,从分析中国古代氏族、财产和国家起源及东方文明路径入手,断定中国奴隶社会起源于周初,将殷周制度的不同理解为从原始社会向奴隶社会的嬗变。与前两种分期说论者或从直接生产者入手,或从剥削阶级入手不同,侯外庐在分析西周社会性质时,着重从劳动力(大量被俘的氏族成员变为奴隶)与生产资料(氏族贵族土地所有制)的结合关系来判断西周生产方式的性质。在土地关系上,侯外庐也认为西周时是土地国有制,也就是氏族贵族所有制。但他同时认为,在公田(氏族贵族所专有之田)之外,还有小生产者及市民(百姓、国人、士人)的私田。后者是从属的土地所有制度,起支配作用的还是前者。承认奴隶制下私田的存在,这是西汉封建论者与前两种分期论者的不同之处。③

在分析封建社会时,侯外庐倾向于通过国家法典对封建制的最后确认来判定封建社会是否出现。因为"真正作为分界线以区别古代和中世纪的标志,应该从固定形式的法典来着手分析。马克思论到社会变革的绝对分期年代,都是依据一种法典为标志",所以,他"特别注意中国历史上的

---

① 在1950年代,由于将经典作家的某些论述作为理论依据,当时史学界比较流行的意见是认为古代东方的土地所有制是一种土地国有制(或公社土地所有制)。1960年代以后,已经有学者不再拘泥于经典作家的个别论述,开始提出古代东方社会并非只有土地国有制,同样存在着土地私有制。不过,这里的"国有"并非全民"公有",而是奴隶主阶级的国有。"国有"只是一种外观,其实仍是私有制的一种形式。由此可见,关于古代东方土地所有制性质的争论,并没有实质性分歧。见林甘泉等《中国古代史分期讨论五十年》,第177—181页。
② 林甘泉等《中国古代史分期讨论五十年》,第123—124页。
③ 林甘泉等《中国古代史分期讨论五十年》,第129—132页。

秦汉之际。从大量史实来考察，秦汉的制度和后代的制度，不论从经济、政治、法律以至意识形态那一方面来看，都是近似的，这即是说，秦汉制度为中世纪社会奠定了基础"。这样，他"把中国中世纪封建化的过程划在战国末以至秦汉之际"，并认为直到汉武帝时才最终完成了封建化的过程。①

魏晋封建论者更强调经济基础的决定作用，以及社会经济形态演进的复杂性。根据经典作家的论述，"在古代阶级社会中，不会存在着某种单纯的生产关系，而且相反，经常是许多不同的生产关系同时并存，前行生产关系的残留和后起的生产关系的萌芽，与现实的主导的生产关系，经常交织在一起"，②尚钺指出相似的历史现象，会因社会发展阶段和生产力发展水平不同，反映出本质完全不同的社会性质。比如家庭公社、农村公社与农奴制大庄园解体，均出现大量自耕小农。但小农的分化、破产，"前者为奴隶制提供大量的奴隶新来源；后者则为资本主义的发展输送了广大的产业后备军"。③既然自耕农和土地私有制度的出现并不一定说明封建关系的出现，④那么判断封建社会出现时间的标准，就应该是通过经济现象揭示阶级对立关系；从人身隶属关系和剥削方式的变化，来观察封建社会产生、发展、停滞、倒退的线索。⑤这样，根据东汉末至三国"客"（依附民，即农奴）的出现，以及"两晋南北朝大量存在的'免奴为客'的现象"，⑥尚钺将奴隶制与封建制的划分，确定在汉魏之际。

根据上述四种分期说，春秋战国和秦汉时代便展现出各异的面貌来。在西周封建论者看来，春秋战国是初期封建社会向更高阶段发展的历史阶段，即由封建庄园制经济向佃耕制的过渡，独立手工业者和商人从庄园

---

① 侯外庐《秦汉社会的研究》，《中国封建社会史论》，人民出版社，1979年，第55—58页。
② 尚钺《先秦生产形态之探讨》，《历史研究》1956年第7期，后收入《尚钺史学论文选集》，人民出版社，1984年，第295页。
③ 尚钺《关于中国古代史分期问题》，《中国史学三十年的回顾与展望——庆祝建国三十周年部分史学家笔谈》，《中国史研究》1979年第3期，后收入《尚钺史学论文选集》，第355—356页。
④ 林甘泉等《中国古代史分期讨论五十年》，第141页。
⑤ 尚钺《〈中国封建经济关系的若干问题〉序言》(1958年)，后收入《尚钺史学论文选集》，第350—351页。
⑥ 尚钺《〈中国奴隶制经济形态的片断探讨〉序言》(1957年)，后收入《尚钺史学论文选集》，第346—347页。

制经济中出现并成长。因为随着生产技术的进步,农奴种私田的积极性提高,以劳役地租为主的井田制便不能维持下去,封建领主便逐步放弃了徭役租,代之以实物税。这就为地主经济兴起开辟了道路。社会的主要矛盾也由领主与农奴的矛盾,转为地主与佃农的矛盾。①

在战国封建论者看来,春秋战国是奴隶制向封建制变革的时期。生产力的提高是推动这一变革的根本原因,其标志便是铁器的使用。由于使用铁器,提高了生产力,奴隶主贵族开始通过垦殖私田,进一步榨取奴隶的劳动。私田的增多,影响了公田的耕种,造成了赋税的减少,从而破坏了井田制,并迫使政府公开承认私有制,对私田一律征税。这样,直接生产者就从奴隶制的羁绊下被解放出来,成为封建制下的农民。②

在西汉封建论者看来,春秋时土地关系仍然属于氏族贵族土地所有制,所起的变化,只是从大氏族所有向小宗族所有过渡。战国是奴隶制从以氏族为纽带的土地国有制向国民富族的土地私有制发展的阶段。生产资料所有制的转变,直到郡县制的成立,中国才出现了所谓的"不合法的土地私有制"。从劳动力的性质来看,西周时,生产者还没有和土地密切结合。春秋时,生产者已经开始和土地一起构成固定的"邑"(郡县制的起源)。郡县制产生以后,统治者出于自身利益的考量,不得不把生产者(奴隶)与土地结合以尽地力。这种生产者虽然仍是家族奴隶,但客观上已经出现了隶农(Colonus)形态的萌芽。战国末年至秦汉之际是中国封建化的阶段。这一时期,是生产资料的土地公有向私有转化,是从不合法的私有到合法的私有的过程,是奴隶转化成隶农的过程。这些都与郡县制的发生发展以至确立的过程相适应。③

而在魏晋封建论者看来,春秋战国时,由于代表农业生产技术重大进步的铁器、牛耕和深耕细作制都还没有较为广泛地运用,土地私有权没有完全或最后形成,公社内的"私田"仅归私人使用,但不可以自由买卖,再

---

① 林甘泉等《中国古代史分期讨论五十年》,第133—135页;翦伯赞主编《中国史纲要》(修订本)上册,人民出版社,1995年,第58页。
② 林甘泉等《中国古代史分期讨论五十年》,第135—142页。
③ 林甘泉等《中国古代史分期讨论五十年》,第133、142—144页。

加上世袭贵族通过"授民授疆土",占有大量土地和劳动者。这样的生产力和生产关系,无法构成封建的剥削性质的地租。所以"从商周到春秋战国,不仅看不见奴隶制经济形态的解体现象,反而构成了一种生产方式从低级到高级发展的合理线索"。① 他们认为,夏至战国为原始奴隶制阶段,战国初至东汉是较发展的奴隶制占统治地位的时期。从汉武帝时大量"流民"的出现,到东汉末黄巾起义埋葬了奴隶制,引起了封建关系的急剧发展。旧的奴隶与奴隶主的生产关系,不得不让位于新的依附民与封建主的生产关系,至魏晋形成了封建制。封建土地所有者与依附民"部曲"、"佃客"构成了封建社会初期的基本阶级。魏晋时,封建制的优越性并未立即显露出来,到了南北朝,封建生产方式中的生产力有了较为充分的发展,为隋唐的昌盛作了准备。②

(3)唐代土地关系发展

既然唐代属于封建社会,那么租佃关系本应成为唐代经济史研究中的重要领域。但由于现存文献不足,相关研究无法深入展开,于是土地关系便成为热点。在唐代土地关系中,学者研究分量最重,用力最勤的领域是均田制。③

现代学术意义上的"均田制"研究,④发端于日本史学界对唐代《田令》的持续关注。日本律令制时代的法典,主要参照唐代律令格式修订,因而日唐律令的比较研究,成为日本史学研究者关注的重点。瞩目于日令与唐令的区别与联系,这奠定了均田制研究最初的学术范式。⑤ 对于均田制,

---

① 尚钺《〈中国奴隶制经济形态的片断探讨〉序言》,《尚钺史学论文选集》,第341页。
② 王仲荦《关于中国奴隶社会的瓦解及封建关系的形成问题》,第132—134页。
③ 均田制研究之初,在中日学界都曾出现过否定唐代实行过均田制的观点,但总的倾向是"实行说"占了主导地位。在对唐代均田制持肯定态度的学者中,又可分为不完全否定说、不完全肯定说、一定程度实行说等等。关于此领域的研究综述,详见胡戟等主编《二十世纪唐研究·经济卷》第1章《土地》(卢向前执笔),第311—316页;李锦绣《敦煌吐鲁番文书与唐史研究》,福建人民出版社,2006年,第10—52页;耿元骊《十年来唐宋土地制度史研究综述》,《中国史研究动态》2008年第1期,第19—23页。
④ 均田制,或称均田令,通常指北魏推行均田之后,各政权及其政府所颁布的以《地令》、《田令》为主的有关土地制度的一系列法规。参见吴宗国《隋唐五代简史》,福建人民出版社,1998年,第133页。
⑤ 最早对唐代《田令》进行整理的是中田薰《唐令和日本令的比较研究》,《国家学会杂志》第18卷第10—12期,1904年,后收入氏著《法制史论集》,岩波书店,1926年。他为复原唐令做了开拓性的工作,其动力正是出于对日唐《田令》比较研究的需要。

内藤湖南有如下认识:"从六朝中期到唐太宗时期实施的班田制,都不承认土地的私有权,只允许永业田为私有。……以班田法为基础纳税的租庸调制度,从唐朝中期开始已不能实行。于是代之,开始实行两税法。……过去曾用于防备贵族兼并的班田收授制废止。"① "班田制"本身是日本史的概念,内藤所指的就是"均田制"。② 这种看法成为其后的数十年间,几乎所有日、中学者研究均田制的理论预设,即认为均田制是国家为了抑制大土地所有者的兼并,保护小农耕作而采取的一系列措施。无论赞成与否,研究者都会以均田制的这种作用为起点,继续讨论(详见本章第二节2)。正如气贺泽保规在《均田制研究的展开》中所指出的,二战之前日本东洋史学界"围绕对均田制的理解,几乎共同的前提首先是将当时的社会关系设定为国家—豪族(原注:大土地所有者)—小农民,从国家为抑制大土地所有者和保护小农民的角度去理解均田制的意义(原注:意图),即从国家与豪族相互争夺控制小农民这种设想中去解释均田制"。③ 由于这个解释,同时契合了封建社会中"地主—农民(特指佃农)"二元对立的观点,所以也成为新中国马克思主义史学者研究均田制时的重要前提。④

如前所述,在建国后的一段时间内,将古代东方土地所有制看作一种土地国有制,成为新中国史学界的主流意见。受此影响,在研究唐代土地关系时,把均田制下的土地看作是国有土地(或公社土地),强调农民对国家的依附性,一度成为学界比较流行的观点。不过,后来随着"古代东方社会并非只有土地国有制,同样存在着土地私有制"看法的出现,承认唐代土地关系中存在三种所有制形式(国有、地主所有和自耕农私有),成为普遍的看法。在此基础上,学者们对均田土地性质的认识也随之改变。

---

① 内藤湖南《中国近世史》,夏应元选编并监译《中国史通论——内藤湖南博士中国史学著作选译》,社会科学文献出版社,2004年,第342—343页。
② 宋家钰《唐、日民户授田制度相异问题试释——均田制与班田制比较研究之一》,《晋阳学刊》1988年第6期,第65—73、48页。
③ 气贺泽保规《均田制研究的展开》,谷川道雄编《战后日本的中国史争论》,河合文化教育研究所,1993年,中译文见《日本学者研究中国史论著选译》第2卷,夏日新译,中华书局,1993年,第401页。
④ 参见耿元骊《唐代"均田制"再研究——实存制度还是研究体系?》,《社会科学战线》2011年第11期,第63—78页。

私有说、国有私有兼容说成为新的主流观点。除此之外,还有诸如国家干预说和管理说。①

在均田制解体的问题上,学者们尽管在确切的解体时间上存在不少分歧,但究其原因而言,意见却比较一致,大都从土地兼并、土地不敷分配和战争影响等几个方面来分析造成均田制解体的因素。罗元贞认为均田制在唐初武德、贞观时就已经逐步解体,高宗、武则天以后,代之而起的是"小土地私有制和新兴地主经济"。②汪籛在1960年代初所写的提要式论文《均田制在中国历史上的地位》中,从豪强地主大土地经营方式到普通地主大土地经营方式转变的角度,分析了均田制崩溃的原因。他认为,均田制的实施在于士族的败落。代替大族豪强地主大土地所有制和部曲佃客制的,是普通地主大土地所有制和佃户制。但由于豪强经济衰落和崩溃的速度超过普通地主经济成长和发展的速度,前者崩溃时,普通地主不论在政治上和经济上都还没有强大到能够进行大规模的土地兼并以控制大部分土地和农民的程度,所以这个过渡阶段,就是均田制发展的时期。在唐前期的一百三十多年中,总的趋势是均田农民中的自耕农民在总人口中所占的分量逐渐缩小。其原因在于自耕农经济不稳定,豪强地主经济崩溃,而普通地主的经济、政治则迅速上升。这是均田制走向崩溃的时期。③

均田制崩溃之后,庄园经济取而代之,因而成为学界关注的另一重点。庄园制(manor system)的概念,来源于西方学者对中世纪西欧封建领主制经济形态的研究。④庄园是封建主凭借土地占有及超经济强制等权

---

① 胡戟等主编《二十世纪唐研究·经济卷》第1章《土地》(卢向前执笔),第316—317页。
② 罗元贞《论均田制的产生与解体》,《山西师范学院学报》1957年第1期,第65—79页。
③ 汪籛《均田制在中国历史上的地位》,《汉唐史论稿》,北京大学出版社,1992年,第166—168页。
④ 长期以来,学界都热衷于研究西欧庄园制,因而一谈及中世纪的西欧,首先跳入人们脑海中的就是"庄园"。但自20世纪中叶以后,随着年鉴学派的兴起,欧美学者开始转向对农民的日常生活以及公地制度的研究。到了1980年代以后,学界甚至出现了"退出庄园"(retreat from the manor)的现象。特别是对经济—社会史研究的深入,使得人们逐渐认识到村庄在西欧乡村生活中的重要作用。重视对村庄的考察,体现了西欧史研究的范式转换。19世纪以前,传统西方史学以政治史为主,实用性与功利性是其主要特点。从19世纪开始,欧洲掀起了批判史学运动,对传统的"旧史学"进行了批判,涌现出如西博姆(Frederick Seebohm)、维诺格拉多夫(Paul Vinogradoff)、梅特兰(Frederic W. Maitland)等一批制度史家或经济史家,开创了对村庄共同体的研究。但从总体来看,这一时期很多欧洲史学者大都仍致 (转下页)

力形成的剥削农奴的实体。① 广义的庄园,和领地(seigneurie)的概念相似。狭义的庄园,指封建主用劳役地租剥削依附农奴,并独立进行经营及核算的一个地段。中国学者对庄园的理解多属后者。

（接上页） 力于对政治史的研究,因而对中世纪村庄研究重视不够。正如戴尔所指出的那样:"除了少数人之外,大多数学者都不愿意把中世纪社会研究的重点放在村庄之上。在一般情况下,村庄是被忽略的,或者很少有人去强调它,而且进行这方面的研究还必须要为村庄共同体及其组织的存在提供充分的证据。"(C.Dyer, "The English Medieval Village Community and its Decline", *Journal of British Studies*, 33, (October1994),p.407) 到了 19 世纪末 20 世纪初,西方史学经历了更加深刻地从传统到现代的转变。从最早提出"新史学"的德国历史学家卡尔·兰普勒希特(Karl Lamprecht),到以鲁滨逊(James H. Robinson)为首的美国"新史学派",再到影响深远的法国"年鉴学派",都对传统史学,特别是当时占据主流地位的兰克学派的政治史、制度史取向提出严厉的批判。他们更加重对人的研究、总体历史的研究和大众历史的研究。而在社会史,特别是乡村社会史领域,年鉴学派的一些重要成果更是影响深远。以马克·布洛赫(Marc Bloch)为例,他在 1931 年出版的《法国农村史》中,根据田地布局、耕作制度、民俗风情以及 18—19 世纪土地测量记录,重现了中世纪法国农村社会的相关状况,如土地占有制的起源,庄园制度的兴衰,农村各阶层的构成及演变等等,从而揭示了从中世纪到近代,农业和农村社会的发展和演变,开辟了中世纪农村研究的新途径。参见陈立军《西欧村庄共同体研究》,东北师范大学博士学位论文,2011 年,第 3—9 页。

① 马克·布洛赫在 1939—1940 年出版的《封建社会》中指出,"最初的命名者在他们称作'封建主义'的社会制度中,所意识到的主要是这种制度中与中央集权国家观念相冲突的那些方面"。在他们的思想中,"主权一般是与一些相当大的政权相联系的,与此原则不符的情况似乎都应归于非正常国家之列。仅此一点就足以谴责一种必将导致不可容忍的混乱的习惯"。"从这里它迈出了将每个政治权力的分割行为称为封建行为的一小步,以致一种价值判断通常与简单的事实陈述结合起来","它只不过意味着权力的野蛮实施,虽然它也常常表示一种经济权力对公共生活的侵蚀这种次要的基本概念"。布洛赫认为,"事实上,财富——当时主要由土地构成——与权力的一致性确实是中世纪封建主义的突出特征之一。但是,这与其说是因为这个社会具有严格的封建特征,倒不如说是因为它同时以庄园为基础"。"封建主义即庄园制度,这种认识可追溯到很久以前。它首先是在使用'附庸'一词时产生的"。但"附庸"(即通常所说的"封臣"——笔者注)即便是在中世纪,也还不很普及,"以致它不能间或应用于农奴(起初农奴因其个人人身依附性质非常近似于确切意义上的所谓附庸——原注,下同)、甚至普通的佃户身上"。只是,"当人们对真正的附庸制越来越不熟悉时,一种语言上的误用——在非完全封建化的地区,如加斯科尼或莱昂,特别常见——却变成了越来越广泛的习惯用法"。这样,"不管词源学上的解释如何,将农民持有地所承受的负担称为'封建权利'已成为习惯。因此当法国大革命时期的人们宣布他们的目的是消灭封建主义时,他们首先想要攻击的便是庄园制度"。不过,他特别强调,"庄园虽然是封建社会的基本因素,但它本身却是更古老的制度,并且注定要持续更长时期。为了名词术语的准确,将两个概念清楚地区分开来,是很重要的"。之后,布洛赫是这样阐述欧洲封建主义基本特征的:"依附农民;附有役务的佃领地(即采邑)而不是薪俸的广泛使用——薪俸是不可能实行的;专职武士等级的优越地位;将人与人联系起来的服从—保护关系(这种关系在武士等级内部采用被称作附庸关系的特定形式);必然导致混乱状态的权力分割;在所有这些关系中其他组织形式,即家族和国家的存留(在封建社会第二阶段,国家将获得复兴的力量)。"其中,就未将庄园制作为欧洲封建主义的基本特征。见氏著《封建社会》第 32 章《作为一种社会类型的封建主义》,张绪山、李增宏、侯树栋译,商务印书馆,2004 年,第 698—699、704—705 页。

典型的庄园是自给自足的自然经济形态,其生产主要是为生产者自家和领主提供生活资料,而非用于交换。庄园中也设有一些手工作坊、磨坊等,生产各种生活和生产所需物品,但这种手工业生产尚未与农业相分离。庄园的耕地一般分为领主自营地(mansus indominicatus)、农奴份地(tenaneies)和公地(common field system)三部分。领主自营地由依附于庄园的农民无偿耕作(每周3—4天),其收获全归领主。这是劳役地租的表现形式。各户农民的小块份地则由农民用自己的农具耕作,收获归自己支配。庄园土地耕作方式有三种:(1)条田制(strip check system),庄园的所有耕地都呈条田状,插花分布,领主自营地、各家各户的农奴份地互相交错。各户的标准份地,其面积大致相等(在英国一般为30英亩)。(2)轮作制(rotation system),当时耕作制度为二圃制或三圃制,每年庄园内各地段(条田)都按固定顺序轮作。(3)敞地制(open field system),当每季作物收获之后,各户须将自己拥有的条田向公众敞开,作为公共牧场。封建领主对农奴拥有行政和司法权力。庄园领主派管家主持生产,并设有庄园法庭,审理农奴与封建主之间的纠纷。[①]

有关唐宋庄园经济的研究,同样始于日本学界。1906年,中田薰在《日本庄园系统》中,就曾论及唐代庄园经济。他认为,"所谓中国庄的制度,是随着唐朝均田制的破坏,作为土地兼并的原是屋舍,但是到了唐朝,已经从原来意义的庄,转化为郊外私有土地,特别是大地主以经济为目的所有土地,从这个意义上说,唐朝的庄和欧洲法兰克时代的庄园,具有完全相同的意义"。他还指出,"隋朝以前,根本不使用这样意义的字,把私有土地称为庄,是在唐朝初和隋朝的事"。[②]

不过,西欧庄园制经营方式,与唐宋以后,以租佃制为主的中国封建土地经营方式明显不同。所以,加藤繁和玉井是博先后发文批评中田。

---

① 参见马克垚《西欧封建经济形态研究》第4章《封建庄园》,中国大百科全书出版社,2009年,第152—201页;傅筑夫《欧洲封建社会的基本经济规律及其运行》,《中国经济史论丛》,三联书店,1980年,第712—716页;郭应霞《西欧中世纪庄园的经营管理》,河北师范大学硕士学位论文,2007年,第4—10页。

② 中田薰《日本庄园系统》,《国家学会杂志》第20卷第1期,1906年,后收入氏著《法制史论集》第2卷,岩波书店,1938年。转引自乌廷玉《唐朝"庄园"说的产生发展及其在中国的流传和影响》,《史学集刊》2000年第3期,第75—81页。

他们不仅明确指出,尽管"庄田、庄园的名称的确到了唐朝才显著起来,但是它的实质从汉以来就继续存在。如果深入细致地来看,有多少差异也难以推测,但大体说来,这是自古以来普遍的现象,决不能看做唐代特殊的制度",①而且还从庄园生产者的性质和庄园主负担两个方面,指出唐代庄园与日本、西欧庄园的区别。在玉井是博看来,唐代"庄园的耕地大概使用自己的奴婢去耕种,但土地面积很多,仅用奴婢则感到劳动力不足,因此庄主还收留客户使其佃种,这是明显的事实"。而且,与日本庄园主一般有不纳税和不收租的特权不同,唐朝庄园主却和一般的田园同样负担国家赋税,所以"唐朝庄园之名,不过是当时人用它称贵人、富豪的田园普通话而已"。②在这种情况下,"唐代庄园说"传入中国后,中国学者也基本上将唐代庄园看作是聚落,或村落状态的"庄墅",认为"多数的小庄,地有不过一顷者,……这样的庄田,就是地一'处'一'份'的'处'或'份'的意思"。③

尚钺主编的《中国历史纲要》在论及中唐以来封建经济发展时,认为唐代庄园中占地最多的是官僚地主庄园。庄园里的庄客,"与农奴几无区别,他们是庄园主的'私属',被束缚在土地上,对庄园主构成人格上的依附关系"。"庄园主不仅占有大批土地直接榨取农民,而且他也是庄园的直接统治者"。④这种意见引来了众多学者的批评,导致此后关于庄园性质的大讨论。批评者大多以唐宋庄园土地的封建租佃契约经营形式为依据,认为唐宋庄园主就是地主,而庄客基本上是佃农,以及部分雇工,依附

---

① 加藤繁《关于唐的庄园的性质及其由来》,《东洋学报》第7卷第3号,1917年,后收入氏著《中国经济史考证》上册,吴杰译,中华书局,2012年,第188页。
② 玉井是博《唐时代的土地问题管见》,《史学杂志》第33卷第10号,1922年。王桐龄首先把加藤繁《关于唐的庄园的性质及其由来》一文译成中文,在《师大月刊》1933年第2期发表,题目是《唐代庄园考》。同年,又在《中法大学月刊》第2—5期发表了玉井是博《唐时代的土地问题管见》一文,中文题目是《唐代土地问题》。不过,《师大月刊》及《中法大学月刊》发行量少,对学术界影响有限。所以,对"唐代庄园"说传播影响最大的,是森谷克己《中国社会经济史》的三个中译本。原书1934年在日本出版,两年以后,经陈昌蔚译成中文,由商务印书馆出版。与此同时,中华书局也出版了署名陈怀仁的译本。后来上海生活书店又出版了王渔村的《中国社会经济史》,此书基本上是森谷《中国社会经济史》的译本。以上详见乌廷玉《唐朝"庄园"说的产生发展及其在中国的流传和影响》,第75—76页。
③ 陶希圣、鞠清远《唐代经济史》,第50页。
④ 尚钺主编《中国历史纲要》,第187—191页。

性较轻,不具备西欧或日本封建庄园的特性和形式。① 这成为学界的主流意见。不过,作为《中国历史纲要》编写者之一的郑昌淦后来又提出,中国封建庄园制度最普遍的特点是"地主占有土地以庄园或田庄为单位,即一个农庄,包括它周围的田地,有时也有菜园或树园,归一家地主所独占"。唐宋封建地主占有的土地,并不一定都构成庄园,但只要具备"一家地主独占一庄及其周围大体联成一片的田地,以剥削和奴役农民"的特征和条件,就是庄园。② 可见,魏晋封建论者调整了他们对唐代庄园经济的看法。

尚钺对唐代庄园经济的认识,与他的中古史分期说密切相关。因为魏晋封建论者更加关注封建社会前期,生产力未有较充分发展时,依附民(农奴,即部曲、客)在社会生产中的存在,由此导致他的结论有失偏颇。在尚钺之后,王仲荦、唐长孺都不再从作为封建社会前期奴隶制残余的角度来看待庄园经济,而是在封建社会地主大土地经济的前提下,从世家大族庄园向庶族大地主田庄转变的角度,分析均田制到庄园制的演变。

他们认为汉末魏晋时期,土地占有形式的发展倾向是,"以佃客生产制为内容的封建田园不断增加和扩大,与之同时,自耕农民破产逃亡,组成巨大的佃客队伍"。东晋南朝"继承了这种发展倾向"。北朝则在特殊历史条件下产生了均田制,"在一定程度上维护了相当多的自耕农民,限制了封建田园的发展"。均田下的土地属于份地,或者说是属于封建国家的国有(公有)土地。均田制的产生不是中国封建社会的必然产物,而是鲜卑人带来的"先封建的村社残余形态"。官府推行均田制,目的在于"组织农民开垦荒地以取得租调"。在地主经济比较发展的封建社会,均田制

---

① 岑仲勉《隋唐史》,高等教育出版社,1957年;河北教育出版社,2000年,第383—386页;乌廷玉《关于唐代的"庄"》,《光明日报》1957年12月19日,第3版;郭士浩《唐代的庄园》,中国人民大学中国历史教研室编《中国封建经济关系的若干问题》,三联书店,1958年,第129—186页;胡节《唐代的田庄》,《历史教学》1958年第12期,第24—27页;韩国磐《从均田制到庄园经济的变化》,《历史研究》1959年第5期,第29—64页;邓广铭《唐宋庄园制度质疑》,《历史研究》1963年第6期,第135—150页;吴泰《论唐宋文献中的"庄园"》,《历史学》1979年第4期,第3—17页。
② 郑昌淦《论唐宋封建庄园的特征——与邓广铭同志商榷之一》,《历史研究》1964年第2期,第167—182页。改革开放以后,郑昌淦又对周谷城提出的东汉封建说进行了较为详细地论述,成为东汉封建论的代表人物,见氏著《井田制的破坏和农民的分化——兼论商鞅变法的性质及其作用》,《历史研究》1979年第7期,第60—65页。

难以真正实行。唐前期,均田制"能够存在,决定于农业技术水平相对地说还比较低下,商品货币也还不太发展的情况"。唐代《田令》允许永业田、口分田买卖的规定,说明"这种带有村社残余形态的封建小农份地制度,很难维持下去"。唐中叶以来,农业生产力提高,手工业有较大发展,商品货币关系得到初步发展,导致"农村内部急剧分化",土地兼并加剧,私家田庄进一步发展,均田制遂"逐渐瓦解"。世家大族的庄园土地不在均田制范围之内,均田令规定部曲、客女和奴婢为"不课口"就是证明,因为他们给地主服劳役,"是大地主的剥削对象,而不算是政府的剥削对象"。"庶族大地主的田庄经济,是在均田制破坏的废墟上发展起来的"。晚唐史实表明,"世家大族的土地,也在转入庶族大地主的手中"。

对于庄园经济,他们认为"庄田"连称始见于北朝后期,"庄园"一词至迟出现于隋,常指均田土地以外的私田。均田制废弃以后,庄田经营有两种形式:以本宅为中心的小庄园,容易连成一片,"多由庄主役使奴婢及佃农直接耕种";大地主的田庄由于"分庄管理",只可能采取"租给佃农耕种的经营方式"。虽然将主要劳动者的身份判定为佃农,但同时认为唐前期佃农多为逃亡农民,避役托庇为佃客,与两晋的"私属"相类,"同样具有强烈的人身依附关系"。实行两税制以后,佃客虽因附籍而合法,"人身依附关系有所削弱",但实际身份"类若家僮","仍然存在严重人身依附关系的迹象"。[①]

由田昌五撰写的《中国封建社会经济史·总论》,[②] 则体现了战国封建论者关于中国封建社会经济形态研究的整体看法。《总论》认为中国封建社会的发展过程有大小不等的"马鞍形曲线":秦汉是第一个"高峰",至魏晋南北朝降至"谷底";隋唐是第二个"高峰",宋代以后再降至"谷底";明清再次回升,至近代又降至"谷底"。《总论》将封建土地所有制发

[①] 王仲荦《隋唐五代史》,上海人民出版社,1988年;后收入"中国断代史系列"丛书,上海人民出版社,2003年,第224—244、252—254、301—318页;唐长孺《魏晋南北朝隋唐史三论——中国封建社会的形成和前期的变化》,武汉大学出版社,1992年;中华书局,2011年,第244—264页。
[②] 田昌五、漆侠总主编《中国封建社会经济史》第1卷,齐鲁书社、文津出版社,1996年,第38—66页。参见胡戟等主编《二十世纪唐研究·经济卷·概论》(张弓执笔),第300—303页。

展大体分为三大阶段：自战国至魏晋为第一阶段，北魏至宋为第二阶段，元明清为第三阶段，并认为"中国封建社会发展的秘密，在于土地关系的循环"。这种循环分为两种情况："在国有土地向私有土地循环时，一般是良性的；当私有土地再向国有土地循环时，通常是恶性的"。北魏统一北方以后，土地循环"进入良性状态"。实行均田制以后，士族大土地占有制和荫客制解体，"社会主要矛盾演变为封建皇室、贵族、官僚统治阶级和广大均田农民的矛盾"。唐代达官贵人可以合法占有两类人：奴婢和部曲、客女。均田制下的农民"是一种封建课役农民"，不管土地多少，负担同样的租庸调；这种农民"其人身自由和土地所有权都是不完全的"。唐代社会的主要矛盾"是封建统治阶级和自耕农民的矛盾"，"矛盾的焦点则集中为流民和土地问题"。唐代开元年间"封建盛世的出现，表明土地关系的循环处于最佳状态"，它的标志是"国有土地已经全部或绝大部分转为私有土地"。①

2. 唐宋变革论与唐宋社会经济概观研究

---

① 近年来，出现了一些借鉴经济学的产权理论来研究唐宋间土地制度的论著。林文勋认为，秦商鞅变法首次承认了土地的私有产权，但在中唐以前，这种私有产权受多种限制，国家干预较强。在中古田制下，土地主要是一种等级的体现，是政治要素，没有取得纯粹经济意义，如均田制。均田制源起于鲜卑人的"计口授田"。从表面来看，"计口授田"无疑具有平均思想，但是在当时的历史条件下，"口"就是"人"，而人是具有等级性和阶级性的。所以，均田制下的土地授受，从本质上来说应是一种按等级授田，反映了在当时土地资源的配置过程中，政治力量起着决定性的作用。他还指出，以往学者多将均田制的瓦解归因于土地兼并的认识，还需进一步推敲，因为土地兼并远在均田制实施以前业已存在。从本质上说，均田制的实质是按等级授田，而等级制是与商品经济的发展背道而驰的，正是这点决定了均田制崩溃的必然性。参见林文勋《唐宋土地产权制度的变革及其效应》，缪坤和主编《经济史论丛》第1辑，中国经济出版社，2004年，后收入氏著《唐宋社会变革论纲》，人民出版社，2011年，第74—93页。葛金芳也认为土地买卖虽然早在春秋时代已经发生，至战国中叶商鞅变法获得确认，但在中古前期的土田等级世袭制下，土地买卖又受到一定制度的限制。土田等级世袭制的打破（并未完全消失）和土地买卖成为土地流通的正常渠道（不是唯一渠道），意味着土地占有与流通方式从政治性兼并（以朝廷赐赋和暴力欺诈为特征）向经济性兼并（以土地买卖为特征）转移。这个转移在唐宋之际土地所有制结构中带来了一个重大的影响，这就是经济性大土地所有制开始取代政治性大土地所有制，成为当时封建土地所有制的主要表现形式。所谓政治性，不仅是指（一）土田等级世袭制下的占田规模，一般是以血缘（皇亲国戚）、地位（官爵品级）、权势（豪右大姓）为主要依据；（二）扩展地产多以行政权力的赏赐为其重要来源；（三）若兼并矛头指向小农则往往伴以暴力和欺诈，而且是指（四）这种土地所有权中还含有部分统治权在内，奴役性很强。这些因素无一不使这种土地所有制染上强烈的政治色彩。经济性大土地所有制这个概念，不仅包括中唐以前的庶族地主所有制，而且包括晚唐以后的素门地主所有制。其主要特征，一是其土地的占有与扩充主要　　（转下页）

20世纪以来,特别是二战后日本的东洋史研究,与中国史分期问题密切相关。宫崎市定在所著《中国史》中,[①]对当时日本具有代表性的时代区分论做了整体介绍:(1)守屋美都雄说:古代(上古至战国末)——中世(秦汉至明末)——近世(清初至现代);(2)内藤湖南说:古代(或上古,太古至后汉)——中世(后汉至五代)——近世(宋代以后);[②](3)前田直典·历史学研究会说:古代(上古至唐末)——中世(宋至明末)——近世(明末至现代);(4)桑原隲藏说:上古(太古至战国末)——中古(秦汉至隋唐)——近古(五代宋至明末)——近世(清朝以后)。[③]

宫崎市定认为上述前3种时代区分论属于三分法,深受西洋史划分原则的影响,而第4种区分论为四分法,是一种适合中国悠久历史的"自然而持重的结论"。在此基础上,他提出了自己四分法,即:古代(太古至汉代)——中世(三国至唐末五代)——近世(宋至清末)——最近世(民国以后)。

如果参照中国学者分期论的命名方式,我们不妨将守屋说、桑原说并称为秦统一封建论,将内藤说、前田(历研)说、宫崎说分别称之为东汉封建论、宋代封建论和魏晋封建论。虽然中日学者讨论的话题高度重合,但

(接上页) 是通过经济手段,即土地买卖方式而实现的;二是这种土地所有权之上,基本上已无军事、行政、司法等政治权力的附着。建中两税法后,随着门阀世族地主阶层的衰落和土地买易渠道的畅通,经济性大土地所有制在唐宋之际,终于成为封建大土地所有制的主导形态。参见葛金芳《对宋代超经济强制变动趋势的经济考察》,《江汉论坛》1983年第1期,后收入氏著《唐宋变革期研究》,湖北人民出版社,2004年,第161—165页。上述研究,虽然借助了新的理论,但仍明显受此前均田制和庄园经济研究范式的影响。

① 宫崎市定《中国史》,岩波书店,1977年;中文本由邱添生译出,台北华世出版社,1980年,第25—34页。
② 根据内藤的授课讲义,他将中国史划分为三世(其间包含两个过渡期):上古——从开天辟地到后汉中期(前期中国文化形成,后期中国文化向外发展);第一过渡期——从后汉后半期到西晋(中国文化暂时停止向外发展);中世——从五胡十六国到唐中期(外部种族势力觉醒,文化力量反弹及于中国内部);第二过渡期——唐末到五代(外部文化力量在中国达到顶点);近世前期——宋元时代;近世后期——明清时代。见内藤湖南《中国上古史·绪言》,《中国史通论——内藤湖南博士中国史学著作选译》,第5—6页。
③ 为了区别于西洋史学者所使用的历史分期概念,日本学者倾向于以时间的先后来区分东洋史,同时指出所谓的"古代"(ancient times)相当于奴隶时代,"中世"(medieval times)相当于封建时代,"近世"(pre-modern times)则是一种"只见于东洋史上的近世",接近于(但不同于)资本主义的时代。参见宇都宫清吉《东洋中世史的领域》,《东光》第2号,1947年,中译文见《日本学者研究中国史论著选译》第1卷,黄约瑟译,第122—134页。

是双方在学术理念及研究范式方面存在较明显的不同。就日本学者而言，引发他们持续探讨中国史时代区分热情的是内藤湖南提出的唐宋变革论（Tang-Song Transition，或称"宋代近世说"）。所以，他们更关注于唐宋时代中国社会经济的研究。

　　1914年，内藤湖南在《支那论》中，首次提出中国宋以前为中世，宋以后为近世的看法。他认为唐中期以前相当于"贵族政治时代"，宋代相当于欧洲的文艺复兴。① 这成为日本学者中国史时代区分论的起点。1922年，内藤湖南发表《概括的唐宋时代观》，正式提出唐宋变革论。内藤认为"应该把宋以后的社会和（辛亥）革命以后的现代中国，看作是一个连续的发展过程"。② 在他看来，唐和宋在文化性质上有显著的差异，"中世贵族政治最盛的时代"在六朝至唐中叶，唐末五代式微，宋确立了"君主独裁政治"，故"唐代是中世的结束，而宋代则是近世的开始"，其间唐末至五代是"一段过渡时期"。③ 内藤对唐宋时代特性的论证，虽然"包含了做为文

---

① 内藤湖南《支那论》，文会堂，1914年，后收入《内藤湖南全集》第5卷，筑摩书房，1972年。
② 堀敏一《均田制研究：中国古代国家的土地政策与土地所有制》，自序，岩波书店，1975年；中译本《均田制的研究》，韩国磐等译，福建人民出版社，1984年，第1页。
③ 内藤湖南《概括的唐宋时代观》，《历史与地理》第9卷第5号，1922年；中译文见《日本学者研究中国史论著选译》第1卷，黄约瑟译，中华书局，1992年，第10—18页。内藤的唐宋史观有一个发展的过程。根据其长子内藤乾吉的考证，唐宋变革和宋代近世说最早形诸文字是在1909年，见于内藤当年讲授中国近世史的讲义的绪言："近世史应从什么时代开始，当说是宋代以后。"1914年，内藤湖南在《支那论》中对"宋代为中国近世"的看法进行了论证。随后，他又在《中国近世史》（1920学年度）讲义中，对中国史做了全面分期。详见张广达《内藤湖南的唐宋变革说及其影响》，邓小南、荣新江主编《唐研究》第11卷，北京大学出版社，2005年，第12页，参见柳立言《何谓"唐宋变革"》，《中华文史论丛》2006年第1辑，第125—171页。不过，有学者对唐宋变革论由内藤湖南首先提出的观点持否定态度。如何忠礼等据明人陈邦瞻所说："宇宙风气，其变之大者有三：鸿荒一变而为唐、虞，以至于周，七国为极；再变而为汉，以至于唐，五季为极；宋其三变，而吾未睹其极也。"（陈邦瞻《宋史纪事本末叙》，中华书局，1977年，第1191页）张邦炜据宋人郑樵的名言："自隋、唐而上，官有簿状，家有谱系，官之选举必由于簿状，家之婚姻必由于谱系"，"自五季以来，取士不问家世，婚姻不问阀阅。"（郑樵《氏族序》，《通志二十略》，中华书局，1995年，第1页）将"唐宋变革论"的出现时间大大提前，归功于中国古代学者。即便就近代学者而言，张邦炜也认为夏曾佑早于内藤提出了唐宋变革论，并影响了内藤。在《最新中学中国历史教科书》（印行于1904—1906年，后改名《中国古代史》）中，夏曾佑依据历史进化和演变的观点，将中国历史划分为"二大时代，又细分之为七小时代"："白草昧以至周末，为上古之世；自秦至唐，为中古之世；自宋至今，为近古之世"（见《夏曾佑讲中国古代史》，凤凰出版社，2010年，第9—10页）。尽管他的认识不一定准确（如认为宋代处于退化期），论证并不具体（此书仅写到隋代），但毕竟是具有开创意义的中国历史新式分期法，其宋代"近古"说无疑属于"唐宋变革"论中的一种。参见何忠礼《宋代政治史·绪言》，浙江大学出版社，2007年，（转下页）

化基础的社会经济发展",[①]但他的时代区分论仍被认为是建立在文化史观的基础上的,在社会经济方面的论证并不充分。

与内藤相比,加藤繁更加关注唐宋间社会经济的发展与变化。在所著《中国经济史考证》系列论文中,[②]加藤繁有力地揭示唐宋商业发展的情况。加藤的时代区分论见于《中国经济社会史概说》。[③]他指出隋唐以前的官僚豪族的大土地主要由奴隶耕作,均田制崩坏以后奴耕渐衰,转由佃户耕作,至宋代佃耕更为显著。"奴耕"与"佃耕",才是"古代"与"中世"的主要区别。加藤此论为其弟子前田直典所继承,从而成为历史学研究会唐宋"古代中世转换"说的滥觞。

二战以后,日本史学界反省战前所谓"亚洲社会停滞论"对中国史研究的影响,致力于以上古至现代不断进步为主题,再建中国史体系。中国历史的分期于是成为重大课题,出现了东京学派(即历史学研究会派)同内藤创始的京都学派的长期论战。这一争论与战前最大的不同,是历史观念发生了变化:战前的文化史观演变为战后的社会经济史观。争论的焦点,集中于对"唐宋变革"性质的认识:京都学派视此为中世向近世的转换,唐为中世的终结;东京学派视此为古代向中世的转进,唐为古代的终结。此外,还有学者(如滨口重国)则否定唐宋间有所谓的"变革"。[④]

先来看京都学派的隋唐中世论。宇都宫清吉主张中国的"中世"始

(接上页) 第3页;葛金芳《唐宋变革期略说》,《唐宋变革期研究》,第4页;张邦炜《"唐宋变革"论与宋代社会史研究》,李华瑞主编《"唐宋变革"论的由来与发展》,天津古籍出版社,2010年,第2—4页。

[①] 宇都宫清吉《东洋中世史的领域》,《日本学者研究中国史论著选译》第1卷,第125页。

[②] 加藤繁《支那经济史考证》,东洋文库,1952—1953年,中译本题为《中国经济史考证》。

[③] 加藤繁《支那经济史概说》,弘文堂,1944年,中译本《中国经济社会史概说》,杜正胜、萧正谊译,台北华世出版社,1978年。

[④] 在中国进入中世的时间上,在京都、东京学派的争论之外,小山正明又提出了"明末以降中世说",见氏著《明清社会经济史研究》,东京大学出版会,1992年。除了唐宋变革论之外,日本学者又在欧美区域史研究的影响下,接受了"明清交替期"(Ming—Qing Transition)和宋元明移行期(Song—Yuan—Ming Transition)等时代区分论。参见中岛乐章《宋元明移行期论》,日本中国社会文化学会《中国:社会与文化》第20号,2005年,中译文见《日本中国史研究年刊》(2006年度),徐谷芃译,上海古籍出版社,2008年,第32—62页;高寿仙《关于日本的明清社会经济史研究的学术史回顾——以理论模式和问题意识嬗变为中心》,《中国经济史研究》2002年第1期,第68—77页。由于元明清时期并非本书关注的重点,故而对上述时代区分论的评述从略。

于秦汉终结于隋唐。六朝是秦汉时代的展开,隋唐是秦汉、六朝两时代的展开。在他看来,中国古代农业社会,向来是被征服奴隶阶级从属于居住在邑城内的贵族。随着公元前7—前6世纪左右铁制农具的使用,绝对的帝权国家代替了邑制国家。良民在绝对的帝权下暂时获得自由,成为自耕农。秦汉帝国的物质基础,便是此平等的农民层。但与之同时出现的农民层的内部分化,使得秦汉帝国在一开始就已包含了没落的命运。秦汉四百年间,大土地所有者(上户、豪族)和零细农、佃农(下户)的阶级分化不断进行。前者不久趋于支配后者,"豪族本身,正是古代帝国社会内部发展的矛盾事物"。古代帝国在后汉末灭亡后,展开了日后的贵族时代。在此基础上,宇都宫把秦汉视为古代帝国,以为"这个古代帝国内部发生的社会结构革命,是在三世纪大体完成","汉帝国从根本来说是中国古代社会所达到最后的政治形态"。

进而他将豪族建立"自给自足的庄园经济"作为六朝的时代特征,并由此提出"两种庄园经营"说。"庄园"一词,在之前的日本学者论著中主要用于说明中唐以后的情形,宇都宫则在更早的秦汉时代使用。他认为,"三世纪到七世纪(东汉末至唐前期——笔者注,下同)的庄园为旧式庄园","由依附度甚强的佃农或是奴隶耕作","八世纪(中唐)以后的庄园为新式庄园","由有相当自活能力的农民构成佃农层"。"从谱系来说,公元前二世纪至公元二世纪(两汉)的庄园,应该属于旧庄园中的前提"。新式庄园"本身类似一种村落形态",不同于西洋的庄园。①

宫崎市定也从新、旧庄园生产关系变化的角度,阐述中世向近世的演变过程。他认为中世农业"大体立于自给自足的原则",使豪族庄园得以维持,农业生产商品化和交换经济的发达,则使中世庄园逐渐崩坏,"被交换经济的大浪吞没"。庄园主"再没有必要强制劳动者(部曲)为隶民附属于自己",于是"解放部曲",同上缴最多地租者订立贷与土地的契约。"唐中叶以后,土地倾向于私有化、贷借化","人民劳动力亦获得自由","中

---

① 宇都宫清吉《东洋中世史的领域》;《僮约研究》,《名古屋大学文学部研究论集》第5卷,1953年。转引自滨口重国《中国史上古社会问题札记》,载《唐代贱人制度研究》,东京大学出版会,1972年,中译文见《日本学者研究中国史论著选译》第1卷,黄约瑟译,第101—102、106—107页。

世的隶农（部曲）得到解放，佃户代之而起"。商业的发达，还促使中世的财政政策转变为近世的财政政策。中世国家财政"与土地密切结合"，比如唐前期实行立足于土地国有的租庸调制。安史乱后实行两税法，不再单以农地为征赋对象，凡资产皆课，征商品（盐、茶等）消费税，则是近世财政政策的特征。他反对"均田制废、庄园制代起"的旧说，也不赞成宇都宫将庄园看做土地所有制度的体现，认为庄园只是"中世的土地经营方式"，源于汉，盛于南北朝，继于唐，"随均田制的崩坏而衰废"，宋代"继之而起的是近世资本主义的大土地经营"。①

谷川道雄和川胜义雄则以共同体为中心，整理了中国中世社会的发展线索。他们认为汉代的里共同体崩溃后，豪族凭借武力、财力实行领主统治的企图遭到了小农阶层的抵抗。于是，他们转而让小农也参加进来，而自己则充当共同体的代表（民望），由此，共同体再建，形成了贵族制社会。当时的社会结构并非豪族（即大土地所有者）与奴婢——佃客的关系，而是豪族与乡民自耕农间形成的地缘共同体，构筑了社会的基础。就是说，当时的农村是以自耕农为基干的社会，豪族以贵族伦理与其发生关联，因而要求豪族持轻财重义、节俭、知足、救济等生活理念。在这种情况下，一旦这样的贵族伦理沦丧，大土地所有者图谋扩大私利致使农村社会崩溃，则国家就必须重新构建新的农村社会。均田制便是因此而施行的政策。同时，汉代国家、社会结构因五胡而崩坏、变质，五胡与汉人贵族阶层构筑了北魏的新结构。但并不是北魏的体制创生隋唐，而是六镇之乱城民的动向瓦解了北魏以来的旧门阀，确立了新贵族制。正是这个新贵族制体制成为创生隋唐的源流，府兵制则是为实现这个新体制出现的强权。②

---

① 宫崎市定《东洋的近世》，教育时报社，1950年，中译文见《日本学者研究中国史论著选译》第1卷，黄约瑟译，第153—242页；《中国史上的庄园》，《历史教育》第2卷第6号，1954年，转引自胡戟等主编《二十世纪唐研究·经济卷·概论》（张弓执笔），第305—306页。
② 谷川道雄《隋唐帝国形成史论》，筑摩书屋，1971年，1998年增补再版，中译本由李济沧译出，上海古籍出版社，2004年；《中国中世社会共同体》，国书刊行会，1976年，中译本由马彪译出，中华书局，2002年；川胜义雄《六朝贵族制社会研究》，岩波书店，1982年，中译本由徐谷芃、李济沧译出，上海古籍出版社，2007年。参见石见清裕的归纳总结，载胡戟等主编《二十世纪唐研究·政治卷·概论》，第22页。

再来看东京学派的隋唐古代论。前田直典在《古代东亚的终结》一文中，①基于东亚（中国、朝鲜和日本）历史发展相互关联这一认识，首倡唐宋为"古代中世转换"说。他反驳宫崎的"中世土地国有制"说，指出"土地国有是属于古代的"。六朝豪族大土地的耕作民，不是隶农（农奴）而是奴隶。均田民不是"国家佃农"而是"半奴隶"。"均田制崩溃以后，大土地所有者由使用奴隶转而使用佃户"。所以唐末五代为"古代终结"，而非中世的终结。

仁井田陞从唐代律令入手研究唐宋间的生产关系，认为古代社会为"奴隶制"，中世社会为"封建（农奴）制"，唐宋变革为其分界。针对"土地国有制"说，他对均田制下的土地所有权加以分析，认为永业田、园宅地、赐田等是"永世的土地私有权"，口分田等是"限定期限的土地私有权"，国家对这两种土地私有权所拥有的权力，只是一种"公权"。他将古代劳动者分为两类："家父长制的奴隶"（指部曲等，是"家内奴隶"，不是主要从事农业生产的"劳动奴隶"），和奴隶化"不完全的佃客"。唐代中叶（约8世纪前后），奴隶制生产逐渐蜕变为农奴制生产。农奴来自身份上升的古代奴隶和身份下降的自耕农。不过，仁井田强调要区分中国式的封建制与西欧封建制的不同，并主张把地主对农民统治体制的强度作为中国史"中世"的设定基础。所以，即便古代奴隶制的社会关系在中国没有完全消失，但10世纪以后中国法的主要成分仍应被看作是中国中世的价值体系。②

西嶋定生致力于探讨古代中国社会生产方式发展的自身特点。"生产关系论"是他的系列论说之一，其要旨是：（1）唐末五代之际，中国农业生产力有显著发展，生产经营的方式也发生了变化。唐以前农业生产与

---

① 前田直典《古代东亚的终结》，《历史》第1卷第4号，1948年，中译文见《日本学者研究中国史论著选译》第1卷，黄约瑟译，第135—152页。参见胡戟等主编《二十世纪唐研究》，第22、306页。
② 仁井田陞《唐宋法律文书研究》，东方文化学院，1937年；《中国社会的"封建"与封建制度》，《东洋文化》第5号，1951年，后收入氏著《补订中国法制史研究（奴隶农奴法、家族村落法）》，东京大学出版会，1980年，第97—146页；《中国农奴、雇佣人之法律身份的形成和变质——关于主仆之分》，《野村博士还历纪念论文集——封建制与资本制》，1956年，后收入《补订中国法制史研究（奴隶农奴法、家族村落法）》，第147—193页。亦可见氏著《中国法制史》第7章《身份制度——特别是奴隶》、第8章《"封建"与封建主义（feudalism）》，第14章《土地法》，牟发松译，上海古籍出版社，2011年，第93—120、214—233页。参见胡戟等主编《二十世纪唐研究》，第22—23、306—307页。

工业生产并未分开,农村自给自足,商品生产不发达;唐末以后,商品经济导入农村,自给自足经济解体,农村手工业走向商品生产。(2)唐中叶土地制度发生重大变化。自商鞅"开阡陌",董仲舒进"限田策",曹魏屯田,西晋占田课田,北魏隋唐均田,国家在逐步地限制土地私有而达于国有化。均田法的实行,可谓土地国有制的实现。唐均田法的有效实施,是以国家强权为背景,推行全国性的土地支配制度,说明古代帝国之国家权力对民田统制力的强化。唐中叶均田法崩溃,土地所有者发生阶层分化,中国土地制度的发展步入另一纪元。(3)直接生产者的性质发生变化。自秦汉迄隋唐,直接从事生产的劳动者主要是农民,农民的性质是"奴隶制的"、"不自由劳动的",他们与奴隶的性质相近,即国家对农民实行"个别人身支配"。① 秦汉至隋唐社会中虽然也包括拥有私人隶属民的豪族,但是这并非当时社会的重要社会形态,所以他将唐以前看作国家半奴隶性地统治农民的古代阶段。唐末五代动乱,农民"奴隶制"性质消失,代之而起的是在庄园耕作的佃户制。唐末五代实为古代社会的终结。②

渡边信一郎《中国古代社会论》从对农村经营形态分析入手,认为唐代以前属于小生产经营方式占主导地位的国家奴隶制,宋以后则是大生产经营方式为基础的国家农奴制。渡边认为,从战国到唐代均田制崩坏期,农村农民阶级的最基本构成是分田农民。所谓分田农民,指的是以夫妇为中心的小家族,一年耕作40—50亩地的小经营农民阶层。他们作为国家的编户农民,负有纳税义务。他又将中国古代社会的农民,区分为从事父家长制的奴隶经营的富农层(富豪),以及身为分田小农的中农和贫农层,并认为唐代以前,农村的主要形态是后者。宋代以后,农村开始由富农、中农、贫农三部分构成,农村的阶级结构发生了很大的变化。③

---

① 西嶋定生认为中国古代奴婢身份是由国家规定的,它不是主人与奴婢间存在的阶级关系,而是皇帝与小农间存在的身份关系。唐代以前的中国社会,皇帝与小农间的这种关系是国家结构的基础,西嶋称之为"个别人身支配"。参见胡戟等主编《二十世纪唐研究》,第23页。
② 西嶋定生《对中国古代史的理解》,《历史学研究》第152号,1951年;《中国古代奴婢制的再考察——其阶级与身份的性质》,《古代史讲座》第7号《古代社会的构造(下)——古代的身份与阶级》,同学社,1961年。转引自胡戟等主编《二十世纪唐研究》,第306页。
③ 渡边信一郎《中国古代社会论》,青木书店,1986年。参见王德权《东京与京都之外——渡边信一郎的中国古代史研究》,《新史学》第1卷第1期,2006年,收入渡边信一郎《中国古代的王权与天下秩序》附录,中华书局,2008年,第173—222页;胡戟等主编《二十世纪唐研究》,第24页。

堀敏一有关中国古代社会经济形态的研究,既得到了前田和西嶋的启示,又对二者的结论有所纠补和发挥。他认为:(1)秦汉至隋唐之间主要的直接生产者是小农(小自耕农);(2)农民的分化产生豪族,形成豪族和一般农民的阶级对立;(3)专制国家一直掌握对农民再生产起重要作用的共同体。秦汉帝国藉共同体统治豪族和小农,小农为其统治基础。豪族的扩张使小农没落,汉帝国因此崩溃。北朝和隋唐通过均田制重新建立对小农的统治。由于堀氏主张将魏晋—隋唐看作以豪族共同体为社会基础的中世贵族政治时代,所以他没有涉及均田制下的社会是"古代"抑是"中世",而只讨论部曲、客女究竟是奴隶还是应看作农奴。在研究先秦至唐代的身份制度变迁时,他则强调"身份"指的不是主与奴的关系,而是皇帝统治体制下的法令上的身份制。[①]

最后来看想要跳出唐宋变革论的滨口重国。他认为,春秋战国以前和以后的中国社会性质不同。基于此认识,滨口不认为"唐宋之间出现过动摇国家社会根基的社会革命",因而否定唐宋变革论。他主张"由秦汉开始直至隋唐及宋、元、明、清之间,是中国的中世","直至中唐左右为止,仍存留了古代的要素"。此后"中国在中世纪的色彩之下统一,封建色彩更为深化"。为此,滨口着重探讨了"中国奴隶制"的演变。他认为中国总体上没有奴隶制,只是在春秋战国前后出现了私有奴隶(家庭奴隶)。此后,奴隶的显著增加。秦汉私有奴隶,"在制度上只有'奴隶'一种",两晋南北朝隋唐,在"'奴隶'以外又有'半奴隶'——唐代法律上称为:'部曲'、'客女'",奴隶制度"更为整备"。隋唐宋特别是唐中期以后,奴隶数目渐减,见于唐律和敦煌吐鲁番文书的部曲和客女,已经不是唐代社会的主要生产者。[②]

3. 反思中国史诸分期说和唐宋变革论

中国史诸分期说和唐宋变革论,是受马克思主义理论影响的中日学者,在不同的政治和学术生态中,就如何划分中国历史发展阶段问题所取

---

① 堀敏一《均田制的研究》,汉译本序,第2—3页;《中国古代的身份制——良与贱》,汲古书院,1987年。转引自胡戟等主编《二十世纪唐研究》,第23—24、307页。
② 滨口重国《中国史上古代社会札记》,《日本学者研究中国史论著选译》第1卷,第109—120页,参见胡戟等主编《二十世纪唐研究》,第307页。

得的重要成果。尽管双方学者的研究都曾因带有特定目的论色彩,受到过不少的非议,但1950—1960年代,中日学者的研究成果,在学术史上的意义,同样值得肯定。

不过,时至今日,包括中国史分期在内的"五朵金花"大讨论,却被人总结为"假问题、真学术"式的研究。上述论争产生于浓厚的意识形态时代背景中。在既定的话语背景下,这些命题是有意义的,因为这些命题背后都有明确的非学术追求。随着话语系统的根本转换和语境的巨大变迁,这些命题本身能否成立早已成为问题,也就是说它已经成为"假问题"。①

确实,那个时代的中国学者,绝大多数过分注重阶级矛盾和阶级斗争理论,在马克思主义阶级分析法(Class analysis method)的运用上教条化、庸俗化,实际上既背离了辩证唯物主义和历史唯物主义的要旨,又放弃了传统史学的考据精神,因而研究中出现了很多不足和硬伤。正因如此,随着政治环境和学术语境的转换,远离意识形态的束缚,成为史学研究者在追求"独立之精神,自由之思想"时的共同做法。于是,五种社会形态的理论框架,作为马克思主义史学叙事模式的重要标志,已经被大多数研究者放弃。一个明显的例子,便是翦伯赞主编的《中国史纲要》(增订本)主动放弃了五种社会形态的提法。在章的标题上,增订本完全按照历史时期(朝代)来命名。节和目的标题,以及正文表述也相应作了调整,删掉了一些五种社会形态的词汇。如关于商朝的社会结构与阶级关系,原版有"奴隶主贵族与奴隶"一目,正文表述有"掌握着国家命运的大贵族奴隶主集团,是由商王及其亲属和显贵所组成的"。增订本将前者修改为"贵族与平民"一目。同时,在正文中,也删除了"奴隶主"三字,具体表述则基本保持不变。②

反观日本学者的唐宋变革论,虽然也深受马克思主义影响,但由于其

---

① 王学典《20世纪中国史学评论》,山东人民出版社,2002年,第168—172页。
② 翦伯赞主编《中国史纲要》,人民出版社,1962—1966年,增订本,北京大学出版社,2006年。参见刘后滨《经典教材的生命力——评翦伯赞主编〈中国史纲要〉(增订本)》,《北京大学学报(哲社版)》2007年第3期,第151—153页。上世纪80年代以来,重构中国史分期的新说不断涌现,详见耿元骊《唐宋土地制与政策演变研究》,商务印书馆,2012年,第293页;《帝制时代中国土地制度研究》,经济科学出版社,2012年,第10页。耿氏认为在新的学术出发起点来看,中国无论政治、经济、文化、社会都具有同构性,所以再次通过　(转下页)

更多地偏向于文化史观和实证研究，因而所取得的成果，直到今日仍影响深远。正如张广达所说，有关唐宋变革论的争辩，"以理论层次的阐释和实证层次的考据开场，催生出来琳琅满目的实证性论文和专著"。①

这些论著在世界范围内也产生了极大反响。如法国汉学家白乐日（Etienne Balazs）认为，中国封建社会的特征到宋代已发育成熟，而近代中国以前的新因素到宋代已显著呈现。所以，研究宋史将有助解决中国近代开端的一系列重大问题。继白乐日之后，著名汉学家谢和耐（Jacques Gernet）则把宋代称作中国的文艺复兴时代。他说："11—13 世纪期间，在政治、社会或生活诸领域中没有一处不表现出较先前时代的深刻变化。这里不单单是指一种社会现象的变化（人口的增长、生产的全面突飞猛进、内外交流的发展……），而更是指一种质的变化。政治风俗、社会、阶级关系、军队、城乡关系和经济形态均与唐朝贵族的和仍是中世纪中期的帝国完全不同。一个新的社会诞生了，其基本特征可以说已是近代中国特征的端倪了"。②美国宋史学界长期倾向于认为唐宋之际中国历史从中古转向了近世，尤其是在欧美学术界盛行的"宋代经济革命"论，可以说在相当大程度上把唐宋变革论的影响推向极致。③

即便如此，日本学界自 1970 年代以来，也出现了所谓"战后历史学"

（接上页）王朝更替来观察中国历史，或有可能取得最广泛的认同。虽然打破"王朝体系论"是近现代历史学的一大功绩，但"王朝"是个"自然"现象，分期则是人为标准。自然现象与人为标准之间，并不具备可比性。王朝体系作为一个过去的、凝固化的历史，是无法打破和不必打破的。见前揭《唐宋土地制与政策演变研究》，第 285—287、291—292 页；《帝制时代中国土地制度研究》，第 4—9 页。

① 张广达《内藤湖南的唐宋变革说及其影响》，第 45 页。
② ［法］谢和耐《中国社会史》，阿尔芒·科兰出版社，1972 年，中译本由耿昇译出，江苏人民出版社，2005 年，第 243 页。
③ 宋代经济革命，一般包括农业革命、水运革命、货币与信贷革命、科学技术革命、印刷革命、交通革命、商业革命、市场结构以及都市化方面的重大变化。见 Robert M. Hartwell（郝若贝），"Demographic, Political, and Social Transformations of China, 750—1550", *Harvard Journal of Asiatic Studies*, 42.2, 1982, pp.365—442. Mark Elvin（伊懋可），*The Pattern of the Chinese Past: A Special and Economic Interpretation*, Stanford: Stanford University Press, 1973, pp.113—199; Robert M. Hartwell, "A Revolution in the Chinese Iron and Coal Industries during the Northern Song, 960—1126 A.D.", *Journal of Asian Studies*, 21, 1962, pp.153—162. 参见张广达《内藤湖南的唐宋变革说及其影响》，第 49—53 页；宁欣、陈涛《"中世纪城市革命"论说的提出和意义——基于"唐宋变革论"的考察》，《史学理论》2010 年第 1 期，第 125—134、160 页；李华瑞《20 世纪中日"唐宋变革"观研究述评》，《史学理论研究》2003 年第 4 期，第 87—95、159 页。

的危机。这种危机,用谷川道雄的话来说,就是:"一方面站在马克思主义的阶级理论的立场,一方面又对现实中学术界马克思主义的研究很不满意。只讲民众的革命性(或与其相反的落伍性),难道就可以算作是历史研究吗?与权力相对抗的生气勃勃的唐代民众,究竟反映了怎样一种时代变革呢?为此,我百思不得其解,忍受着痛苦岁月的煎熬。"为了摆脱战后历史学的束缚,谷川提出了豪族共同体理论。不过,这样的突破,在当时却受到不少批评。批评要点有二:"第一,批判拙论(指《中国中世社会与共同体》)轻视阶级矛盾;第二,批判拙论无视土地共有等共同体结合关系中的物质契机,过于强调精神契机的作用。"为此,谷川抱怨说批评者的共同特征,"在于都不去核查我所进行的实证研究,而一味地纠缠于是否符合唯物史观的'原则'的问题"。[1] 这种抱怨,体现了战后日本史学界崇尚理论热忱的消退,也预示了研究重心向实证方面倾斜的趋势。

马克思主义理论在中、日两国历史学界的共同境遇,根源于20世纪70—80年代以来,各国学者对欧洲中心观的持续反思与批判。正如张广达所说:"西方史学和社会学的'近代'是根据西欧社会发展经验总结出来的架构,将西欧的历史发展模式奉为世界历史发展的普遍规律,并以此作为研究中国历史分期的预设进行的东西比较一旦流于牵强,必然造成歪曲和混乱的后果。"[2] 对欧洲中心观的批判是必须的,但是反思不能仅止于此。因为在理论探讨中遇到的问题,并非通过放弃理论,转而采取实证研究的方法所能解决的。[3] 谷川道雄后来也承认,自1980年代以后,日本的中国中古史盛行"分得很细的实证研究",学术成果甚多,却难以看出这些成果"用于中国史宏观架构"的意义。即使"把它纳入前人论著的架构中,或对前人的论述做枝节的修正,也不能不感到研究工作的停滞化和琐屑化","探讨中国历史

---

[1] 谷川道雄《中国中世社会与共同体》,中文版自序,第4—8页。
[2] 张广达《内藤湖南的唐宋变革说及其影响》,第46页。
[3] 这些问题甚至也不是通过转而采取其他理论所能解决的。比如,战后日本崇尚左翼理论的热忱消退后,历史学研究会在1970年代末至1980年代初的年度大会上,将"地域和民众"定为大会主题。这个主题受到了当时已开始在欧美流行的区域研究的影响,特别是受[美]施坚雅(G. William Skinner)从经济地理学和社会人类学观点出发而提出重层的地域区分理论的影响(见张广达《内藤湖南的唐宋变革说及其影响》,第46—48页)。不过,这种区域史研究的角度,却加重了史学研究"碎片化"的倾向。

原理的风气薄弱,不能不令人忧虑"。① 类似的问题同样存在于中国史学界。

鉴于此,笔者认为,在对深受马克思主义理论影响的中古经济史既有研究成果进行反思时,不应拘泥于特定历史阶段和意识形态本身所带来的问题。换句话说,就是不要停留在对"假问题"进行批评的层面上,而应关注"真学术"背后所面临的困境。通过对中、日学者由中国史分期问题所引发的,对中国中古时期经济、社会形态演变的理论分析和实证研究进行探讨后,笔者更加关注中、日学者在方法论上所面临的共同困境。困境主要体现在如下两个方面:

(1)在理论探讨时如何运用规律的普遍性与特殊性原则

对于中国史分期的研究成果,批评者一方面认为当时的学者过于机械地运用五种社会形态理论和阶级分析法,另一方面则认为马克思基于对西欧社会发展经验总结出来的理论框架并不适用于中国。

首先来看批评的第一方面。批评者认为"封建"的本义为"封土建国"、"封爵建藩",基本内涵包括世袭、分权的领主经济和贵族政治。这与欧洲中世纪的 feudalism(封土封臣、采邑制)和日本近代以前的公家(贵族阶层)——武家(武士阶层)二重制"酷似",所以中国晚清、日本明治年间的两国学者才将"封建"对译"feudal"。随后中国马克思主义者在引入西欧和日本近代化进程中的"反封建"命题时,无视以专制集权和地主——自耕农经济为特征的中国前近代社会与西欧、日本前近代社会的巨大差别,将"封建"概念泛化。这使得有关中国封建社会的争论,既与"封建"的本义、西义相左,且有悖于马克思主义的封建原论。只是在特殊历史条件下,

---

① 谷川道雄《魏晋南北朝隋唐史学的基本问题·总论》,汲古书院,1997 年,中译本由李凭等译出,中华书局,2010 年,第 22—23 页。参见胡戟等主编《二十世纪唐研究》,第 307 页。有关社会科学研究碎片化和碎屑化的倾向,"并不单指、甚至也不主要指史学研究中的主体分散趋势",而主要表现在"丧失了理论结合力",出现了"理论方面的解体效应",根源在于社会史研究的"碎片化"。这个问题,最早是由法国史学界对年鉴学派进行批评时提出来的。早期年鉴学派把整体史(总体史)作为追求的目标,但到了第三代学者,他们却明确宣布"不再以建立总体的历史为目标"。由于抛弃整体史目标,年鉴学派被一些评论者批评为忘记了人、事件和政治等重要方面,成了没有人的历史学,并"爆裂为许许多多的专业,各自以其方法和问题与社会科学中对应的学科相联",被溶化在各个相邻的学科里,分散在"支离破碎"的各个分支、层面、领域和问题中,研究越来越琐碎、细微,并且丧失了自己的独特个性,乃至面临着消失的危险。后来区域史研究的盛行,更加重了"碎片化"的趋势和程度。参见王卫平、王玉贵《社会史研究"碎片化"命题再检讨》,《光明日报》2012 年 6 月 14 日,第 14 版。

"五种社会形态"说框架下内的泛封建观,才普遍被中国学者所接受。①这是一种机械地套用公式的研究范式。

上述批评确实有其针对性,但是批评者也忽视了中国马克思主义史学者在使用五种社会形态理论时,最初已考虑到了封建与封建制概念的不同以及中、西封建制的差异。②比如,持西汉封建论的侯外庐曾论及"封建"与封建社会的差别。他说:"秦废'封建',为什么又成了封建制社会呢?我们的答复是:秦废封建的'封建'二字,为中国古代史的另一个术语,其内容指的是'宗子维城'的古代城市国家;这里我们所举出的封建制社会,'封建'这两个字则是立基于自然经济、以农村为出发点的封建所有制形式,译自外文 Feudalism,有人也译作封建主义。中外词汇相混,为时已久,我们倒也不必在此来个正名定分,改易译法。"③既然马克思主义史学者意识到两个"封建"含义的不同,那么有关中国马克思主义者将"封建"概念泛化的指责,在某种意义上,也犯下了和"教条主义"者一样的错误。

同时,上述批评过于强调中国特殊历史环境对学者的负面影响,却忽视了中国学者所面临的理论困境,同样存在于日本学者有关唐宋变革论的争论中。

李华瑞在论及中国学者对待唐宋变革论的态度时说:"日本学者的宋代近世说,是站在世界史的范围,认为中国的宋元时期与西亚、南亚、东亚及欧洲的近世化过程相同步,或者说是世界近代化链条中不可或缺的一环。而中国学者,特别是20世纪50年代以来的大陆学者的讨论,虽然也比照西欧封建社会向资本主义的过渡历史,但多强调中国的独特性,并显现出就中国论中国的'闭关自守'式的研究倾向。"④主张宋代近世说的京都学派,特别强调唐以前中国社会中存在的"贵族政治"属性,所以主张隋唐中世说,而将宋以后视为中国的近世。正如冯天瑜所说,他们对"中世(封建)"概念的使用,没有背离"封建"的本意。

---

① 冯天瑜《"封建"考论》(第二版),卷首提要,武汉大学出版社,2007年。
② 参见林甘泉等《中国古代史分期讨论五十年》,第254—264页。
③ 侯外庐、赵纪彬、杜国庠、邱汉生《中国思想通史》第2卷《两汉思想》,人民出版社,1957年,第4页。
④ 李华瑞《20世纪中日"唐宋变革"观研究述评》,第94页。

不过，若参照冯氏批评泛封建观时的逻辑，京都学派在对宋以后中国社会性质的判定上，也出现了与所谓泛封建论者一样的倾向（或可称之为泛资本主义论）。比如，在京都学派的研究中，存在着"为比附欧洲而夸大"宋代大土地经营方式性质的做法，即强调唐代奴婢、部曲等"贱民的解放"，是"从唐到宋最重要的社会变革之一"；宋以后，"佃户完全变为自由人，他们与地主的关系是平等的"。① 这样的观点，忽略了宋以后佃户仍然存在的对地主的依附性。正如周藤吉之所指出的，就佃户对地主的依附程度或生存能力的高低而言，"中唐以前和以后，没有大的不同"。② 唐宋间农业劳动者身份的变化，并非突变，而是封建依附性的逐渐减弱。与之相对，东京学派所提出的宋代中世说，与中国学者在研究"资本主义萌芽"问题时一样，更多在强调中国历史的独特性，即侧重于对规律特殊性的分析。由此可见，在史学研究中如何运用规律的普遍性与特殊性，是中日学者共同的难题。

再来看第二方面。批评者将马克思五种社会形态理论看作是基于欧洲历史经验所得出的理论框架，从而出现了诸如"把西欧的历史发展模式奉为世界历史发展的普遍规律"（前引张广达语）的担心。

这种看法，是随着对欧洲中心观的批评和放弃而出现的，对于纠正之前欧美中国学研究范式中的理论不足是有意义的。但将马克思五种社会形态理论仅视为欧洲中心论的产物，并不符合马克思主义认识论从特殊到一般、由一般到特殊的要求。③ 正如李根蟠所指出的，马克思主义的"封建"概念，指的是人类历史上一种特定的生产方式或社会经济形态，它虽

---

① 宫崎市定《从部曲到佃户——唐宋间社会变革的一个侧面》，《东洋史研究》第29卷第4号，1971，后收入《宫崎市定全集》第11卷，岩波书店，1992年，中译文见《日本学者研究中国史论著选译》第5卷，索介然译，中华书局，1993年，第1—70页。
② 周藤吉之《宋代庄园制的发达》，《东洋文化研究所纪要》第4册，1953年。转引自胡戟等主编《二十世纪唐研究·经济卷·概论》（张弓执笔），第306页。
③ 当然，若按照后现代哲学的认识论，马克思主义认识论从特殊到一般、由一般到特殊的过程就根本不可能存在。先来了解一下后现代主义。后现代主义在哲学上主要表现为一种思想观念和认知立场的转变，后现代哲学的特征就在于深刻的认识论和本体论危机。"后现代"是相对于"现代"而言的，在西方文献中，"现代"一般指自17世纪产业革命开始的西方现代化以来的整个资本主义时代。正是在这个时代，哲学发生了由古代以本体论为中心向近现代以认识论为中心的转变。笛卡尔（Rene Descartes）把认识论作为哲学的中心部分，从而确立了现代哲学的知识论传统。后现代哲学所要否定的，恰恰是现代哲学以认识论为中心的传统。后现代认识论的核心目标是反对逻各斯中心主义，反对理性至上　　（转下页）

与西义"封建"有一定的渊源关系,但又有本质的区别。① 马克思对五种社会形态的区分,建立在不同的生产方式基础之上的。② 忽视这个基础,而将"封建"的内涵概括为世袭、分权的领主经济、贵族政治,从而得出所谓"封建"的本义、西义及马克思原论一致的结论,是错误的。至于由此所带来的一味否定马克思五种社会形态理论的做法,不仅抹杀了近代以来中、日史学者在探索中国社会经济演变中所取得的成果,而且会使我们对中国社会发展的认识,退回到郭沫若口中那些曾经动辄以"我们的国情不同"为借口的"民族偏见者"的水平。③

(2)在实证研究中倾向于定性分析而非定量分析

既然在理论上坚持马克思五种社会形态理论,并不意味犯教条主义

(接上页) 原则,反对以统一性为核心的现代认识论,主张按照差异性、多元性、非理性、随机性等为核心建构新的认识论。所以斯蒂芬·巴恩(Stephen Bann)在谈到后现代主义时曾说,他更喜欢使用维柯(Giovanni B. Vico)所用的词 ricorso(回归)来指后现代主义,"因为它径直就意味着返回。它指的是回到并重新采取原先就潜藏在那里的立场,然而,这当然也意味着第二度时某些东西已有所不同。它所预设的,是一种循环式的运动,而非线型的运动"。后现代主义的"这种 ricorso(回归)——对于原先被占主导地位的现代主义意识形态排斥了的元素的回归——不仅是一种非常重要的史学现象,因为我们突然以新的方式来看待事物了,而且也是对于我们关于这个世界的当代经验的指南"。参见刘啸霆《后现代认识论述评》,《哲学动态》1998年第8期,第35—39页;[波兰]多曼斯卡(Eva Domanska)编《邂逅:后现代主义之后的历史哲学》,彭刚译,北京大学出版社,2007年,第294—295页;黄宗智《中国研究的范式问题讨论·导论》,姚昱、马钊译,第3—8页。从这个意义上来说,后现代哲学所追求的,正是被现代哲学所排斥的前近代哲学中的某些元素。

① 李根蟠《中国"封建"概念的演变和"封建地主制"理论的形成》,第149—150、169—170页;《"封建"名实析义——评冯天瑜〈"封建"考论〉》,《史学理论研究》2007年第2期,第24—42页。马克垚也指出,"自布洛赫的《封建社会》发表以来,对封建主义、封建社会的研究确实已经有了很大的进展。一方面是把它从一个西欧所特有的概念向全世界的历史不断推广使用,另一方面则是对它的存在,无论是在全世界甚或西欧本地都提出了质疑。我认为,封建主义、封建社会的概念、范畴出自西欧,在开始总结、概括时有简单化的毛病,和西欧本地的真实情况都有许多不合,更不要说放之于全世界了。但经过长期的研究,在前资本主义时代,大土地所有制和小生产的结合,是各国家、民族的共同经济特征,应该是没有问题的。无论你使用封建主义这一名词与否,但在此共同性下,如何认识各地区、国家、民族的特殊性,并从而对全世界的这一社会有进一步的认识,仍然是一个重大的历史研究课题。而在广大的亚非地区,如何解决大地产和小农经济的发展问题,更是这些地区如何现代化的一个现实问题",见氏著《封建社会·中文版序言》,第11页。
② 马克思《资本论》第3卷第20章《关于商人资本的历史考察》,"作为商品进入流通的产品,不论是在什么生产方式的基础上生产出来的,——不论是在原始共同体的基础上,还是在奴隶生产的基础上,还是在小农民和小市民的生产的基础上,还是在资本主义生产的基础上生产出来的,——都不会改变自己的作为商品的性质",第362页。
③ 郭沫若《中国古代社会研究·自序》,第1页。

和欧洲中心论的错误,①那么为何在中国史分期问题上的研究中存在较大的争议,甚至是错误？这其实源于史学者在实证研究的方法论上,倾向于定性分析而非定量分析。

马克思的五种社会形态理论,建立在其政治经济学分析基础之上。但当中、日学者在运用该理论研究中国史或东洋史时,却面临着既缺乏经济分析的手段,又缺乏可用于定量分析的资料的困境。因而像经济学研究者那样,在既定的制度约束条件下（或者说在特定的时空范围内、在一定的生产力和生产关系下）,去分析市场、竞争和边际收益率对经营方式的影响,便成为不可能完成的任务,从而被排除在史学研究的基本范式之外。于是,要么像中国学者那样,出现唯物史观挂帅的情况,将唯阶级斗争论、唯生产关系论、唯生产技术水平论等易于定性分析的研究办法上升为主流范式,② 要么像日本学者那样,更多地从文化史观来分析中国历史发展的特殊因素。

比如,西周封建论者在判断西周的社会性质时,主要着眼于直接生产者身份、地位的变化,而不能很好地回答诸如"周人在生产力水平并没有大的提高的情况下,如何进入封建社会"这样的问题。所以,范文澜才根据恩格斯《家庭、私有制和国家的起源》的论述,指出在奴隶制向封建制的转化上,生产工具制作的变化不一定是决定性的,提出了阶级斗争改变

---

① 李根蟠《中国"封建"概念的演变和"封建地主制"理论的形成》,第 168—172 页。
② 魏晋封建论者在分析秦汉大土地所有制性质时,认为当时大土地所有者主要是采取自身直接经营的形式,以奴隶劳动为基础,赤裸裸地榨取直接劳动者的剩余劳动所得,而不是靠出租土地,征取农奴、依附农劳役地租或代役地租获得。其所以必须如此,是不以人们意志为转移的当时社会生产力状况决定的。因为只有他们才有经济条件装备起具有二牛抬杠、大铁犁、耧车等先进生产工具和技术,才能拥有从事组织操作这类生产工具的劳动力奴隶组合的集体劳动协作。尤其是,这些工具技术要求的,是在大地产上采取二牛三人耦耕,或二牛六人的耦耕和耧车的劳动组合方式,或者更多的生产劳动者,进行集体劳动,简单协作来发动。它绝对不适合使用铁口木农具,在细小地块上从事细小生产的独立自耕农,或比小自耕农经济条件更差的农奴、依附农单家独户的生产。农奴、依附农无论如何没有条件提供粮食作物以外的经济作物产品充作地租。以上就是他们断定秦汉大土地所有制(所有权)只能是奴隶经济,而不是农奴经济的主要理由和原因。见范传贤、杨世珏、赵德馨《中国经济通史》第 2 卷《秦汉时期》,湖南人民出版社,2002 年,第 374—375 页。然而,究竟生产技术水平与社会生产结构及其组织形式（如奴隶制、租佃制、雇工制）之间的关系和相互作用如何,单纯依赖史学研究方法,研究者很难作出回答,所以只能教条地套用马克思主义理论,从生产力决定生产关系方面,来解释社会形态的演变和经济增长的规律。中国奴隶制出现的原因,及相关经济学理论分析,详见本书第四章第二节 5。

剥削形式(即所谓"让步政策"的出台)从而推动历史发展的观点。① 对西周生产力状况的说明,是在中古史分期论战中,西周封建论遭到广泛质疑的地方。② 也正因为这个原因,郭沫若才高举起铁制农具这个"武器",旗帜鲜明地维护战国封建论。

可是,即便有了铁制农具,有了让步政策等解释途径,但诸分期说仍共同面临着一个难以解释的现象,那就是在中国租佃关系普遍出现之前的宋以前社会中,劳动者的人身依附关系长期存在,但却呈现出时松时紧的循环发展。正如《中国古代史分期讨论五十年》所指出的,③ 这里涉及一系列重要的理论问题,即阶级斗争在推动一种社会经济形态向另一种社会经济形态的变革中,究竟怎样起作用?从奴隶社会向封建社会的过渡中,新兴地主和奴隶主公室(贵族)的斗争,是当时阶级斗争的一种形式。广大奴隶和平民的反抗斗争,是阶级斗争的又一种形式。这两种阶级斗争,究竟哪一种是主要的,它们之间的关系怎样?为什么新兴地主阶级宁愿采用封建的剥削方式(地租),把奴隶变为封建农民,这与当时生产力的发展状况又有什么关系?为什么在封建剥削方式下,会出现由劳役地租、实物地租到货币地租的发展规律,而地主阶级需要在一定程度上强行控制农民的人身自由?

对于这些问题的回答,本应该像马克思那样,借助政治经济学的分析方法来克服资料不足所带来的无法计量分析的困境。但是,由于马克思主义史学者"自觉"地将自己与所谓的"公式主义"研究方法割裂开来,④ 于是一系列庸俗化的马克思主义史学分析方法便应运而生。诸如强调阶

---

① 范文澜《中国通史简编(修订本)》第1编,人民出版社,1953年,第33—39页。
② 罗新慧《说"西周封建论"》,《学习与探索》2011年第3期,第247—250页。
③ 林甘泉等《中国古代史分期讨论五十年》,第142页。
④ 陶希圣在社会史大论战中,曾批评公式主义者反对材料的研究方法。他说:"公式主义者大有反对材料而重视公式的毛病。有人批评我说我是经验主义,因为我重视历史的记载。……用公式来收揽材料,这一方法最怕材料多,材料一多则公式主义便会崩溃。……我们是弃材料而留公式呢?还是弃公式而取材料,重新估定社会进化的途径?公式主义者的方法是前者,我的办法是后者。"见氏著《中国社会形式发达过程的新估定》,第2页。林甘泉认为公式主义者就是指马克思主义者。为了证明这是陶希圣对马克思主义者的污蔑,他举出马克思与恩格斯的论述来证明"马克思主义从根本上说来,是和公式主义毫不相容的"。见林甘泉等《中国古代史分期讨论五十年》,第48页。所举马克思、恩格斯的论述如下:"在历史科学中,专靠一些公式是办不了什么事的"(马克思《哲学的贫困》, （转下页）

级斗争的历史推动力,而忽视战争对社会发展的消极作用,强调新生产技术(工具)出现所代表的生产力的提高,并从生产关系的先进性、落后性来解释社会形态演进,但却无法回答生产力究竟如何推动生产关系发展这样的理论问题。

不仅在奴隶社会向封建社会演变的研究中存在上述困境,而且在有关资本主义萌芽问题的研究中,也存在着同样的问题。关于中国资本主义萌芽出现的衡量标准,及其中应注意的问题,吴承明曾提出三条意见:第一,应把资本主义萌芽如实地看作是资本主义生产关系的发生过程,而不是指一种内含的因素或发展趋势,当然这是一个渐进的过程;第二,资本主义萌芽指的是一种生产关系,而不是一厂一店,因而不能以举例子的方法来论证;第三,资本主义萌芽是一种新的、先进的生产关系,具有新生事物的生命力,它一旦产生,除非有不可抗的原因,是不会中途夭折的,而是引导向新的生产方式。① 其中,第二点与上文所提出的实证研究中存在的倾向于定性分析的不足是一致的。但是第一、三点上却存在着唯生产关系论的倾向,将生产关系视为生产方式发展的前提。这些同样反映出在运用马克思主义基本原理解释中国历史具体发展过程中(即认识论第二阶段:由一般到特殊)面临的困难。

基于对唐宋史研究中,中、日学者所面临的共同困境的分析,本书将在辩证唯物主义和历史唯物主义的指导下,运用五种社会形态理论,并借鉴经济学研究的分析方法,围绕着赋税制度(赋税制度发展与社会生产结构变化的关系)、租佃关系(不同租佃契约形式的产出效率分析,以及地主、佃农选择不同契约背后的经济学逻辑)两个视角,来研究中国中古时期的社会经济形态演进。

(接上页)　《马克思恩格斯全集》第4卷,人民出版社,1958年,第166页);"如果不把唯物主义方法论当作研究历史的指南,而把它当作现成的公式,按照它来剪裁各种历史事实,那它就会转变为自己的对立物"(恩格斯《致保·恩斯特》,《马克思恩格斯选集》第4卷,人民出版社,1995年,第688页)。从上述论述可知,马克思和恩格斯并非反对所谓的公式主义,而是反对在历史研究将唯物主义作为现成的公式加以简单套用。若能准确把握辩证唯物主义方法论的前提下;无论采用公式与否,都是可以的,关键是要适合具体的研究对象。

① 许涤新、吴承明主编《中国资本主义发展史》第1卷《导论》(吴承明执笔),人民出版社,1985年,第5—6页。

第二章　社会生产结构变化与魏晋南北朝赋税制度发展

租佃关系很早就出现在中国社会中,但在唐代中期以前,租佃制始终未能得到充分发展。在这种情况下,通过赋税制度的发展变化,来探究当时的经济增长以及社会生产结构的变化,不失为一个行之有效的办法。可是,长期以来,马克思主义史学研究者多是在将赋税视作地租的前提下来研究魏晋南北朝经济史的,强调国家(或皇帝,即最高地主)与私人大土地所有者、农民之间的对立与矛盾。即便是日本学者,因受马克思主义理论影响,也多从"国家—豪族—小农民"的角度来分析这一时期中国政治、社会与经济的特点,研究的前提同样是赋税与地租合一。

然而,上述研究范式存在着不足。正如胡如雷所指出的,地租与课税是截然分开的。赋税是从地租中分割出来的,是地租的转化物,或者说来源于地租的再分配。[1] 笔者赞同此说。以下将在"地租与课税截然分开"的前提下,对3—8世纪中国赋税制度的演变进行梳理,探究赋税制度变化背后的经济因素,即社会生产结构的变化如何影响征税方式的演变。为了突出研究的重点,本章将围绕着赋税的单纯形态进行研究,主要讨论魏晋南北朝时期的正税(正赋),至于劳役或间接税(如盐、铁、酒等专卖税及其他商税)等,一般暂不涉及。

一　汉魏社会生产结构变化与魏晋户调制产生

汉魏时期,出现了中国历史上第一轮的土地兼并过程,带来了严重的

---

[1] 胡如雷《中国封建社会形态研究》,三联书店,1979年,第75—76页。亦可参见本书第三章小结。

社会问题。大土地所有制的发展,最终改变了秦汉政府在公元前3世纪制定的,建立在以自耕农为主的社会生产结构基础之上的赋税制度。其标志就是汉献帝建安九年(204),曹操颁布租调令,改变汉代"轻租重赋"格局下的人头税制(指口赋、算赋),确立了以户调制为主的新税制。户调制成为魏晋南北朝时期赋税制度的基础。以下详述之。

1. 两汉大土地经营方式转变与社会经济自给化、实物化

户调起源于两汉。春秋战国以来,随着生产力的提高,市场交易日益频繁,带动商品货币关系出现了一轮持续向上的发展,使得西汉时的中国就已经进入了渐具规模的"货币经济"时期。① 货币经济的繁荣,对当时赋税制度的影响,就体现在政府按人头或户资征收算赋、口赋、更赋、资赋等货币税。在赋钱之外,则一般又以三十税一的固定比例征收田租(田税,实物税)。② 此外,还有名目各异的调度征求。③ 汉代税制"轻田租"而"重赋于民",因而被视为人头税。

然而从公元1世纪前后的两汉之际开始,这一轮商品货币关系自产生之后的长期向上发展趋势出现拐点,货币经济开始衰退。至东汉章帝元和年间(84—86),在尚书张林的建议下,朝廷下令"尽封钱,一取布帛为租,以通天下之用"。④ 这项政策反映出当时货币经济已经出现明显的衰退迹象。因为类似的建议,早在西汉元帝(前49—前33年在位)、哀帝(前7—前1年在位)时,贡禹和师丹就曾先后提出过,但并未能上升为国家政策。⑤ 这说明当时货币经济还保持着较高的水平。直到一百多年后,张林的建议才最终被章帝采纳。

---

① 全汉昇《中古自然经济》,《中国经济史研究》(一),香港新亚研究所,1976年,中华书局,2011年,第112页。
② 就法定形态而言,汉代田税征纳的是实物,而赋钱征纳的是现钱。不过在实际征收中,田税或赋钱都存在着广泛的折纳现象,既可以在同一税种的不同实物形态之间,也可以在不同税种之间进行折纳。详见陈明光《秦汉的租、赋与力役制度》,郑学檬主编《中国赋役制度史》第1编第3章,上海人民出版社,2000年,第59—60页。
③ 唐长孺《魏晋户调制及其演变》,《魏晋南北朝史论丛》,河北教育出版社,2000年,第57—61页。
④ 《后汉书》卷四三《朱晖传》,中华书局,1965年,第1460页。
⑤ 《汉书》卷七二《贡禹传》载西汉元帝时,贡禹建议:"宜罢采珠玉金银铸钱之官,亡复以为币。市井勿得贩卖,除其租铢之律,租税禄赐皆以布帛及谷。"中华书局,1962年,第3076页;卷八六《师丹传》:"会有上书言古者以龟贝为货,今以钱易之,民以故贫,宜可改币。上(哀帝)以问丹,丹对言可改。章下有司议,皆以为行钱以来久,难卒变易。"第3506页。

虽然"封钱勿出"的政策并未被长期执行,①但此事仍然折射出东汉中期以后,政府财政非货币化(实物化)的趋势在增长。②受财政非货币化影响,不仅东汉皇帝在赏赐时使用黄金的次数和重量锐减,而且在日常生活中,金属铸币的使用也在减少。比如赎罪,西汉规定用金或铜钱,东汉则规定用缣帛。在官吏俸禄支付方面,也是如此。两汉官吏禄秩皆以石、斛(量制单位,谷物)计算,③但在支付时,西汉以钱,东汉则半钱半谷。④

公元1世纪前后,中国出现了商品货币关系由盛转衰的变化,与当时社会经济受到王莽篡汉和绿林赤眉起义等动乱、战火的冲击有关。然而,战乱虽然能对经济增长产生短时性的显著影响,但未必能影响经济发展的长期变化趋势。值得注意的是,东汉中前期社会生产秩序已经得到整顿与恢复,经济也在较长的一段时期内保持较快增长,但货币经济规模在整体上始终未能恢复到西汉中后期的水平。这说明战乱应该并非造成此次商品货币关系由盛转衰的根本原因。至于那种"自汉末以来,间接由于连年战乱频仍的影响,直接由于商业的衰落或钱币数量的减少,(货币经济)势力一天比一天衰落,自然经济则起而占支配地位"的传统看法,⑤更无法解释此次开始于两汉之际的商品货币关系的衰退。

正如赵德馨所指出的,东汉章帝以后,中国出现了明显的商业衰退现象,其决定性因素是社会生产结构的变化。⑥社会生产结构的变化,

---

① 《晋书》卷二六《食货志》载"遂用(张)林言,少时复止",中华书局,1974年,第793页。
② 范传贤等《中国经济通史》第2卷《秦汉时期》,第870—873页。
③ 《后汉书》志二八《百官志五》,百官受奉例,第3632—3633页。
④ 彭信威《中国货币史》,上海人民出版社,1958年,第75、80—86页。
⑤ 全汉昇《中古自然经济》,《中国经济史研究》(一),第112页。
⑥ 赵德馨《两汉的商品生产和商业》、《商品货币关系发展水平与生产结构的关系——以公元一世纪前后为例》,《赵德馨经济史学论文选》,中国财政经济出版社,2002年,第3—90、91—126页。不过,他认为当时社会生产结构的变化体现在租佃制的发展。以地主与佃户之间租佃土地、交纳地租(劳役或实物地租)为内涵,以佃户家庭为生产单位的租佃制,是一种自给自足性质的生产结构。这种生产结构的发展,必然带来自然经济色彩的加重,如魏晋以后的中国经济。在他看来,这种全汉昇称之为"中古自然经济"的形态,也可称为封建社会自然经济。笔者虽然认同大土地所有制及庄园式经营方式的发展导致了货币经济的衰退,但并不认为这一大土地所有制发展的动力源于租佃制。有关中国租佃制的发展,详见本书第四章。

根源于西汉以来日渐严重的土地兼并，以及由此所导致的大土地所有制的出现及发展。两汉之际以降，大土地所有者建立了为数众多、规模庞大的庄园。这些庄园在经济上的显著特点，就是采取了"闭门成市"的自给自足经营模式。① 虽然就大土地所有制的发展趋势而言，东汉与西汉是一脉相承的，但东汉庄园经济采用多样化种植以求自给的经营模式，与西汉那种采取大规模种植单一品类作物，以求供给市场需求的经营方式明显不同。②

新的社会生产结构渐具规模，直接导致市场交易量萎缩。交易量萎缩会造成流通环节所需要的货币量减少。货币相对过剩，则进一步加剧了货币的贬值。货币贬值，又会促使货币进一步退出流通领域。于是，就出现了东汉史籍记载中黄金与铜钱使用量减少的现象。可以说，大土地所有制和庄园经济的发展，使得两汉社会生产结构发生的变化，才是造成东汉商品货币关系始终无法恢复到西汉鼎盛期水平的根本原因。货币经济衰落反映在赋税制度上，就是东汉赋钱折变为实物（绢绵或麻布）完纳的实现，以及随后魏晋户调制的产生。③

大土地所有制和庄园经济的发展，对两汉社会的影响，还体现在土地兼并状况进一步加剧，贫富分化现象日趋严重。贫富分化使得建立在秦、汉之际以自耕农为主的社会生产结构基础之上的赋税制度不得不发生变化。西汉时租轻赋重的赋税结构（人头税为主），反映出在当时自耕农社会中，社会各阶层的财富占有情况与赋税负担水平相对均等的状态。但东汉以来，发调时要先统计户赀，然后按户、计赀征收不等的绢布，④就体现出贫富分化对税制已经产生了明显的影响。进而原来以计丁或计口方式征收的算赋、口

---

① [北魏]郦道元著、陈桥驿校证《水经注校证》卷二九《比水》注引司马彪《续汉书》，东汉光武帝外家樊氏，"徒居湖阳，能治田殖，至三百顷，广起庐舍，高楼连阁，波陂灌注，竹木成林，六畜放牧，鱼蠃梨果，檀棘桑麻，闭门成市。兵弩器械，赀至百万"。中华书局，2007年，第693页。亦可参见《后汉书》卷三二《樊宏传》，第1119页。
② 唐长孺《三至六世纪江南大土地所有制的发展》，上海人民出版社，1957年，第71—72页。
③ 唐长孺《魏晋户调制及其演变》，《魏晋南北朝史论丛》，第61—62页。
④ 《三国志》卷九《魏书·曹洪传》裴注引《魏略》："初，太祖为司空时，以己率下，每岁发调，使本县平（评）赀。于时谯令平（曹）洪赀财与公家等，太祖曰：'我家赀那得如子廉（曹洪）耶！'"中华书局，1982年，第278页。

钱等人头税,也逐渐由计口而征收变为计赀定赋。① 东汉税制的这些变化,反映出社会贫富分化对赋税制度的影响,也预示着未来税制发展的方向。

2. 曹操对汉末赋税制度的整顿与户调制的产生

汉献帝建安九年,曹操消灭河北袁氏,在初定冀州(治今河北冀县)之后,下令对当地原有赋税制度进行整顿,征收户调(引文详下),由此奠定了之后魏晋户调制的基础。对此,唐长孺《魏晋户调制及其演变》一文已有论述。可以说,从建安九年开始,户调正式与和田租一起并列为国家常税税目。作为常税的户调,实际上是曹操将汉末已经折纳为绢布的正税税目算赋等项,与已经演变为常年征纳的各种调绢、调布,归并在一起而形成的新税目。合并税目的做法,在一定程度上减轻了东汉末年由于战乱所导致的赋税总额的增加。

对于汉魏之际赋税制度的变更及其效果,《三国志》的记载比较简单,称曹操"令曰:'河北罹袁氏之难,其令无出今年租赋!'重豪强兼并之法,百姓喜悦"。② 根据陈寿的记载,曹操设立新税制的目的,就是要扭转两汉以来土地兼并和贫富不均的问题。很多史学研究者也都是从这一角度来解读曹魏政权所采取的政策,及其与世家大族的关系。③ 可是我们也知道,魏晋以后,大土地所有制仍长期存在并持续发展,以至于催生出了士族门阀阶层。那么,魏晋大土地所有制的发展,是由于曹操的新制没有得到切

---

① 《后汉书》卷三九《刘平传》载建武中(25—56),刘平在全椒长任上,"政有恩惠,百姓怀感,人或增赀就赋,或减年从役"。第1296页;《百官志五》载乡有秩、啬夫之职为掌"知民贫富,为赋多少,平其差品"。第3624页。这都反映出赋钱的征收不再单纯计丁(口)而征,须考虑纳税者家庭的贫富情况。参见唐长孺《魏晋户调制及其演变》,《魏晋南北朝史论丛》,第62—63页。
② 《三国志》卷一《魏书·武帝纪》,第26页。
③ 学界对曹操所施行政策的解读,通常着眼于他对世家大族的抑制方面,并将魏晋以来世家大族的继续发展,看作是对曹操政策的背离。这种背离,也来源于曹操本人晚年在政治上已经出现的向世家大族转化的动向。参见唐长孺《西晋田试释》,《魏晋南北朝史论丛》,第37—38页;田余庆《曹袁之争与世家大族》,《历史研究》1974年第1期,后收入氏著《秦汉魏晋史探微》(重订本),中华书局,2011年,第151—161页。田余庆对曹操户调制改革意义的解读,着眼于封建依附关系的发展。他认为依附关系的成熟,使得国家无法掌握日益减少的顷亩和丁口,赋税兵役无从着落,迫使国家改变租赋制度。户调制是中国古代赋税制度史上的重大变革,是封建国家向依附关系让步在赋税制度上的重要步骤。同时还认为,曹操立法的初衷,并不是为了替豪强谋利,但只是说明"历史上会出现帝王们向经济条件发号施令的事情,而且还可以在一定时期内和一定程度上奏效。但是从长远看来,其结果往往是适得其反,帝王们不得不向经济条件投降"。见氏著《秦汉魏晋南北朝人身依附关系的发展》,《中国史研究》1983年第3期,后收入《秦汉魏晋史探微》(重订本),第85—91页。

实的贯彻和落实,还是因为他的所作所为"逆历史潮流而动"(即田余庆所说的"帝王们向经济条件发号施令"),所以注定失败?仅凭《三国志》的记载很难做出进一步的分析。所幸裴松之注《三国志》时引王沈《魏书》,保存了曹操租调令的全貌。令曰:

> 有国有家者,不患寡而患不均,不患贫而患不安。袁氏之治也,使豪强擅恣,亲戚兼并;下民贫弱,代出租赋,衒鬻家财,不足应命;审配宗族,至乃藏匿罪人,为逋逃主。欲望百姓亲附,甲兵强盛,岂可得邪!其收田租亩四升,户出绢二匹、绵二斤而已,他不得擅兴发。郡国守相明检察之,无令强民有所隐藏,而弱民兼赋也。①

《三国志》称"其令无出今年租赋",《魏书》则称"其收田租亩四升,户出绢二匹、绵二斤",仍要征收租调。应该怎样理解上述两种记载的不同?考虑到汉魏之际赋税制度发生的变化,笔者认为上述不同记载,并非源于不同编纂者之间的抵牾冲突,而是因为他们对同一历史事件采取了各有侧重的书写方式。陈寿称"无出今年租赋",强调的是对汉代旧制的放弃,即不再按三十税一交纳田租,也不再交纳赋钱等税项。王沈则如实记载了新的税目及征收额,即土地税由比例分成制改为定额制,②同时名目繁多的赋钱和调物被简化为户调绢、绵二项而已。③

曹操在租调令中,确实用了很大篇幅来描述袁氏治下冀州出现的"豪强擅恣,亲戚兼并"弊政。这大概是陈寿得出新制"重豪强兼并之法"的看法,并特意记载下百姓"喜悦"心情的主要原因。然而通览令文,"袁氏之治也"以下数句,不过是政治上的一种宣传口径,顶多算得上是曹氏新

---

① 《三国志》卷一《魏书·武帝纪》,第26页。
② 两汉田租税率虽然在法令上始终都采用比例分成形式,但在实际征收时已有定额化的倾向。见陈明光《秦汉的租、赋与力役制度》,郑学檬主编《中国赋役制度史》第1编第3章,第42—43页。
③ 曹魏时,作为正税按户征收的绢、绵(户调)仍可被称为"赋",所以仍常见将国家税收合称为"租赋"的记载,而称之为"租调"的情况并不常见。参见杨际平《魏晋南北朝的租调力役制度》,郑学檬主编《中国赋役制度史》,第1编第4章,第76页。考虑到这个情况,《三国志》的记载也可能强调的是新税制虽然颁布,但因刚经历战乱,所以暂时免除一年的租调。不过,由于免除当年租调的规定,并未出现租调令中,所以本节对《三国志》的记载仍作如上分析。

政的原则性纲领。陈寿所强调的"重豪强兼并之法",应该指的是令书的最后一句:"郡国守相明检察之,无令强民有所隐藏,而弱民兼赋也"。这是对赋税征收中公平原则的强调。就田租而言,虽然存在着大土地所有者隐匿田产的可能,但田租是按亩征收定额税,从技术层面来看,操作的客观性较强,① 所以上述公平原则针对的应该就是户调,故称无令"弱民兼赋"。这样,我们对曹操税制改革的疑问就可归结为:户调究竟是否在一开始就具有抑制豪强兼并的设计初衷? 可以从时间和制度渊源上来分析。

首先,从时间上说,户调制并非始于建安九年。早在平冀州之前的建安五年(200),曹操统治区(兖州和豫州,分治今山东郓城西北、河南汝南东南)内就已经存在户调的征收。② 既然户调并非平定冀州后所创新制,不过是将曹氏税制推行于袁氏旧境,那么它就并不具有针对冀州乱政(诸如"豪强擅恣,亲戚兼并")的目的特定性。在冀州推行户调制,主要还是对东汉末年赋税丛脞局面的整顿。

再从制度渊源上说,曹魏户调是对汉代"赋"和"调"的合并,因而也沿用赋、调按照户赀决定户调多少的征收办法。这种办法为两晋南北朝各政权所遵行,被称之为"九品相通"或"九品混通"。因为政府虽然规定了每户交纳调物的固定额(如"户出绢二匹、绵二斤"),但这并非每户的实际缴纳额,而只是用于确定某地户调征收的总量,便于当地政府与百姓操作和交纳,同时也便于上级政府督促与考核。户调总额分摊到每户的实际数量,需要由各级官吏根据部内百姓户数多少与赀产高低来确定,即"计赀定课,哀多益寡",使贫富相济,"不得纵富督贫,避强侵弱"。③ 这就

---

① 按照通常的理解,汉代田租按固定比例征收,将会使多占地、收获量大的大土地所有者多交税,实则不然。上述税制类似于近现代累退税(指纳税人的负担率随课税对象数额的增加而递减的税),征收时不考虑纳税人收入、财产数额的大小及负担能力高低,都按同一比例征税,从而使负担能力高者,负担率低,负担能力低者,负担率高。所谓累退,是指税额相对于纳税人净收入的比例而言。所以,汉代田租的税制,客观上其实会促进贫富分化的拉大。田租由比例税改为定额税后,由于大土地所有者通过扩大生产规模,可以有效降低成本,增加收益,从而使得累退税加重低负担能力者税负率的作用更加明显,因而必将进一步加大贫富分化的差距。这一点也有助于我们理解曹操税制改革的作用和效果。
② 《三国志》卷二三《魏书·赵俨传》载建安五年,"袁绍举兵南侵,遣使招诱豫州诸郡,诸郡多受其命。惟阳安郡不动,而都尉李通急录户调",第668页。
③ 《魏书》卷四上《世祖纪上》,太延元年(435)十二月甲申,中华书局,1974年,第86页。

是九品相(混)通的征税方式。

既然户调计赀定课的征收方法,渊源自东汉的平(评)赀发调和计赀定赋,那么就应该与两汉赋税制度的变化一致,即户调制的出现,依然反映着土地兼并、贫富分化对赋税制的影响。这就意味着,曹操制定新税制,是基于当时不同阶层对社会财富占有的既定状况。可见,户调制在一开始就不带有抑制豪强兼并的终极目标。对"无令强民有所隐藏,而弱民兼赋"的强调,不过是对汉代计赀定赋中"知民贫富,为赋多少,平其差品"原则的重申。

当然,曹操对汉末赋税制的合并和简化,在减轻赋税总量上会有一定作用。政府对发调过程中公平原则的重申,也会使得贫困阶层的负担有所减轻。所以不能根据以上分析,认为《三国志》中有关"百姓喜悦"的记载只是史家谀辞。陈寿所关注的,是赋税制度在实际执行中所取得的短期效果。笔者所想强调的是问题的另一面,即赋税制度作为顶层设计,它最初目的和长期效果如何。如前所述,东汉的平赀发调和计赀定赋只是税制为适应土地兼并和贫富分化现状而做出的改变,那么,考虑到汉晋间社会经济发展的趋势,不难得出如下结论:户调制在实际执行的长期效果上也不具有抑制豪强兼并的作用。

既然在制度的设计层面和具体操作层面,户调制都不具有抑制豪强兼并的作用,田租改制也是如此,那么我们只能承认,魏晋南北朝时期大土地所有制的发展,以及士族门阀阶层的出现,并非由于曹操所创立的新赋税制度没有得到切实的贯彻和落实,更不是由于他"逆历史潮流而动"。曹操的所作所为,恰恰是顺应了社会贫富分化的历史趋势。他本人则自觉不自觉地充当了大土地所有制代言人的角色。[①]

3. 西晋户调之式及其影响

取代曹魏的司马氏是河内(治今河南沁阳)儒学大族,其建立政权除了拥有西边军队之外,主要是依靠世家大族的支持。[②] 作为世家大族的代表,司马氏自然也延续了之前的户调制,并在太康元年(280)统一南北之后,将其调整为适应了新形势的户调之式。《晋书·食货志》载:

---

① 参见田余庆《秦汉魏晋南北朝人身依附关系的发展》,《秦汉魏晋史探微》(重订本),第87—89页。
② 唐长孺《西晋田制试释》,《魏晋南北朝史论丛》,第39页。

及平吴之后,……又制户调之式:丁男之户,岁输绢三匹,绵三斤,女及次丁男为户者半输。其诸边郡或三分之二,远者三分之一。夷人输賨布,户一匹,远者或一丈。男子一人占田七十亩,女子三十亩。其(外)丁男课田五十亩,丁女二十亩,次丁男半之,女则不课。男女年十六已上至六十为正丁,十五已下至十三、六十一已上至六十五为次丁,十二已下六十六已上为老小,不事。远夷不课田者输义米,户三斛,远者五斗,极远者输算钱,人二十八文。其官品第一至于第九,各以贵贱占田,品第一者占五十顷,第二品四十五顷,第三品四十顷,第四品三十五顷,第五品三十顷,第六品二十五顷,第七品二十顷,第八品十五顷,第九品十顷。而又各以品之高卑荫其亲属,多者及九族,少者三世。宗室、国宾、先贤之后及士人子孙亦如之。而又得荫人以为衣食客及佃客,品第六已上得衣食客三人,第七第八品二人,第九品及举辇、迹禽、前驱、由基、强弩、司马、羽林郎、殿中冗从武贲、殿中武贲、持椎斧武骑武贲、持钑冗从武贲、命中武贲武骑一人。其应有佃客者,官品第一第二者佃客无过五十户,①第三品十户,第四品七户,第五品五户,第六品三户,第七品二户,第八品第九品一户。②

《初学记》引《晋故事》、《晋令》作:

《晋故事》:凡民丁课田,夫五十亩,收租四斛,绢三疋,绵三斤。凡属诸侯,皆减租谷亩一斗,计所减以增诸侯;绢户一疋,以其绢为诸侯秩;又分民租户二斛,以为侯奉。其余租及旧调绢,二户三疋,绵三斤,书为公赋,九品相通,皆输入于官,自如旧制。

《晋令》:其赵郡,中山,常山国输缣当绢者,及余处常输疏布当绵绢者,缣一疋当绢六丈,疏布一疋当绢一疋,绢一疋当绵三斤。旧

---

① "五十户"似应作"十五户",否则与后面"第三品十户"相差过于悬殊。参见田余庆《秦汉魏晋南北朝人身依附关系的发展》,《秦汉魏晋史探微》(重订本),第91页。
② 《晋书》卷二六《食货志》,中华书局,1974年,第790—791页;《通典》卷一《食货·田制上》,中华书局,1988年,第15页。引文中( )内为衍字,据《通典》校正。

制，人间所织绢布等，皆幅广二尺二寸，长四十尺为一端，令任服。后乃渐至滥恶，不依尺度。①

《晋书》所载的户调之式，并非仅与户调有关，而是与西晋整个土地制度及赋税制度相关的一系列规定。具体内容如下：

（1）占田制

所谓占田，是指自耕农保有土地数量的一个假定指标（土地占有最高限额），渊源自汉武帝时董仲舒提出的，但并未上升至国家层面的"限民名田"政策。② 根据规定，男子一人可以占田 70 亩，女子一人 30 亩。在此田额之中，还包括有课田额。所谓课田，是指政府确定自耕农应负担租调的土地数量，即作为征税基准的假定垦田数。根据规定，在男子 70 亩占田额中，丁男课田 50 亩，次丁男 25 亩；在女子 30 亩占田额中，丁女课田 20 亩，次丁女不课（即无课田）。此外，老小皆不事（无课）。这样，实际耕种土地额低于课田额的百姓，其赋税负担就相对加重，反之，则赋税负担相对下降。这无疑是在东汉末、三国战乱之后，西晋政府面对人口数与垦田数锐减的局面，③ 运用税收的杠杆作用，以达到鼓励生产和垦荒的目的。

（2）田租与户调

田租与户调数量的确定，与课田额关系密切："凡民丁课田，夫五十亩，收租四斛，绢三匹，绵三斤"。可见田租虽然名义上是按丁征收，④ 但实际却是以丁男的课田额为基础确定田租税率，即以亩均 8 升的税率，向应有课田者征收土地税。⑤ 可见，西晋田租与曹魏田租一样，皆按亩征收定额税，而税额提高了一倍。户调额虽然也是以丁男的课田额为基础确定的，但并不按亩征收，而是采取九品相通的方式，按户征收。

---

① 《初学记》卷二七《宝器部·绢》，中华书局，1962 年，第 657—658 页。
② 《汉书》卷二四上《食货志上》，董仲舒上书建议"限民名田，以澹不足，塞并兼之路"，第 1137 页。参见范传贤等《中国经济通史》第 2 卷《秦汉时期》，第 359—376 页。
③ 葛剑雄《中国人口史》第 1 卷《导论、先秦至南北朝时期》，复旦大学出版社，2002 年，第 437—454 页。
④ 唐长孺《西晋田制试释》，《魏晋南北朝史论丛》，第 54 页。
⑤ 田余庆《秦汉魏晋南北朝人身依附关系的发展》，《秦汉魏晋史探微》（重订本），第 87 页；李锦绣《唐代财政史稿》上卷第 2 分册，北京大学出版社，1995 年，第 458—459 页。

与曹魏户调不同的是,西晋考虑到了丁女与次丁男的实际劳动能力,新增了有关丁女与次丁男为户者半输户调的规定。这无疑是户调制向合理化发展的一个结果。同时,值得注意的是,丁女课田额为 20 亩,但在独立成户时,却需要与课田额为 25 亩的次丁男户一样,半输户调。这反映出西晋政府面对人口锐减的局面,有意通过加重丁女为户者赋税负担的手段,减少独女户数量,从而达到鼓励生育的目的。①

(3)占田荫客制

西晋官员可以按照官品高低占田,同时还可以荫其亲属,"多者及九族,少者三世",以及荫人为衣食客和佃客(田客),使其得以免役(见表2-1)。此外,一些特殊身份群体,如宗室、国宾、先贤之后及士人子孙,也都拥有占田荫客的特权。贵族、官员和士族占田额远高于普通百姓,而未见课田额,可见他们自身享有免课役的特权。②

西晋将户调制与占田、荫客制联系起来,这在制度上是一个创新。占田额与衣食客、佃客数的规定,一方面反映出,虽然经历了汉末、三国的战火,但是土地兼并和社会贫富分化的趋势却并未被改变,而且在持续扩大。正如前文所分析的,上述问题的加剧,与政府的赋税制度先天不具备抑制兼并和贫富分化的功能和作用有关。另一方面则反映出,政府已经越来越意识到上述问题的严重性,并试图去加以限制。政府的解决之道,首先是在承认既成事实的基础上对官僚、贵族等大土地所有者拥有的土地总量加以限制,其次仍是寄希望于户调制的九品相通来调节贫富阶层的赋税负担,以此缓和贫富分化拉大的趋势。然而正如唐长孺所指出的,当时西晋政府

---

① 这与西汉初年,政府通过惩罚性地增加未婚适龄女子的赋税负担来达到促进生育的做法(《汉书》卷二《惠帝纪》,惠帝六年下令,"女子年十五以上至三十不嫁,五算",第 91 页)是一致的。为鼓励生育,西晋政府除了通过经济手段来减少独女户外,还曾下诏规定:"女年十七父母不嫁者,使长吏配之"(《晋书》卷三《武帝纪》,泰始九年十月辛巳,第 63 页),即利用行政手段提高婚育率。
② 东晋明帝时,都督江州诸军事、江州刺史应詹上疏建议:"都督可课佃二十顷,州十顷,郡五顷,县三顷。皆取文武吏医卜,不得挠乱百姓。三台九府,中外诸军,有可减损,皆令附农。"《晋书》卷七〇《应詹传》,第 1860 页。应詹的建议,意在要求地方长官也应承担一定的课田额,由此起到督促末业归农的效果。他所谓的课田额,并非指官员对所部官私垦田的督课之责(参见唐长孺《西晋田制试释》,《魏晋南北朝史论丛》,第 50 页),而应该是包含在其本人所可以拥有的占田份额内的私田。虽然应詹的建议并未被执行,但可以说明晋朝官员本来并不承担赋税,因而没有课田。

从一开始就没有承认品官占田限额法令的效力,而只是对田客数额的限制条款执行得比较认真。① 在这种情况下,户调式在限制土地兼并和贫富分化上就更加无能为力了。历史的发展方向也只能是向士族门阀社会前进。

表2-1 西晋品官占田荫客表

官品	佃客	占田额	衣食客
一品	15 户	50 顷	3 人
二品		45 顷	
三品	10 户	40 顷	
四品	7 户	35 顷	
五品	5 户	30 顷	
六品	3 户	25 顷	
七品	2 户	20 顷	2 人
八品	1 户	15 顷	
九品		10 顷	1 人

最后,值得注意的是,户调制采取以户为单位计赀定课,改变了之前赋钱以丁(口)为单位的计赀定赋。这使得政府不再需要为了掌握丁口花费巨大的精力和成本,② 同时也使得百姓不得不通过增加户内人口,甚至是以合户的方式来应对赋税制度的变化。关于后者,可以结合表2-2来分析。

---

① 曹魏以来,屯田制逐渐被破坏,政府所拥有的垦田和劳动力在不断减少。如《晋书》卷九三《外戚·王恂传》载:"魏氏给公卿已下租牛客户数各有差,自后小人惮役,多乐为之,贵势之门,动有百数。又太原诸部亦以匈奴胡人为田客,多者数千。"第2412页。学者通常认为,租牛客户即屯田户,本是隶属政府的国家佃农,因而具有免役资格。在被政府赏赐给公卿以下后,屯田户的身份由国家佃农变为私家的田客,但仍保留不服徭役的权利。由此,不服徭役由特例变为私家田客的通例,从而造成"小人惮役,多乐为之,贵势之门,动有百数"的局面。故泰始五年(269)正月,晋武帝下诏:"豪势不得侵役寡弱,私相置名。"(《晋书》卷二六《食货志》,第786页)此即《晋书·王恂传》所载"武帝践位,诏禁募客"一事(第2412页)。参见唐长孺《西晋田制试释》,《魏晋南北朝史论丛》,第39—40、42—44页。对于西晋限客政策的重新解读,参见本书第四章第二节5。
② 北魏时需要通过三长制重建汉代的乡里系统,以此加强对租调的征收。这反映了北魏将户调改为丁调之后,又重新回到了政府通过乡里制度加强人口统计,从而保证财政收入的局面。参见本章第二节1及第三章第一节。

表 2-2　两汉魏晋南北朝户均口数变化表[①]

朝代	年代	户数	口数	户均口数
西汉	元始二年（2）	12233062	59594978	4.87
东汉	永寿三年（157）	10677960	56486856	5.29
蜀	炎兴元年（263）	280000	940000	3.36
魏	景元四年（263）	663423	4432881	6.68
吴	天纪四年（280）	530000	2300000	4.34
西晋	太康元年（280）	2459840	16163863	6.57
西晋	太康三年（282）	3770000	17390000	4.61
宋	大明八年（464）	901769	5174074	5.74
前燕	建熙十一年（370）	2458969	9987935	4.06
东魏	武定中（543—550）	1999786	7703942	3.85
北齐	承光元年（577）	3032528	20006880	6.60
北周	大象中（579—580）	5590000	29009604	5.19

通过上表可知，在实行户调制之前，两汉户均口数基本维持在 5 口左右，比较稳定。[②] 经过汉末的战乱，三国之中，蜀、吴的户均口数减少至 3—4 口，[③] 而魏国户均口数却增长至 6.68 口。更值得注意的是，263 年的魏国户口中，包含有刚刚被灭的蜀国人口。若扣除后者，魏国旧境内户均口数将超过 9.1。汉魏间户均人口增长了将近一倍，反映出户调制实行后，魏国百姓通过增加户内人口，甚至是通过"父子无异财"的合户方式来应

---

① 数据来源参见梁方仲编著《中国历代户口、田地、田赋统计》，甲表 1、甲表 17、甲表 19，上海人民出版社，1980 年，第 4—7、48、57 页。其中，大明八年户均口数原表数据疑误，笔者做了修订。西晋太康三年户数，据《三国志》卷二二《魏书·陈群传》裴注引《晋太康三年地记》，第 637 页，口数据葛剑雄《中国人口史》第 1 卷的估算，第 454 页。北周户数，据冻国栋《中国人口史》第 2 卷《隋唐五代时期》（复旦大学出版社，2002 年）的估算，第 127—128 页。
② 更详细的情况，见梁方仲《中国历代户口、田地、田赋统计》，甲表 1，第 4—5 页。
③ 三国时著籍户口数受到人口史学者的质疑。他们认为由于荫附等原因造成大量不在籍人口的存在，才使得著籍人口严重偏少，因而尝试对当时实际人口作出估算，见葛剑雄前揭书，第 436—464 页。笔者认为，户籍与赋税征收密切相关，所以更加关注著籍户口数变化与赋税制度之间的关系，因而并不去讨论当时可能的实际户口数。

付赋税征收方法的改变。① 同样,西晋太康元年的户口数据中,也包含了原来吴国的户口。扣除之后,西晋统一全国之前的户均口数也超过了7口,高于曹魏灭蜀之后的合计户均口数。以上数据反映了曹魏至西晋初年,在户调制的影响下,户均口数持续增长的现象。

西晋的户数在颁布户调之式后不久,短短两年,便增长超过50%,从而使得户均口数又重新回到了两汉的水平。户数增长如此之快,不可能是通过人口自然增殖实现的,只能是西晋统一后,政府通过限制官员、贵族田客数等析户措施,来增加户数的结果。不过,正如前文所提到的,西晋仍沿用户调制,而且田租额比曹魏时增加了一倍。在这种赋税制度下,析户政策的效果不可能长久保持下去。这正是十六国时期,北方地区甚至出现百姓"或百室合户,或千丁共籍"局面的重要原因。②

二 南北分治时期赋税制度对西晋户调式的继承与改变

公元317年,西晋在长达十多年的八王之乱和永嘉之乱后宣告终结。随之而来的南北大分裂期,更是战火不断。战乱对北方社会经济的发展冲击尤为严重。南北分治,使得中国南部和北部地区沿着各自不同的政治道路在前进,经济、文化发展各有特点。战火消耗了大量的社会财富,进一步加重了东汉以来的这一轮商品货币关系向下发展的长期趋势,但却对社会生产结构本身影响不大。魏晋南北朝时期,大土地所有制、自给自足的经营方式都在持续发展。所以,无论是东晋十六国,还是南北朝前期,南北各政权都大体延续着魏晋田租、户调并行的赋税体制。

---

① 韩树峰指出,两汉对百姓户籍分合,采取不加干预的政策。曹操实行户调制后,为了增加户数,多征户调,强令父子异籍。这样,百姓为了降低户等,少纳户调,便借析籍之际,进行分财析产。这反而减少了户调总量。为此,魏明帝时又将异子之科废弃(见《晋书》卷三〇《刑法志》引曹魏《新律》序略云:"除异子之科,使父子无异财也。"第925页),转而要求百姓共财以提高户等,目的同样在于赋税之征。百姓则在共财的同时,要求共籍,以降低户调缴纳额。见氏著《从"分异令"到"异子科"》,《汉魏法律与社会——以简牍、文书为中心的考察》,社会科学文献出版社,2011年,第178—179页。
② 《晋书》卷一二七《慕容德载记》,第3170页。

到了5世纪末、6世纪初南北朝后期,中国北方和南方政权,几乎同时废止了户调制计赀定课的做法,赋税又重新向计丁而征的方式转变。这个变化,不排除是北南双方相互影响的结果,但更重要的原因是,计赀定课的征收方式,随着户调制的发展,已经从促进社会经济发展变为阻碍其发展的因素了。以下分而述之。

1. 北方地区赋税制度演变与均田制的出现

十六国时期的赋税制度,多未见载于史籍。即便史文偶然提及,往往语焉不详。明确提及这一时期租调额的,只有以下两例:304年,氐人李雄据有巴蜀,其后定制:"其赋男丁岁谷三斛,女丁半之,户调绢不过数丈,绵数两。"① 314年,刘聪大将羯人石勒初平幽、冀二州,"始下州郡阅实人户,户赀二匹,租二斛"。② 尽管对租调额有明确记载,但在具体征收方法上,仍不明确,存有疑问。如李特时田租是按丁征收,还是据课田额按亩征收定额租?③ 户调是否仍有全输、半输之别?石勒时租调额是对曹魏旧制的恢复,还是租调皆以户赀而采取九品混通之法?虽然存在着尚未解决的疑问,但可以明确的是,十六国时期,各政权大体上仍继续实行户调制,不过,具体调额会随着时间地区不同而有所变化。

如上节所引《魏书·世祖纪》"计赀定课,衰多益寡"之语,计赀户调的办法,直到北魏前期依然在沿用。起初,北魏政府在中原地区所征收的赋税,沿袭晋制及十六国时期的通行办法,分为租与户调(或称赀赋、赀调,亦可径称为赀),各自采用不同的征收方法。④ 后来,政府在田

---

① 《晋书》卷一二一《李雄载记》,第3040页。据《李雄载记》及《资治通鉴》卷八六(古籍出版社,1956年,第2739页)推知,此制在公元308年成汉尚书令杨褒卒前已经存在。
② 《晋书》卷一〇四《石勒载记上》,第2724页。
③ 唐长孺认为李雄时田租既然分男丁、女丁,当是按丁征收。当时去颁布户调之式为时不远,应是沿晋制而略减轻,故而田租按丁征收也可推测为晋制。见氏著《西晋田制试释》,《魏晋南北朝史论丛》,第54页。笔者倾向于李锦绣的看法,即西晋田租"名税丁而实税田",税率为亩均8升(见前节所引),故不需针对丁女为户等情况作出规定。所以,不能据李特时记载不明确的税制来推测晋制。
④ 《魏书》卷四下《世祖纪下》,太平真君四年(443)六月,拓跋焘下诏"复民赀赋三年,其田租岁输如常"。第96页。诏书将赀赋与田租分为两项,说明当时田租的征收与户赀无关。参见唐长孺《魏晋户调制及其演变》,第65—66页。

租的征收上,也开始根据贫富情况,调节每户的实际缴纳量。① 可以明确的是,到了孝文帝太和年间,北魏政府所征赋税中,已不再将田租单列,而是将田租所纳之粟,与帛等纺织物并列为户调中的细项。正是因为粟、帛的征收方法趋同之后,北魏政府便不再将赋税物区别租与调两个税项,而径称之为户调。② 关于太和前期的户调额,《魏书·食货志》有明确记载:

> 太和八年(484),始准古班百官之禄,以品第各有差。先是,天下户以九品混通,户调帛二匹、絮二斤、丝一斤、粟二十石;又入帛一匹二丈,委之州库,以供调外之费。至是,户增帛三匹,粟二石九斗,以为官司之禄。后增调外帛满二匹。所调各随其土所出。③

表 2-3 北魏太和八年前后户调额对照表

	帛	絮	丝	粟	调外帛
旧制	2匹	2斤	1斤	20石	1.5匹
新制	5匹	2斤	1斤	22.9石	2匹
增幅	150%	0	0	14.5%	33.3%
增量用途	官禄	—	—	官禄	商用

与西晋、十六国时期丁男之户的租额(2—4石)相比,北魏太和前期的租额(20或22.9石)有了很大幅度的提高。若考虑到魏晋南北朝时期量制、

---

① 百姓的实际交纳量,除了正租之外,还包括各种附加税,如租粟的运费,《魏书》卷一一〇《食货志》载献文帝天安、皇兴中(466—471),南朝宋淮北四州及豫州淮西官民投降北魏后,兵车屡兴,"山东之民咸勤于征戍转运,帝深以为念。遂因民贫富,为租输三等九品之制。千里内纳粟,千里外纳米;上三品户入京师,中三品入他州要仓,下三品入本州",第2852页。据此,户等并不直接调节租额,而是决定租粟运费的多少。

② 不过,由于谷物与纺织物在质、量上有明显的区别,所以在北朝后期,征收赋税仍沿用旧时租、调两分的做法,将谷物与纺织品分别单计。这在西魏大统十三年(547)籍帐户籍文书中清晰可见,如刘文成家,"计布一匹,计麻二斤,计粮四石(二十五斗输粮,一石五斗折输草二围)",录文见池田温《中国古代籍帐研究·录文与插图》,龚泽铣译,中华书局,2007年,第13页。因此,笔者在行文中仍沿用租、调来分别指代户调中的谷物和纺织物。

③ 《魏书》卷一一〇《食货志》,第2852页,卷七上《高祖纪上》,太和八年六月丁卯诏载,"均预调为二匹之赋,即兼商用",第154页。

衡制的增长,①北魏太和前期租调的实际征收量是前代的十到二十倍以上。但这并非意味着与之前相比,太和年间的生产技术水平,或者是政府赋税水平有急剧的提高。户调中粟额的大幅提高,恰恰反映出历史发展至此,在户调制和宗主督护制双重影响之下,百姓通过合户来应付政府的征税成为普遍方式。在当时的北魏社会中,既有"五十、三十家方为一户"的大户,②也有"小户者一丁而已"的情况。③平均下来,大概十几、二十户左右的人家在户籍上登记为一户,共同应付户调的征发,是当时社会上的常见现象。可以说,北魏前期出现的以20余石粟为租额的规定,④是在北方民众与政府不断博弈中逐渐形成的。

正如前文所指出的,户调制和百姓合户现象有密切关系。自魏晋时期一出现,户调制就对户籍中体现出的一般家庭规模有明显影响。经历了两个世纪之久,到北魏中期,合户现象及其对赋税制的反作用,双双达到顶点。当然,北方持续的战乱,与政府不断地对隐户的勾括,会对上述结果的出现有延迟效应。总之,太和年间,政府通过增加户调额以起到抵消百姓合户现象对财政收入增长的负向作用的办法,最终无法维持下去。以均田制为基础的新赋税制度便在太和九至十年间(485—486)被正式推出。《魏书·食货志》载太和

---

① 魏晋南北朝(主要指北朝)是中国度量衡史上变化幅度最大的时期。两晋及南朝宋、梁、陈度量衡基本沿用古(汉)制,一尺约24.7厘米,一升约200毫升,一斤约220克,北朝魏、齐度量衡则明显增长,一尺约27—30厘米,长于古制约2寸(1魏齐尺=1.2汉尺),一升约400毫升,一斤约440克,相当于古制二倍。至北周、隋,量制、衡制进一步增长,一升约600毫升,一斤约660克,相当于古制三倍。故《左传·定公八年》孔颖达正义称:"魏齐斗称,于古二而为一;周随(隋)斗称,于古三而为一。"唐代度量衡则沿袭北周、隋朝之制。详见丘光明、邱隆、杨平著《中国科学技术史:度量衡卷》,科学出版社,2001年,第286—298页。
② 《魏书》卷五三《李冲传》载北魏在推行三长制之前,"惟立宗主督护,所以民多隐冒,五十、三十家方为一户"。第1180页。
③ 《魏书》卷四四《薛虎子传》载太和八年班禄之制颁行之后,时任徐州刺史的薛虎子上疏称:"居边之民,蒙化日浅,戎马之所,资计素微。小户者一丁而已,计其征调之费,终岁乃有七缣。去年征责不备,或有货易田宅,质妻卖子,呻吟道路,不可忍闻。"希望减轻边民负担,以招诱南朝百姓。冯太后令曰:"俸制已行,不可以小有不平,便亏通式。"否决了他的提议。第997—998页。
④ 北魏前期,不仅存在20石的户调租额,而且存在着30—50石的户调租额。如泰常三年(418)九月"甲寅,诏诸州调民租,户五十石,积于定、相、冀三州"。延兴三年(473)七月,"诏河南六州之民,户收绢一匹,绵一斤,租三十石",十月,又以南讨,"诏州郡之民,十丁取一以充行,户收租五十石,以备军粮"。《魏书》卷三《太宗纪》,第59页;卷七上《高祖纪上》,第139页。这种高达30—50石的户调租额,更不可能是三五口之家的小户所能应付的。所以,北魏前期的户调额应是根据社会上普遍存在合户现象,以大户为对象确定的。关于此,亦可参见本节附论《从〈魏书·张彝传〉看北魏前期的合户现象》。

九年,下诏均给天下民田:

> 诸男夫十五以上,受露田四十亩,妇人二十亩,奴婢依良。丁牛一头受田三十亩,限四牛。所授之田率倍之,三易之田再倍之,以供耕(作)〔休〕及还受之盈缩。
>
> 诸民年及课则受田,老免及身没则还田。奴婢、牛随有无以还受。
>
> 诸桑田不在还受之限,但通入倍田分。于分虽盈,(没则还田,)不得以充露田之数。不足者以露田充倍。
>
> 诸初受田者,男夫一人给田二十亩,课莳余,种桑五十树,枣五株,榆三根。非桑之土,夫给一亩,依法课莳榆、枣。奴各依良。限三年种毕,不毕,夺其不毕之地。于桑榆地分杂莳余果及多种桑榆者不禁。
>
> 诸应还之田,不得种桑榆枣果,种者以违令论,地入还分。
>
> 诸桑田皆为世业,身终不还,恒从见口。有盈者无受无还,不足者受种如法。盈者得卖其盈,不足者得买所不足。不得卖其分,亦不得买过所足。
>
> 诸麻布之土,男夫及课,别给麻田十亩,妇人五亩,奴婢依良。皆从还受之法。
>
> 诸有举户老小癃残无授田者,年十一已上及癃者各授以半夫田,年逾七十者不还所受,寡妇守志者虽免课亦授妇田。
>
> 诸还受民田,恒以正月。若始受田而身亡,及卖买奴婢、牛者,皆至明年正月乃得还受。
>
> 诸土广民稀之处,随力所及,官借民种莳。(役)〔后〕有(土)〔来〕居者,依法封授。
>
> 诸地狭之处,有进丁受田而不乐迁者,则以其家桑田为正田分,又不足不给倍田,又不足家内人别减分。无桑之乡准此为法。乐迁者听逐空荒,不限异州他郡,唯不听避劳就逸。其地足之处,不得无故而移。
>
> 诸民有新居者,三口给地一亩,以为居室,奴婢五口给一亩。男女十五以上,因其地分,口课种菜五分亩之一。
>
> 诸一人之分,正从正,倍从倍,不得隔越他畔。进丁受田者恒从所近。若同时俱受,先贫后富。再倍之田,放此为法。

诸远流配谪、无子孙、及户绝者,墟宅、桑榆尽为公田,以供授受。授受之次,给其所亲;未给之间,亦借其所亲。

诸宰民之官,各随(地)〔近〕给公田,刺史十五顷,太守十顷,治中、别驾各八顷,县令、郡丞六顷。更代相付。卖者坐如律。

又载太和十年,

给事中李冲上言:"宜准古,五家立一邻长,五邻立一里长,五里立一党长,长取乡人强谨者。邻长复一夫,里长二,党长三。所复复征戍,余若民。三载亡愆则陟用,陟之一等。其民调,一夫一妇帛一匹,粟二石。民年十五以上未娶者,四人出一夫一妇之调;奴任耕,婢任绩者,八口当未娶者四;耕牛二十头当奴婢八。其麻布之乡,一夫一妇布一匹,下至牛,以此为降。大率十四〔中五匹〕为公调,二匹为调外费,三匹为内外百官俸,此外杂调。民年八十已上,听一子不从役。孤独癃老笃疾贫穷不能自存者,三长内迭养食之。"

书奏,诸官通议,称善者众。高祖从之,于是遣使者行其事。乃诏曰:"夫任土错贡,所以通有无;井乘定赋,所以均劳逸。有无通则民财不匮,劳逸均则人乐其业。此自古之常道也。又邻里乡党之制,所由来久。欲使风教易周,家至日见,以大督小,从近及远,如身之使手,干之总条,然后口算平均,义兴讼息。是以三典所同,随世洿隆;贰监之行,从时损益。故郑侨复丘赋之术,邹人献盍彻之规。虽轻重不同,而当时俱适。自昔以来,诸州户口,籍贯不实,包藏隐漏,废公罔私。富强者并兼有余,贫弱者糊口不足。赋税齐等,无轻重之殊;力役同科,无众寡之别。虽建九品之格,而丰埆之土未融;虽立均输之楷,而蚕绩之乡无异。致使淳化未树,民情偷薄。朕每思之,良怀深慨。今革旧从新,为里党之法,在所牧守,宜以喻民,使知去烦即简之要。"初,百姓咸以为不若循常,豪富并兼者尤弗愿也。事施行后,计省昔十有余倍。于是海内安之。①

---

① 《魏书》卷一一〇《食货志》,第2853—2856页;《通典》卷一《食货·田制上》,第17—19、92页;《宋本册府元龟》卷四九五《邦计部·田制》,中华书局,1989年,第1249—1250页。引文中( )内为衍、误文字,〔 〕内为修订或增补文字,据《通典》、《宋本册府元龟》校改。

新制定的租调制最大的特点,就是将赋税制度和均田直接挂钩。根据《地令》(均田令)的规定,政府有权并且有责任用所掌握的"公田",按照一定的规则均给无地、少地的百姓。这就与西晋所颁布的以占田制为基础的户调之式有很大不同。如前所述,占田制是当时政府面对两汉以来的土地兼并问题,将董仲舒等人所建议的"限民名田"措施上升为国家政策,是制度的创新。但占田制并不试图通过政府来主动调节土地资源的分配,因而并不包括耕田授受之法。有关北魏均田百姓受田的标准,详见表 2-4。

表 2-4 北魏均田民户应受田额表

	露田	倍田	桑田	非桑之土（榆枣）	麻布之土（麻）
丁男 15 岁以上（婚否同）	40 亩	40/120 亩	20 亩	1 亩	10 亩
奴	依良	依良	依良	依良	依良
妇人(已婚)	20 亩	20/60 亩	0	0	5 亩
婢	依良	依良	依良	依良	依良
丁牛(限 4 牛)	30 亩	30/90 亩	0	0	0
诸有举户老小癃残无授田者	年十一已上及癃者各授以半夫田,年逾七十者不还所受;寡妇守志者虽免课亦授妇田			
备注	露田、倍田、麻田为口分田,老免及身没须还受;桑田、榆枣田为永业田,不在还受之限,但可通入倍田分			

在推行均田制的基础上,租调额的确定及其征收,不再以全体民户为对象,而是以应受田口为对象。具体地说,均田制下 15 岁以上的男夫(不分婚否)、妇人(已婚)、奴婢和丁牛(限 4 头)为应受田口。租调额就是根据上述受田百姓的应受田额确定的。① 在均田的基础上,土地兼并的现象被有效改变,北魏政府也基本达到了"令分艺有准,力业相称"和"口算平均"的目的。②

这样,在新制下,每户百姓的劳动强度、赋役负担及其自身的劳动能

---

① 如北魏均田令将百姓的受田垦地分为桑(麻)田和露(倍)田两类,所以赋税所征租调物,就主要有粟和绢布(或帛麻)两类。
② 《魏书》卷五三《李安世传》,第 1176 页,及前引《魏书·食货志》孝文帝太和十年诏。

力,三者有机地统一了起来。社会生产者结构又重新变为以自耕农为主。与之相适应,租调额与之前相比有了大幅下降,详见表2-5。

表2-5 太和八年户调与太和十年民调对比表①

太和八年	帛	粟	丝	絮	调外帛
户调(每户)	5匹	22.9石	1斤	2斤	2匹
太和十年	帛(布)	粟	绵		杂调
民调(一夫一妇)	1匹	2石	0.5斤		临时

原来九品混通、计赀定课的征收办法被取消了,政府另以一夫一妇为基准单位(即一床),制定了固定的租调额,②故当时仍可称之为户调(民调)。不过,从未婚男丁、受田丁奴丁婢及受田丁牛,都要计丁纳租调来看,新税制已经包含了由户调向丁调转化的因素。

正是受到传统东方社会理论中土地公有、农村公社、专制制度三位一体特征的影响,有关均田制的研究,"几乎共同的前提首先是将当时的社会关系设定为国家——豪族——小农民,从国家为抑制大土地所有者和保护小农民的角度去理解均田制的意义,即从国家与豪族相互争夺小农民这种设想中去解释均田制"(见本书第一章第二节1所引气贺泽保规语)。为此,学者围绕着均田土地的性质,提出了国家所有说、公社土地说,甚至是主张是"以地主土地所有制为前提,小土地所有制为内容的国家所有制"。③暂且不去讨论上述研究中,对"国(公)有"、"私有"等概念的运用是否具有随意性,而将分析的重心放在造成学者们对均田土地性质产生的不同见解的史料上。虽然针对口分田(露田、倍田),均田令规定了"不

---

① 在太和十年后,床调一匹绢或一匹布之外,纳绢者还需加"税绵八两",纳布者"税麻十五斤",见《魏书》卷七八《张普惠传》,第1736页。参见杨际平《魏晋南北朝的租调力役制度》,郑学檬主编《中国赋役制度史》第1编第4章,第93页。
② 其他应受田口的租调额,以床调为基准制定。如未婚男子4人、奴婢8口或耕牛20头,皆合出一夫一妇之调。
③ 杨志玖《论均田制的实施及其相关问题》,《历史教学》1962年第4期,第5—11页;唐长孺《均田制度的产生及其破坏》,《历史研究》1956年第6期,后收入《历史研究》编辑部编《中国历代土地制度问题讨论集》,三联出版社,1957年,第332—377页;金宝祥《北朝隋唐均田制研究》,《甘肃师大学报》1978年第3期,第10—35页。

得卖其分,亦不得买过所足",但同时还有:"诸桑田不在还受之限,但通入倍田分。于分虽盈,不得以充露田之数",以及"诸桑田皆为世业,身终不还,恒从见口。有盈者无受无还,不足者受种如法。盈者得卖其盈,不足者得买所不足"等规定,即政府在均田时,并不采取直接剥夺或赎买大土地所有者过限土地等"主动"办法(桑田"有盈者无受无还","于分虽盈,不得以充露田之数"),而是通过继承(分家析产)或买卖等"被动"方式,使土地资源在全社会范围内的占有情况相对平均。[①] 可见,均田令中并不存在触动私有土地的条款。

既然均田令并不触动私有制,那么政府只能是将空闲的土地(包括未开垦的闲田和没官、户绝、还公田等)分配给无地少地的百姓,所以研究者得出了均田制实施的前提是北魏时期人少地多的局面。[②] 可是,这样的结论会带出两个问题:一、既然不改变豪族对土地的占有,均田制怎么体现和完成国家向豪族争夺自耕农的目标? 二、与北魏太和年间的人地关系相比,西晋初年的人地关系更加体现出人少地多的特点,[③] 政府可用的空闲土地应更多。为何西晋政府不采用均田制,而采用占田制呢? 汉晋时期的有识之士早就认识到了土地兼并的严重危害,并不断提出限田等有针对性的政策建议,那又是什么原因导致均田方案直到北魏太和年间才能被付诸实施?

对于问题一,正如气贺泽保规所指出的,如果从国家、豪族、农民的三元结构关系中去理解均田制,则豪族阶层必然成为国家抑制的对象,其势

[①] 苑士兴《北魏至隋唐的均田制度》,《教学研究集刊》1956年第1期,后收入《中国历代土地制度问题讨论集》,第321—322页;杨际平《北朝均田制新探》,岳麓书社,2003年,第34—35页。
[②] 陈登原《中国土地制度史》,商务印书馆,1932年;陶希圣、鞠清远《唐代经济史》,第4—5、14—15页;西村元佑《北魏均田考》,《龙谷史坛》第32卷,1949年,后经增订收入氏著《中国经济史研究(均田制度篇)》,东京大学东洋史研究会,1968年。参见胡戟等主编《二十世纪唐研究·经济卷》第1章《土地》(卢向前执笔),第311—312页;张学锋《20世纪日本的魏晋南北朝经济史研究》,胡阿祥主编《江南社会经济研究(六朝隋唐卷)》,中国农业出版社,2006年,第472—475页。
[③] 西晋著籍户口太康元年约有246万户,1616万口,太康三年约有377万户,1739万口,见本书表2-2。北魏著籍户口在正光年间(520—524)达到最高约500万户,2500万口。实行均田时,下据正光40年,以年均人口增长率7‰计算,当时人口约379万户,1894万口,户口均略高于西晋初年。在国土面积远大于北魏的情况下,西晋初年的人口密度更小。如果按照葛剑雄的估计,西晋初年的实际人口约3000万,北魏末年最高人口约3150—3500万来计算,均田时北魏人口约2386—2652万,尚低于西晋初年。相关数据参见葛剑雄《中国人口史》第1卷,第452—458、474—475页。

力也应随之衰落。但实际上却并非如此。即使在均田制下,大土地所有制及庄园经济仍继续存在,并且不一定与王朝势力(国家)对立。因此,均田制就成为了一种包容大土地制继续存在的制度,但这又和上述三元对立的前提产生矛盾。① 于是,所谓农民战争(如六镇之乱、河阴之变)削弱大土地所有者的阶级斗争分析模式,便应运而生,成为解决上述矛盾的方案。

毫无疑问,均田制、租调制的推行,使得北朝后期至隋唐前期的自耕农数量显著增加。对此,相关研究已不少。不过,着眼于均田制实行后的社会经济状况,并不能回答上面提出的第二个问题。于是,研究者便注意到了均田制与北魏初年所推行的计口授田之间的关系,②认为计口授田的实施,确实扭转了中国自两汉以来社会贫富分化持续扩大的趋势。

关于北朝后期社会贫富差距的变化,并不能通过史料中常见的官僚、贵族等特权阶层与普通百姓对土地的占有情况的对比来观察,而应从纳税群体的经济状况来分析。因为均田制本来就是一种容忍大土地经营继续存在的制度,所以不排除上述具有免税、免役特权的阶层,在均田制下仍保持,甚至扩大其土地经营规模的情况。

不同群体的赋税负担作为社会经济结构的反映,可以直接反映出贫富分化是在拉大还是在缩小。如前所述,西晋户调式中户等九品的区分,除了可以用来均济贫富阶层赋税负担之外,更应被视为当时社会贫富分化加剧的标杆。北魏前期虽然仍延续了西晋户等九品的区分,但在实际征收时,却以上、中、下三等来调节贫富阶层的负担。如延和三年(434),在基本统一北方之后,太武帝下诏与民休息,令"州郡县隐括贫富,以为三级"作为减免徭赋的标准。次年虽重申了九品混通之法,③但至献文帝

---

① 气贺泽保规《均田制研究的展开》,《日本学者研究中国史论著选译》第 2 卷,第 402 页。
② 清水泰次《北魏均田考》,《东洋学报》第 20 卷第 2 号,1932 年。此后,西村元佑、河地重造、田村实造、小口彦太、古贺登、关尾史郎也都从鲜卑游牧民族特性的角度阐述了均田制与计口受田之间的关系。详见气贺泽保规《均田制研究的展开》,《日本学者研究中国史论著选译》第 2 卷,第 407、411—412 页。中国学者也多持类似的观点,如唐长孺《魏晋南北朝隋唐史三论》,第 116—124 页。较新的研究成果,参见杨际平《北朝隋唐均田制新探》,第 15—28 页。
③ 《魏书》卷四上《世祖纪上》,延和三年二月戊寅,太延元年(435)十二月甲申,第 83、86 页。也有学者认为延和三年诏是对九品混通的否定,而太延元年诏是对九品混通的恢复,见杨际平《魏晋南北朝的租调力役制度》,郑学檬主编《中国赋役制度史》,第 1 编第 4 章,第 92 页。

天安、皇兴中（466—471），仍为租输三等九品之制（见前引《魏书·食货志》）。这成为北朝后期至唐初的通行办法。北齐建立之初，即"立九等之户"，但并不针对户调。据《河清令》，在垦租的征收方面，则明文规定"依贫富为三枭。其赋税常调，则少者直出上户，中者及中户，多者及下户。上枭输远处，中枭输次远，下枭输当州仓"，① 田租运费与赋税常调均以三等区别征收（详见本书第三章第二节 1）。到了武德六年（623），刚刚统一天下，唐高祖亦下令定户为三等。直到贞观九年（635），唐太宗才因户等"未尽升降"，将三等恢复为九等。② 户等三品的出现，可以反映出在计口受田和均田制的影响下，北朝后期社会贫富分化减小的趋势。

此外，在前引均田诏中，孝文帝提及太和十年之前"虽建九品之格"，但"赋税齐等，无轻重之殊；力役同科，无众寡之别"。孝文帝此诏除了反映出九品混通之法在实施中存在着不能被严格执行的情况外，也可间接反映出当时贫富分化的差距已经缩小的情况。因为只有在贫富分化相对缩小的现实之下，富强兼并之家才有可能通过勾结官府等非法手段，实现"赋税齐等"、"力役同科"这种普遍化的赋税均等状态。

综上可知，从长期趋势来看，西晋时中国正处在土地兼并加剧、自耕农减少，和贫富分化扩大的过程中。而北魏处在贫富分化减小的过程中，社会生产结构中，以自耕农为主的小土地经营方式已经占有一定规模，所以推行均田制才能一蹴而就。③ 土地制度背后反映的是不同的经济基础和

---

① 《隋书》卷二四《食货志》，中华书局，1973年，第678页。
② 《唐会要》卷八五《定户等第》，"武德六年三月，令天下户量其赀产，定为三等。至九年三月二十四日诏：'天下户三等。未尽升降。依为九等'"。上海古籍出版社，2006年，第1845页。不过，据岑仲勉、胡如雷的考证，《唐会要》原文在"九年"之前脱"贞观"二字，参见《唐会要》点校本前言，第12—13页。
③ 如何理解均田制与鲜卑民族特性之间的关系，学界有不同看法。唐长孺在前揭《魏晋南北朝隋唐史三论》（第116—124页）中指出，北朝的均田制，源自于鲜卑族，体现了农村公社的精神，培育了大批的自耕农。这违反了汉晋南朝以来地主大土地所有制发展趋势。正常的发展趋势不应该是自耕农越来越多，而应是佃客越来越多。关于此趋势，可参见氏著《三至六世纪江南大土地所有制的发展》，第1—9页。亦可参见王仲荦《魏晋南北朝史》下册，上海人民出版社，1980年，第522—527页。胡宝国则持不同意见。他认为唐先生之所以过多地强调鲜卑人的作用，一方面应与其所持的魏晋封建论有关。另一方面，也与陈寅恪过于强调南朝汉文化对北朝的影响有关。但均田制不一定来自于鲜卑人前封建时期的公社制度。所谓两者的相似之处，主要体现在土地还受现象。但公社制下土地还受的主要目的是为了平均劳动机会，因为个人所使用的土地肥沃程度不同、地理位置不同，所以过一　（转下页）

社会生产结构,这是西晋只能推行占田制,不能推行均田制的根本原因。

附论:从《魏书·张彝传》看北魏前期合户现象

对于北魏太和十年之前的租额(20或22.9石),学界通常认为是三长制推行之前,政府以"五十、三十家方为一户"的大户为征税对象的结果。但杨际平认为,北魏前期虽然存在三、五十家合为一大户的情况,但最基本的,还是三五口之家的小户。而且政府力图直接控制全国农户,经常检括户口,说明大户并不合法。既然认为大户的存在不合法,就不可能以大户作为制定户调的基本依据。不过,他也承认,20石粟对于仅有一丁的三五口之家来说,无疑是畸重的。这样的税制之所以能施行,有赖于"九品混通"之制,使"穷下之户"与富户之间的租粟额可以互相调整。

由于北魏前期的全国户口情况未见于史籍,所以只能通过《魏书》的一些零星记载来推测当时的家庭规模。如太武帝时(424—452),尉诺为幽州(治今北京西南)刺史,时"燕土乱久,民户凋散,诺在州前后十数年,还业者万余家"。王慧龙为荥阳(治今河南郑州西北古荥镇)太守,在任十年,"归附者万余家",李祥为淮阳(北魏侨置,地望不详,在兖州、豫州之南,今河南郑州东南)太守,"流民归之者万余家"。[①] 杨际平认为这些被

(接上页)　时期就要重新调整土地。而均田制下土地是在劳动者丧失劳动能力后才收回,再将其授给有劳动能力的人。因而,均田制起不到平均劳动机会的作用。国家实行土地还受的目的也不在于平均劳动机会,而是为了长久地控制一批土地,以培植自耕农。此外,北魏早于均田制的计口授田制中也并没有还受制。他还指出,均田制实行时,正是北魏封建化迅速发展的阶段,如果说这时土地制度却向前封建制转变,那将是难于解释的。见氏著《关于南朝化问题》,《虚实之间》,社会科学文献出版社,2011年,第80—88页。罗新赞同胡宝国的观点。他是从内亚(Inner Asia)的角度,来反思唐长孺、王仲荦那种"到内亚传统去寻找对北朝历史现象的解释"的做法是否合适。在罗新看来,把均田制的源头追溯到内亚游牧世界牧场所有制的观念与制度,即所谓"前封建公社制度",目的只是给均田制的出现找到一个历史解释,却缺乏"对内亚的历史与传统有更清晰的认识"。从现代人类学的游牧社会研究和游牧经济研究看,这样的历史联系似乎是难以建立起来的。更重要的是,问题不在于这一联系是否最终可以建立,而在于内亚因素在此仅仅承担了对北朝某一历史问题的解释责任,研究者都并未关注内亚的历史与传统本身的具体内容究竟是什么。见氏著《内亚视角的北朝史》,彭卫主编《历史学评论》第1卷,2013年,后作为附录收入罗新《黑毡上的北魏皇帝》,海豚出版社,2014年,第84—85页。胡宝国、罗新虽然是从不同角度来探讨均田制问题,但都强调北朝发展的普遍性(即北朝对汉代传统的继承,如自耕农等现象),而非其特殊性(即鲜卑民族性)。这体现出了中国史研究的新思考,也与笔者借助经济学分析手段得出的结论(详见本书第四章小结),有相通之处。不过,笔者认为北朝均田农民并不是对汉代自耕农现象的直接继承,两者是不同社会发展阶段的类似现象。

① 《魏书》卷二六《尉诺传》,第656页;卷三八《王慧龙传》,第876页;卷五三《李祥传》,第1174页。

招携而来的"万余家",若以大户计算,则应有 10—20 万家,约 50—100 万口,显然不可能。因为直到东魏武定年间(543—550),上述各地区领户也不过数万户。所以,北魏前期著籍户应以小户之家为主。

不仅如此,当时政府的各项政策也是以小户为对象制定的。如太平真君五年(444),太子监国,令"有司课畿内之民,使无牛家以人牛力相贸,垦殖锄耨。其有牛家与无牛家一人种田二十二亩,偿以私锄功七亩,如是为差,至与小、老无牛家种田七亩,小、老者偿以锄功二亩。皆以五口下贫家为率。各列家别口数,所劝种顷亩,明立簿目。所种者于地首标题姓名,以辨播殖之功"。① 杨际平认为,这里的"家"只能是三五口之家的小户,否则,如果是三五十家的大户,就不应存在没有耕牛的问题。②

以上几处记载,确实如杨际平所说,应是指三五口之家,即小户家庭形态。但值得注意的是《魏书》行文时皆用"家"而非"户"。其实,"家"这种社会上广泛存在的小户家庭形态,与李冲所提到的,三长制推行前"五十、三十家方为一户"的情况并不矛盾。因为只有在社会上存在着"家"(小户)的概念,才会形成三五十"家"为一"户"(纳税单位)的说法。③ 也正因为现实中有"家"、"户"并存的社会结构,李冲才能建议孝文帝推行三长制,改变百姓多合户的情况。

《魏书》其实也记载有关于百姓合为大户的现象,只不过这些记载并不多,且往往并非直笔叙事,因而易被忽视,甚至误解。比如,为说明北魏

---

① 《魏书》卷四下《恭宗纪》,第 108—109 页。
② 杨际平《北朝隋唐均田制新探》,第 53—55 页。
③ 当然,北魏前期也存在以"户"指代小户的情况。如《魏书》卷二《太祖纪》载天赐元年(404)三月,"初限县户不满百罢之",第 41 页。杨际平同样认为若以大户计,近百户(三四千家)之县并非小县,不应在并省之限。此说合理。不过如前文所述,十六国以来,虽然政府不断地通过简括来增加著籍户口,但在赋税制度的影响下,社会上很快又重现大量的合户、荫附等现象。在这个过程中,户籍中的家庭规模(纳税单位)就不断在大户、小户之间循环变化。比如十六国时期,北方地区荫附、合户现象严重,然而在表 2-2 中,公元 370 年前燕户均口数才 4.06,与史籍中反映出的社会现象明显不同(见本章第一节 3)。据冻国栋的分析,上述户口数是前燕统治者大力检括荫户,"精覈隐漏"(《晋书》卷一一〇《慕容㒞载记》,第 2840 页)的结果,但这种政策的效果不能持久。见氏著《唐代人口问题研究》,武汉大学出版社,1993 年,第 58—61 页。所以,不能根据前燕某一年的户均口数便否定当时社会中普遍存在的合户和荫附现象。同样,也不能根据北魏初期以小户为主的社会结构,来否定三长制实行之前普遍存在大户的现象。

推行均田制以前是以小户之家为主,杨际平所举出的青、徐等州之例。《魏书·韩均传》载皇兴中(467—471),青、徐等淮北五州自南来降后,献文帝"以五州民户殷多,编籍不实,以(韩)均忠直不阿,诏(韩)均检括,出十余万户"。① 确实如杨先生所说,被检括所出的这十余万户是以小户为主。可既然是经检括而得,恰恰说明这五州之中,原来应普遍存在着百姓合为大户的现象。之前的总户数,应远远少于 10 万户。

除淮北五州新附地区之外,在北魏旧管州郡内,是不是也存在合户现象比较突出的地方呢?《魏书·张彝传》提供了新的证据:

> 张彝,字庆宾,清河东武城(治今山东武城西北)人。曾祖幸,慕容超东牟(治今山东牟平)太守,后率户归国。世祖(太武帝)嘉之,赐爵平陆侯,拜平远将军、青州刺史。祖准之袭,又为东青州刺史。父灵真,早卒。……初,彝曾祖幸,所招引河东民为州裁千余家,后相依合,至于罢入冀州,积三十年,析别有数万户。故高祖比校天下民户,最为大州。②

周一良曾指出 30 年间,千余家增长到数万户,自然增长率是颇高的,说明了北魏经济的繁荣发展,以及三长制得到了切实推行。不过,由于此段史料中有难解之处,周先生并未深入探讨张幸降魏,以及招引河东民一事的原委。③ 张氏为河北望族,据《新唐书·宰相世系表》:"清河东武城张氏,本出汉留侯张良裔孙司徒歆,歆弟协,字季期,卫尉。生魏太山太守岱,自河内徙清河。曾孙幸,后魏青州刺史、平陆侯。生准,东青州刺史,袭侯。生灵真。生彝。"④ 张幸以下世系,与《魏书·张彝传》基本相合。世家大族与南北朝政治历来关系密切,尤其是像清河张氏这样位于南北交界之处的地方

---

① 《魏书》卷五一《韩均传》,第 1129 页。
② 《魏书》卷六四《张彝传》,第 1427、1433 页。
③ 周一良认为文中"河东民"指河东郡(治今山西永济西南蒲州镇)百姓,而东牟在今山东半岛,两者相距甚远,难以解释。见氏著《从北魏几郡的户口变化看三长制的作用》,《社会科学战线》1980 年第 4 期,第 140—146 页。陈爽也认为河东民为河东流民,并非张幸本宗族人,见氏著《世家大族与北朝政治》,中国社会科学出版社,1998 年,第 161 页。
④ 《新唐书》卷七二下《宰相世系表二下》,中华书局,1975 年,第 2711 页。

大族，更不免借助动乱的时局，谋得家族利益的最大化。

据史传记载，张幸仕于南燕，慕容超（405—410年在位）时为东牟太守。义熙六年（410）刘裕北伐灭南燕后，其家遂滞留于晋，或仍居东牟。张幸"率户归国（北魏）"的时间，据其曾孙张彝后来的上表推算，当在430年（魏太武帝神䴥三年、宋文帝元嘉七年）。① 是年，宋文帝派到彦之北伐，大败而归。张幸应在此前后，归顺北魏，以凭借乡党宗族之助，重振本家。他果然被太武帝任命为平远将军、青州刺史。张幸招引河东民，应该与此形势有关。

需要指出的是，由于皇兴元年（467），北魏始尽有淮北之地，所以张幸所担任刺史的青州，决非在黄河、淮水之间的青州（治今山东青州），而是当时北魏在黄河以北所置侨州。北魏前期不仅有侨置之青州，后来还权置东青州："先是，河外未宾，民多去就，故权立东青州为招怀之本，新附之民，咸受优复。然旧人奸逃者，多往投焉。（冀州刺史韩）均表陈非便，朝议罢之。后均所统，劫盗颇起，显祖（献文帝）诏书消让之"。② 此东青州当即张幸之子张准所任刺史之地，至皇兴中被废。③

考虑到当时的南北形势，以及当时黄河下游确有北流的特点，④ 笔者认为《魏书·张彝传》中的"河东民"，并非指河东郡百姓，⑤ 而与"河外未宾，民多去就"的局势有关，指的就是黄河下游以东的刘宋青州百姓。

那么，北魏前期所侨置的青州地望在何处？《魏书·地形志》未载。

---

① 《魏书》卷六四《张彝传》载世宗时，张彝任秦州刺史。景明三年（502）十二月，"太极（殿）初就，彝与郭祚等俱以勤旧被征。及还州，进号抚军将军，彝表解州任，诏不许。……时陈留公主寡居，彝意愿尚主，主亦许之。仆射高肇亦望尚主，主意不可。肇怒，潜构于世宗，称彝擅立刑法，劳役百姓。……见代还洛，犹停废数年，因得偏风，手脚不便"。第1428—1429页。后张彝在进诗、书表中提及他"改牧秦蕃，违离阙下，继以遣疾相缠，宁丁八岁"（第1431页），以及"臣家自奉国八十余年"（第1429页）等情况。据此，张彝当于景明四年停废在家，于永平三年（510）上表，故张幸归顺北魏的时间，可推定在公元430年前后。
② 《魏书》卷五一《韩均传》，第1129页。
③ 毋有江指出，此东青州或即之前侨置青州改名而来，治郡、起讫时间及领郡情况不明。见氏著《北魏政区地理研究》，复旦大学博士学位论文，2005年，第57、90页。笔者以为，据《魏书·张彝传》，北魏前期所置青州、东青州，分别由张幸及其子准之为刺史，虽然辖境接近，都在冀附近，但时代明显有别，且史传明言张准之"又为青州刺史"，故不宜简单认定两州有直接因袭关系。
④ 谭其骧主编《中国历史地图集》第4册，中国地图出版社，1982年，第48—49页，③2、②2、②3、①3网格内黄河。
⑤ 始光三年（426）九月至十二月，太武帝以赫连勃勃（屈丐）新亡，发兵伐夏。司空奚斤率军攻占蒲坂（属河东郡），渡过黄河，据有长安。见《魏书》卷四上《世祖纪上》，第71—72页。可见，张幸归顺后，形势上并不需要招引河东郡百姓。

第二章　社会生产结构变化与魏晋南北朝赋税制度发展　71

据前引《张彝传》,此青州后来在州郡区划调整中,被并入冀州。它肯定在冀州(治今河北冀县)附近。在孝文帝比校天下民户时,合并之后的冀州总人口居全国之首。当时人就认为冀州人口的增长,与之前的这些河东民大有关系。文中"比校天下民户",当即指太和十年(486)"初立党、里、邻三长,定民户籍"一事。① 由此可将侨置青州并入冀州的时间确定在文成帝太安三年(457),早于东青州被废10年以上。

至此,对于侨置青州的地望,仍无从考察。不过,如前所述,有两点是可以明确的:一、此青州在冀州附近,二、并且在黄河下游西侧,与刘宋青州隔河相对。查《中国历史地图集》北魏部分(政区基准年代为太和二十一年,497年)可知,满足这两个条件的地方是北魏后期的平原郡。而且,平原郡西邻之清河郡,正是张幸族望所在。

笔者注意到,《魏书·地形志》载济州平原郡"皇始中(396—398)属冀州,太和十一年分属(济州)"。② 据此,平原郡在北魏据有中原后便一直归属冀州,③ 直至太和十一年(487)将平原郡割隶济州。这一政区调整当与此前校定户籍,冀州户口繁盛有关。北魏占领中原之初,平原郡属冀州,当是沿自西晋政区格局。然而,与西晋平原国相对照,④ 太和十一年之前平原郡所辖聊城、博平、茌平三县,仅为之前平原国南部(不含黄河以东)地区。

---

① 《魏书》卷七下《高祖纪下》,第161页。
② 《魏书》卷一〇六中《地形志中》,济州平原郡条,第2528页。此条又载,平原郡领聊城(治今山东聊城东北25里,亦为郡治)、博平、茌平、西聊(治今山东聊城西北22里聊古庙)四县。其中,西聊县系孝昌中(525—527)分聊城置。同前书第2528—2529页。另据同卷济州南清河郡条载,南清河郡(治莒城,在今山东高唐南)是"晋泰宁中分平原置",领鄃、零、高唐三县。其中,鄃县"二汉、晋属清河,太和中属平原。治鄃城",零县"二汉、晋属清河,太和中属平原,后属(南清河郡)。治零城。有莒城",高唐县"二汉、晋属平原,后罢,景明三年复"。同前书第2529页。然而据校勘记引钱大昕《廿二史考异》指出,"按晋世纪元,有'太宁'而无'泰宁'。考《房亮传》(卷七二):普泰中(531),济州刺史张琼表所部置南清河郡,乃知'晋'字本'普'字之讹,又衍一'宁'字耳",同前书第2596页。由此可见,太和年间在将平原郡自冀州割属济州的同时,又将清河郡之鄃、零二县划归平原郡。至普泰中,才又从平原郡中分出南清河郡。另外,西晋高唐县(治今山东禹城西南40里)在黄河以东,后为刘宋所有,故北魏前期废其县。直至景明三年才复置高唐县(治今山东高唐),属平原郡,普泰中,亦划归南清河郡。综上,太和十一年之前冀州平原郡,应辖聊城、博平、茌平三县。
③ 北魏皇始二年(397)攻占中山(治今河北定州,天兴元年(398)正月,攻占邺城(今河北临漳西南邺镇),灭后燕。见《魏书》卷二《太祖纪》,第31页。
④ 《晋书》卷十四《地理志上》,平原国(治今山东平原县西南25里张官店)统县九:平原、高唐、茌平、博平、聊城、安德、西平昌、般、鬲,属冀州,第423页。

至于其北部五县（平原、安德、鬲、西平昌、般），据《魏书·地形志》，太武帝太平真君三年（442，元嘉十九年），并平原入鬲，并西平昌入般县。同时，安德县与新合并之鬲、般县一起被割属冀州勃海郡（太武帝初改为沧水郡，太和二十一年复旧名。为简便起见，本书径称勃海郡）。直到太和二十一年（497）才复置平原县，太和二十二年（498）复置平昌县。至此，原平原国北部五县之地仍属勃海郡。其后，平安、安德、鬲三县分属冀州安德郡，般、平昌分属乐陵（后属于沧州安德郡）。①

可见，太平真君三年，平原郡被一分为二，是太武帝对之前平原郡区划的一次重大调整。这次变动，距离张幸举家归顺北魏只有十二年，并非偶然，应该与太武帝利用张幸的家族势力来与南朝宋争夺淮北青齐之地的策略有关。② 当时黄河恰好流经平原郡南境，且沿其东境北流入海，河东便是南朝宋境。从地域空间上看，正好符合《魏书·张彝传》中招引"河东民"的形势。同时，也符合张幸出任青州刺史的时间。据此笔者大胆推测，太平真君三年调整之时，太武帝将平原郡北部划归冀州勃海郡，而以南部侨置青州。因此可将北魏侨置青州的地望确定在今山东聊城、茌平一带，也就是《魏书·地形志》所载的济州平原郡之地。

综上可知，张幸约于430年归顺北魏，直到442年，才被任命为青州刺史，以原平原郡南部（黄河以西）地区为中心，招引南朝百姓。经过十余年，至457年青州被并入冀州时，才招引到百姓千余家。

然而就是这千余家百姓在三十年后，在北魏推行三长制，校定户口时，被析为数万户。这样的增长速度，是否为人口高自然增长率的结果？

---

① 《魏书》卷一〇六上《地形志上》冀州安德郡条载，安德郡（治今山东平原东北）太和中分置，寻省入勃海郡，中兴中（531—532）复置，所领县中，平原县"二汉、晋属平原。真君三年并鬲，太和二十一年复，属勃海，后属（安德郡，下同）"，安德县"二汉、晋属平原，后属勃海，后属"，鬲县"二汉、晋属平原，后属勃海，后属"，第2465页。据同卷沧州安德郡条，安德郡（治今山东乐陵西南）"中兴初分乐陵置，太昌初（532）罢，天平初（534）复，治般界"。所领县中，般县"二汉、晋属平原，后属勃海，熙平中（516—518）属乐陵，后属"，平昌县"二汉、晋属平原。后汉、晋曰西平昌，后罢。太和二十二年复，属勃海。熙平中属乐陵，后属"。第2473页。
② 陈爽指出宋魏交争中的平原刘氏（属冀州），是名副其实的地方大族，时谓"刘休宾父子兄弟，累都连州"。宋末，薛安都引魏军入边，刘休宾据守梁邹，刘氏父子的向背，对青齐地区归附北魏起了关键性的作用。见氏著《世家大族与北朝政治》，第158—159页。可见，利用当地大族来争夺或控制淮北之地，是宋、魏共同的策略。

需要借助人口史的研究成果予以估算。据葛剑雄估计,当时黄河流域的人口为恢复性增长,快于长江流域的开发性增长,所以将北魏前期的人口年均增长率估定为 7‰。① 据此增速计算,30 年间人口增长可达 1.23 倍。然而以千余家(以 1—1.5 千户计)、数万户(以 2—4.5 万户计)估算,户数增长达 20—30 倍。户数增长率远高于人口自然增长率。若扣除人口增长因素,则户数增长了 16—24 倍。这个数值,并非单纯是由高人口自然增长率造成的,而应该反映了侨置青州所领百姓中普遍存在的合户现象及其规模,也就是《魏书·张彝传》所提到的"后相依合"。这种现象,在北魏推行三长制前,应该是具有普遍性的。

2. 南朝大土地经营的继续发展与户调制的废弃

作为西晋的直接继承者,东晋政府基本上继承了原来的赋税制度。只不过由于地理空间和自然环境的改变,田租正色物由原来的纳粟变为了税米,户调也由调绢变为税布。

东晋之初,北方士庶大量南迁。这些人往往流寓江南,并未在当地入籍。② 从成帝咸和年间(326—334)开始,东晋一再用"土断"的办法来加强对侨人的控制。③ 在第一次土断的基础上,政府自咸和五年(330)开

---

① 葛剑雄《中国人口史》第 1 卷,第 474—475 页。
② 这些未入籍的流民,往往为大族庇为佃客。《南齐书》卷十四《州郡志上》,南兖州条:"时百姓遭难,流移此境,流民多庇大姓以为客。元帝太兴四年(321),诏以流民失籍,使条名上有司,为给客制度,而江北荒残,不可检实。"中华书局,1972 年,第 255 页。东晋南朝给客之令,始于此,只不过当时仅限于流民失籍为佃客者而不及其他,地域限于都下及扬州(治今南京)的江南诸郡。后来南朝的品官占客之制,见载于《隋书》卷二四《食货志》:"都下人多为诸王公贵人左右、佃客、典计、衣食客之类,皆无课役。官品第一第二,佃客无过四十户。第三品三十五户。第四品三十户。第五品二十五户。第六品二十户。第七品十五户。第八品十户。第九品五户。其佃谷皆与大家量分。其典计,官品第一第二,置三人。第三已四,置二人。第五第六及公府参军、殿中监、监军、长史、司马、部曲督、关外侯、材官、议郎已上,一人。皆通在佃客数中。官品第六已上,并得衣食客三人。第七第八二人。第九品及举辇、迹禽、前驱、由基强弩司马、羽林郎、殿中冗从武贲、殿中武贲、持椎斧武骑武贲、持铩冗从武贲、命中武贲武骑,一人。客皆注家籍。"第 674 页。可见,东晋南朝佃客数量较西晋有所放宽,且明确规定佃客不承担国家课役,而与主家量分(即两分,对半分)收获物。这是西晋令文原来所没有的。参见田余庆《秦汉魏晋南北朝人身依附关系的发展》,《秦汉魏晋史探微》(重订本),第 91—92 页。
③ 《陈书》卷一《高祖纪上》载,陈霸先先世经"咸和中土断,故为长城(属吴兴郡,治今浙江长兴)人"。中华书局,1972 年,第 1 页。东晋南朝土断的经过,详见王仲荦《魏晋南北朝史》上册,上海人民出版社,1979 年,第 350—352 页。

始度田税米，① "取十分之一，率亩税米三升"。② 至咸康元年（335），又正式设置侨州郡县，③ 进一步加强对侨人的管理。桓温主政以后，隆和元年（362）借哀帝即位之机，减田租（税）为亩收二升。④ 至孝武帝太元元年（376），⑤ 谢安当政之后，东晋政府放弃度田税米之制，⑥ 改为口税，"王公

---

① 关于度田税米与田租的关系，主要有取代说、并行说两种意见，其中认为东晋以税米新制取代了田租旧制的学者，目前占多数。相关研究综述，见张学锋《东晋的"度田税米"制与土断的关系》，《江南社会经济研究（六朝隋唐卷）》，第306—308页。笔者亦赞同取代说。
② 《晋书》卷二六《食货志》，第792页；卷七《成帝纪》作："初税田，亩三升。"第175页。由于文献对税米额的记载存在着"升"、"斗（斤）"之不同，且字形相近，应以何者为是，学者们对此多有探讨，如贺昌群《升斗辨》，《历史研究》1958年第6期，第79—86页。若将"取十分之一"理解为税率，可据"亩税米三升"推断，当时亩产量只有6斗稻（出米率约50%）。这样水平的亩产量，确实相当低。因为汉代南方稻田亩产量就已达到4石稻（2石米）左右。为此，有的学者全面考察了有关魏晋南北朝时期江南地区亩产量的记载，认为当时亩产量一般都能达到5—6石稻（2.5—3石米）的水平。以十分之一计，则亩税"三升"应为"三斗"之误。见张学锋《东晋的"度田税米"制与土断的关系》，《江南社会经济研究（六朝隋唐卷）》，第317—324页。同理，他还认为魏晋田租中的四升、八升也是四斗、八斗之讹。见张学锋《论曹魏租调制中的田租问题》，《中国经济史研究》1999年第4期，后收入氏著《汉唐考古与历史研究》，三联书店，2013年，第159—177页；《西晋占田、课田、租调制再研究》，《东洋史研究》第59卷第1号，2000年，《汉唐考古与历史研究》，第205—207页。笔者认为上述关于亩产量的考察是可信的，但将亩税"三升"视为"三斗"之误，则思虑稍显未周。因为赋税额对政府而言，是实收量。至于在交纳赋税过程中产生的运输、保管和损耗等成本，通常还要作为附加税，一并向纳税者征收。况且税米只是赋税的一种，同时存在的其他正税和临时杂调，也主要由民户以田地收获物应付。最后，在征税时，还要考虑到不法官吏贪渎所造成的实际征收量的增加。这样，百姓在纳税时，常常会面临"百品千条，无复穷已。亲幸小人，因缘为奸，科一输十"（《南史》卷五《齐东昏侯纪》，中华书局，1975年，第154页）的情况。因而，在估定政府所确定赋税额时，需考虑到附加额等因素，不宜定得过高。所以亩税三斗的看法，虽然能与亩产量的十分之一匹配，但绝不可能付诸实施，否则税制将过于畸重。对于上述记载，笔者倾向于高敏的判断，"取十分之一，率亩税米三升"指的是以百姓总田亩数（度田数）的十分之一为对象，以亩纳米三升的税率进行征收。见高敏主编《中国经济通史：魏晋南北朝经济卷》，经济日报出版社，1998年，第537—540页。不过，笔者并不同意高敏有关度田税米与田租并行的观点。
③ 晋成帝咸康元年（335），置南琅邪郡及临沂县，是侨置郡县之始。见《宋书》卷三五《州郡志一》，南徐州南琅邪太守条："晋乱，琅邪国人随元帝过江千余户，太兴三年（320），立怀德县。丹阳虽有琅邪相而无土地。成帝咸康元年，桓温领郡，镇江乘之蒲洲金城下，求割丹阳之江乘县境立郡，又分江乘地立临沂县"，中华书局，1974年，第1039页。参见王仲荦《魏晋南北朝史》上册，第348页。
④ 《晋书》卷二六《食货志》，第792页；卷八《哀帝纪》，第206页。不过，[唐]许嵩《建康实录》卷八《哀皇帝实录》作"亩收二斗"。中华书局，1986年，第229页。
⑤ 《晋书·食货志》原作太元二年，据同书卷九《孝武帝纪》，太元元年七月乙巳条改，第227—228页。
⑥ 《晋书》卷九《孝武帝纪》、卷二六《食货志》作"除度田收租之制"，第227、792页。《通典》卷四《食货·赋税上》作"除度定田收租之制"，第81页。关于定田（定收田）的含义，可参见走马楼吴简："仆丘郡吏廖栐，佃田四町，凡卅亩，皆二年常限。其卅亩旱田，亩收布六寸六分。定收十亩，亩收一斛二斗，为米十二斛，亩收布二尺。……凡为布三丈九尺八寸。……其旱田亩收钱卅七，其熟田亩收钱七十，凡为钱一千八百一十"（简4·423），"南强丘男子聂仪，佃田六町，凡卅八亩，其卅三亩二年常限。其廿二亩旱败不收 （转下页）

以下口税三斛,唯蠲在役之身。八年(383),又增税米,口五石"。①

东晋田租征收方法的变化,与其对南迁士庶的政策调整有密切关系。过江之初,为了吸引北方士民南下,政府采取放任政策,以示优待。许多南迁士庶并未入籍,其所占有的土地也未被政府详细掌握。这样,名义上按著籍丁数征收的田租,就会大量减少。随着时间推移,形势改变,东晋政府便在度田的基础上,将之前"名税丁而实税田"的田租改为名实皆税田的税米。继而经过数次土断之后,政府对民户(特别是对侨户)的控制大为加强,所以征税方法又从税田改回为税丁口。南朝的田租大体也大体沿袭东晋后期计丁纳租的方法。②

在户调方面,东晋和南朝前期仍采取九品混通的办法,征收额也与西晋调物相当。③与北朝前期田租向户调征收方法趋同的发展不同,南朝前期户调和田租的征收方法,始终截然有别。④故宋孝武帝大明元年(457),雍州刺史王玄谟曾尝试在部内推行以九品混通法征收田租的制度,就因为遭到强烈抵制而失败。《宋书·王玄谟传》载:

(接上页) 布。其五亩余力田,为米二斛。定收十一亩,为米十三斛二斗。凡为米十五斛二斗。亩收布二尺,……凡为布三丈二尺,准入米二斛一斗。……其旱田不收钱,其熟田收钱亩八十,凡为钱一千二百八十。"(简5·500)录文见走马楼简牍整理组编著《长沙走马楼三国吴简·嘉禾吏民田家莂》,文物出版社,1999年,第126、222页。借助简文可知,当时田土分二年常限田和余力(火种)田。二年常限田中的熟田(定田)为上收之田,亩纳米1.2斛、布2尺、钱80或90,余力(火种)田中的熟田(定田)为中收之田,亩纳米0.4或0.456斛、布2尺、钱70或80。两者中的旱田为下收之田,亩纳布0.66尺、钱37,旱败绝收则不纳。有关走马楼吴简中的田土类别与田租,参见李卿《〈长沙走马楼三国吴简·嘉禾吏民田家莂〉性质与内容分析》,《中国经济史研究》2001年第1期,第129—131页,吴荣曾《孙吴佃田初探》,长沙市文物考古研究所编《长沙三国吴简暨百年来简帛发现与研究国际学术研讨会论文集》,中华书局,2005年,第67—69页。笔者认为,汉魏时度田、定田应与吴简中所反映的税制相关。所谓度定田收租(度田收租),即政府在度田的基础上,假设定收田占度田总数的十分之一,在此前提下,以亩税三升的标准确定税米总额。这个看法正与高敏对税米制度的解释相符合。至于每户百姓的实际交纳量,应当会根据其当年垦田数、丰歉状况由所在郡县调节。

① 《晋书》卷二六《食货志》,第792页。
② 杨际平《魏晋南北朝的租调力役制度》,郑学檬主编《中国赋役制度史》,第104—106页。
③ 杨际平《魏晋南北朝的租调力役制度》,郑学檬主编《中国赋役制度史》,第87—88页。
④ 不同的赋税制度,对南北朝形成不同的社会风气有较大影响。《宋书》卷八二《周朗传》载南朝风俗:"今士大夫以下,父母在而兄弟异计,十家而七矣。庶人父子殊产,亦八家而五矣。凡甚者,乃危亡不相知,饥寒不相恤,又嫉谤谗害,其间不可称数。宜明其禁,以革其风,先有善于家者,即987其赏,自今不改,则没其财。"第2097页。与南方常见父子兄　　(转下页)

雍土多侨寓,玄谟请土断流民,当时百姓不愿属籍,罢之。其年(大明元年),玄谟又令九品以上租,使贫富相通,境内莫不嗟怨。民间讹言玄谟欲反,时柳元景当权,元景弟僧景为新城太守,以元景之势,制令南阳、顺阳、上庸、新城诸郡并发兵讨玄谟。玄谟令内外晏然,以解众惑,驰启孝武,具陈本末。帝知其虚,驰遣主书吴喜公抚慰之,又答曰:"梁山风尘,初不介意,君臣之际,过足相保,聊复为笑,伸卿眉头。"玄谟性严,未尝妄笑,时人言玄谟眉头未曾伸,故帝以此戏之。①

雍州(治今湖北襄阳)地界南北,是南朝边防要地,形势复杂。王玄谟先请土断流民,就已遭到抵制。接着又试图在税米的征收上推行计赀定租的办法,却引发谋反的谣传,也只能以失败而告终。计赀定课,是魏晋时期主要的一种征税办法,并非百姓所不熟悉的新制。那么,王玄谟的措施,为何会引起"境内莫不嗟怨"的后果呢?

如前文所分析,魏晋所推行的户调制,并无扭转两汉以来土地兼并、贫富分化趋势的意图和效果。北方由于社会生产结构向以自耕农为主的小土地经营方式转变,尤其是北魏以来计口授田和均田政策的实施,改变了贫富分化加剧的趋势,并使贫富差距有所缩小。但南朝却一直处在大

(接上页) 弟之间分财异居的现象迥异,北方则盛行聚族而居,数代共爨,兄弟共财的风尚。故《魏书》卷七一《裴植传》载宣武帝时,裴植降魏后,"虽自州送禄奉母及赡诸弟,而各别资财,同居异爨,一门数灶,盖亦染江南之俗也。……论者讥焉"。第1571—1572页。对于南北风俗差异,学者多从历史因素、时代背景或文化传统方面来分析其形成的原因。有的学者从北方的战乱、受少数族的部落观念影响等角度来解释北方盛行大家庭的现象。也有学者从赋税制度来考虑,认为南方户调、徭役按赀征发,故合户则户高,赋役负担重,所以催生了南方分财异居现象的普遍。见冻国栋《北朝时期的家庭规模结构及相关问题论述》,《北朝研究》1990年上半年刊,后收入其著《唐代人口问题研究》,第356—357页。从赋税制度来分析南北风俗差异,抓住了问题的关键,但冻氏结论存在一定不足。笔者认为,南北方赋税制度皆沿袭晋制,都是计赀定课,但发展的方向不同,西晋的田租、户调两项在北方逐渐合一,均按户赀征收,所以百姓倾向于以合户的方式来应付征税。而在南方,田租与户调的征收方法并未合一。这样,在户调额保持不变、田租额增加(由4石粟增长为5石米,即10石稻)的情况下,后者计亩和计丁的征收方式对家庭结构的影响将会增大。在南朝的税制下,由于田租按丁(亩)而征,合户不仅无助于减轻税米负担,反而会因提高户赀而增加调额,所以百姓才倾向于分财异居的家庭结构。

① 《宋书》卷七六《王玄谟传》,第1975页。关于王玄谟改革的措施,以及南朝后期税制的变化线索,参见唐长孺《魏晋户调制及其演变》,《魏晋南北朝史论丛》,第64—69页。

土地制不断发展的过程中,贫富分化有增无减。为了适应社会现状,南朝政府在征收户调时,新增加了中赀的标准,即只有家内财产达到一定标准后,才需要交纳户调。制定中赀标准,与其说是对贫困阶层的优待,不如说是南朝政府在无力解决贫富分化过大的情况下的不得已做法。如齐武帝永明六年(488),顾宪之上议:

> 山阴一县,课户二万,其民赀不满三千者,殆将居半,刻又刻之,犹且三分余一。凡有赀者,多是士人复除。其贫极者,悉皆露户役民。三五属官,盖惟分定,百端输调,又则常然。比众局检校,首尾寻续,横相质累者,亦复不少。一人被摄,十人相追;一绪裁萌,千蘖互起。蚕事弛而农业废,贱取庸而贵举责,应公赡私,日不暇给,欲无为非,其可得乎? 死且不惮,矧伊刑罚;身且不爱,何况妻子。是以前检未穷,后巧复滋,网辟徒峻,犹不能悛。①

赀满三千钱,应该是当时中赀的标准。在中赀的课户之中,再根据贫富之差,以九品相通之法交纳调物。当时山阴县(治今浙江绍兴)有2万课户,② 其中不中赀的课户就有将近1万户。为了尽量扩大纳税范围,政府只能在定赀之时,对百姓户赀采取更加严格的统计口径,变相降低了中赀标准。即便这样,山阴县仍然有约6—7千课户不能中赀,只能免纳户调。

---

① 《南齐书》卷四六《顾宪之传》,第808页。
② 南朝宋时山阴县有3万户(《宋书》卷八一《顾觊之传》载宋文帝时,"山阴民户三万,海内剧邑,前后官长,昼夜不得休,事犹不举。(顾)觊之理繁以约,县且无事"。第2079页。其后,江秉之"出为山阴令,民户三万,政事烦扰,讼诉殷积,阶庭常数百人,秉之御繁以简,常得无事"(同书卷九二《良吏·江秉之传》,第2270页),几乎占到当时会稽郡10县52228户(《宋书·地理志》所载孝武帝大明八年户口数,第1030页)的60%。何德章认为宋齐间山阴无重大变故,人口当有所增加,所以山阴2万课户之外,应还有1万多户的不课户(如士族等),见氏著《中国经济通史》第3卷《魏晋南北朝时期》,湖南人民出版社,2002年,第261—262页。虽然南朝士族有复除徭役的特权,但在户调制和口税米制下,著籍户应基本都是课户,并不会像唐代租庸调制下,由于应受田与否的原因,户籍中有不课户与课户等区分,因而存在大量的不课户(见《通典》卷七《食货·历代盛衰户口》,第153页)。所以《南齐书·顾宪之传》中提到的课户2万,应该与当时山阴的全部著籍户数相差无几(据西晋户调之式,"次丁女及老小为户者不课",而以次丁女、老小为户的情况,在现实生活中并不常见,可知此税制下,不课户数量应很有限)。由此可知,宋齐间山阴著籍户数确实有大幅减少。何氏考虑到了战乱、灾害与户数变动之间的关系,得出上述结论,但却忽视了当时校籍　　(转下页)

田租则不同。由于采取计丁的征收法,跟户赀高下无关,故而不中赀者同样需要交纳税米。① 正因为有如此差别,所以当王玄谟试图将户调之法推广到田租的征收时,就意味着大量不中赀的课户可以免交租米。在田租总额大致不变的情况下,这将大幅提高中赀课户,尤其是没有复除特权的中小土地所有者(非士族阶层,参见前引顾宪之议"凡有赀者,多是士人复除")的赋税负担。因而王玄谟的新政才会遭到抵制而失败。

为了应对日益加剧的贫富分化问题,东晋、宋、齐政府在征收户调时,新增加了中赀的标准。可是贫富分化所带来的社会问题非但没能解决,反而使税收征收时产生了制度悖论。在征收户调时,政府为扩大征税范围,不得不变相降低中赀的标准。然而征税范围的扩大,又造成富裕阶层税负相对减轻,和贫苦阶层税负相对加重的结果。这就彻底背离了户调式在设计之初所具有的均济贫富的理念,必将进一步拉大社会贫富差距。在田租(税米)的征收上,某些官员试图采取九品混通之法的努力,终因相对加重了富裕阶层的负担而遭到失败。面对如此悖论,户调制也只能被时代所抛弃。

(接上页)　　产生的却籍户与户数之间的关系。《南齐书》卷三四《虞玩之传》载:"上(齐高帝)患民间欺巧,及即位,敕玩之与骁骑将军傅坚意检定簿籍。建元二年(480),……玩之上表曰:'……自泰始三年(467)至元徽四年(476),扬州等九郡四号黄籍,共却七万一千余户。于今十一年矣,而所正者犹未四万。……愚谓宜以元嘉二十七年(450)籍为正。民惰法既久,今建元元年书籍,宜更立明科,一听首悔,迷而不反,依制必戮。使官长审自检校,必令明洗,然后上州,永以为正。……'上省玩之表,纳之。乃别置板籍官,置令史,限人一日得数巧,以防懈怠。于是货赂因缘,籍注虽正,犹强推却,以充程限。至世祖永明八年(490),谪巧者戍缘淮各十年,百姓怨望。"第 608—610 页。《南史》卷七七《恩幸·茹法亮传》亦载,当时的校籍主持者吕文度"又启上籍被却者悉充远戍。百姓嗟怨,或逃亡避咎。富阳人唐寓之因此聚党为乱,鼓行而东,乃于钱塘县僭号,以新城戍为伪宫,……三吴却籍者奔之,众至三万"。第 1928 页。在这种情况下,宋、齐间山阴户口大幅减少是有可能的。如扬州等九郡(据《宋书·地理志》,扬州领十郡,第 1029 页。此言九,当不含京师所在的丹阳)宋末却籍户有 7.1 万户,到建元二年时,只有不足 4 万户得到改正,重新入籍。扬州总户为 14.3 万,丹阳领户 4.1 万,则其余九郡领户不超过 10.2 万户,却籍户竟达 7.1 万户,著籍者仅剩 3 万余户。即使加上建元初已经重新入籍的近 4 万户,也不过于 7 万户,著籍户数下降了约 30%。以此比例推算,宋文帝时山阴 3 万户,至齐建元初约减至 2.1 万户。再加上建元以来校籍,复有却籍。此消彼长,至永明六年,山阴有户 2 万是完全可能的。除校籍之外,政府移民也对山阴户口减少有所影响。如宋大明中(457—464),孝武帝以"山阴县土境编狭,民多田少","徙无赀之家于余姚、鄞、鄮三县界,垦起湖田","并成良业",《宋书》卷五四《孔灵符传》,第 1533 页。

① 当然,政府有时也会根据中赀标准,对田租的征纳予以减免。如永明五年(487)七月,齐武帝诏:"丹阳属县建元四年以来至永明三年所通田租,殊为不少。京甸之内,宜加优贷。其非中赀者,可悉原停。"《南齐书》卷三《武帝纪》,第 53 页。

王玄谟的失败,预示了无力扭转社会贫富分化拉大趋势的户调制的最终命运。之后不到50年,南朝计赀定课的征税方式便被正式废止。梁武帝天监元年(502),"始去人赀,计丁为布"。① 由此,南朝后期的户调,便与田租一样计丁而纳。《隋书·食货志》载梁、陈赋税制度为:

> 其课,丁男调布绢各二丈,②丝三两,绵八两,禄绢八尺,禄绵三两二分,③租米五石,禄米二石。丁女并半之。男女年十六已上至六十,为丁。男年十六,亦半课,年十八正课,六十六免课。女以嫁者为丁,若在室者,年二十乃为丁。其男丁,每岁役不过二十日。又率十八人出一运丁役之。其田,亩税米二斗。④

据此,梁、陈征调以丁计。⑤丁男之课包括:2.8丈绢(含绢2丈、禄绢8尺)、3两丝、11.5两绵(含绵8两、禄绵3.5两)、米7石(含租米5石、禄米2石)。丁女及16—18岁男丁皆半输。

南朝户调制的废止,晚于北朝赋税制度改革16年,但却更加彻底。梁、陈课调直接按丁征收,不像北魏太和十年(486)的床调,还只是包含着由户调向丁调转化的因素。尽管不能排除天监元年计丁为布受到了北朝改制的影响,但更应看到,计丁为布政策的施行,根源于南朝以来一直就存在的,要求改"计赀定课"为"计人为输"的呼声。元嘉三十年(453),宋

---

① 《梁书》卷五三《良吏传序》,中华书局,1973年,第765页。
② 绢、布并不并纳,而是以布为正色,故曰"计丁为布",见杨际平《魏晋南北朝的租调力役制度》,郑学檬主编《中国赋役制度史》,第89页。
③ 南北朝时,在两与铢之间又增加了一个单位"分",即六铢为一分,四分为一两。见丘光明等著《中国科学技术史·度量衡卷》,第287页。
④ 《隋书》卷二四《食货志》,第674页。《通典》卷五《食货·赋税中》略同,唯末句作"亩税米二升"。第90页。其中的亩税米二斗(田税),与田租不同,应是针对检首(检括、自首)民户或徕民垦荒时的轻税,而非一般百姓的常年正税。见杨际平《魏晋南北朝的租调力役制度》,郑学檬主编《中国赋役制度史》,第107—108页。
⑤ 据上引《梁书·良吏传》及《隋书·食货志》,公元502年以后,梁、陈皆不再征收计赀定课的户调。可是陈朝时,仍有赀绢一色,见《陈书》卷五《宣帝纪》,太建九年(577)五月诏:"可起太建已来讫八年流移叛户所带租调,七年八年叛义丁、五年讫八年叛军丁、六年七年逋租田米粟夏调绵绢丝布麦等,五年讫七年逋赀绢,皆悉原之。"第90—91页。在夏调绢绵之外,还有赀绢。唐长孺认为这或许是因为陈朝曾短时间内恢复了计赀收绢的做法,见氏著《魏晋户调制及其演变》,《魏晋南北朝史论丛》,第69页。

孝武帝初即位,下诏求言。周朗上书曰:

> 又取税之法,宜计人为输,不应以赀。云:何使富者不尽,贫者不蠲!乃令桑长一尺,围以为价,田进一亩,度以为钱,屋不得瓦,皆责赀实。民以此,树不敢种,土畏妄垦,栋焚榱露,不敢加泥。岂有剥善害民,禁衣恶食,若此苦者。方今若重斯农,则宜务削兹法。①

如前所述,设立中赀标准,使户调制本身产生出制度悖论。因为在统计户赀时,政府采取严格的统计口径,既损伤了普通百姓扩大再生产的积极性,又造成了富裕阶层税负相对减轻和贫苦阶层税负相对加重的后果。但在南朝前期,改计赀为计丁的条件尚不成熟。人们普遍担心计丁征收,扩大了纳税人总量,因而会出现减轻富裕阶层的税负,同时造成贫困阶层无法免纳调物的现象,于是社会上出现了"何使富者不尽,贫者不蠲"的诘责。周朗上书之后,以忤旨去职的原因,大概也与此有关。

周朗虽然去职,但计赀严苛、阻碍生产(主要针对无复除特权的相对富裕阶层)的弊端,仍在南朝持续加重。相同的情形也见于永明四年(486),南齐竟陵王萧子良的上启:"守宰相继,务在裒克,围桑品屋,以准赀课,致令斩树发瓦,以充重赋,破民财产,要利一时。"这种情况在当时应该很常见,所以到了建武四年(497),齐明帝下诏:"所在结课屋宅田桑,可详减旧价。"②所谓"结课"就是计算赀产,以定课调。③ 以减价计赀作为恩惠,就会减少中赀课户的数量,从而增加其赋税负担,因而只能作为临时举措,不能长久执行。果然五年之后,取代南齐的梁武帝,便借新朝之势,断然改计赀为计丁。④

---

① 《宋书》卷八二《周朗传》,第 2094 页;《资治通鉴》卷一二七,元嘉三十年七月辛酉后,第 4006—4008 页。
② 《南齐书》卷四十《竟陵王子良传》,第 696 页;卷六《明帝纪》,建武四年十一月丁亥,第 90 页。
③ "结",即结评,如《晋书》卷七十《刘超传》载东晋元帝时,"常年赋税,主者常自四出结评百姓家赀"。第 1875 页。
④ 虽然梁武帝甫一即位,便改户调为计丁为布,但"围桑度田"的政策在天监年间仍然施行了一段时间。据《南史》卷五五《邓元起传》附《罗研传》载邓元起平蜀后,辟罗研为主簿。后为信安令,"故事置观农谒者,围桑度田,劳扰百姓。研请除其弊,帝(梁武帝)从之"。第 1369 页。据《资治通鉴》卷一四五,平蜀克成都事在天监二年(503)正月,第 4528 页。

晋制户调额丁男之户纳绢3匹、绵3斤,大约相当于梁朝4丁男之调(不含税米)。① 这样,在南朝后期,一户拥有7—8口的丁男之户(2丁男,4丁女及半课丁男,1—2老小)才需要完纳此前1丁男之户的户调额。这样,就一般5口之家(1—2丁男)的平均赋税负担来说,是有所下降的。当然对于最贫困的下户(如前文所提到的"刻又刻之,犹且三分余一"的不中赀课户)而言,负担则会有所增加。同时,由于计丁纳课扩大了征税范围,因而对财政收入总量来说,影响不大。

东晋时田租就已改为计丁征收,所以在税米方面,梁武帝只是在原来丁租5石的基础上,又增加了每丁纳2石禄米。税米的增加,并非是单纯为了增加百姓的负担,而是梁武帝一系列制度改革中的一环。将禄米列为正税的背后,是以禄米取代了地方上名目繁多的科调杂敛。这样,新制就使得原来东晋和南朝前期形成的地方州镇财赋自专的局面,得到一定的改善。② 总体来看,梁武帝时期政府财政开支与百姓赋税负担,都应有所下降。这也是梁武帝可以去赀,计丁为布的一个原因。

在南朝赋税制度中,有一个特点尤其引人注目,那就是租调的折变。如前所述,魏晋以来,田租以粟米,户调以绢布,皆以实物为额。这是货币经济衰落的表现。货币经济的衰落,是公元1世纪以来,大土地所有制发展的结果。北朝延续着此轮衰落的趋势,但南朝却呈现出不同的面貌。

---

① 魏晋南朝时赋税的定量折变率为:绢1匹=布1匹=绵3斤=丝1.5斤(晋制),见《初学记》卷二七《宝器部·绢》引《晋令》,"缣一定当绢六丈,疏布一定当绢一定,绢一定当绵三斤"(本章第一节3所引);《张邱建算经》(约成书于5世纪)载"今有丝一斤八两直绢一定",收入《算经十书》,中华书局,1963年,第350页。以此计算,梁、陈丁男之调合1.06匹绢,西晋丁男之户调合4匹绢。唐代赋税的定量折变率为:绢4尺=布5尺=绵1两=麻1斤=粟1斗=米0.6斗(唐制),见李锦绣《唐代财政史稿》上卷第2分册,第435、445—446页。据此,还可以将南朝后期的税制与北齐税制做一比较。如前所述,梁陈、北齐、唐度量衡制不同,需予以折算。以一夫一妇计,可将北齐租调2.5石粟、1匹绢、8两绵(北齐制)折变为粟3.2石(唐制),陈租调10.5石米(因史料不足,只能依唐定量折变率折粟17.5石)、1.05匹绢、4.5两丝(依晋定量折变率折绢0.19匹)、17.25两绵(依晋制)折变为粟7.41石(唐制),是北齐租调额的2.3倍。这样的租调额差距,应该与双方著籍户口的多寡有关。北齐亡时有330万(一作303万)余户,2000万余口,同时期的陈朝只有50—60万户,约200万口。参见冻国栋《中国人口史》第2卷,第125—126、129页;《唐代人口问题研究》,第45页。所以陈朝需以较高的税额来应付南北分裂时期的财政支出。

② 张荣强《梁陈之际的"禄米"制度》,《中国农史》2009年第3期,第57—65页。不过,张氏认为禄米是侯景之乱后兴起的制度,笔者倾向于认为禄米应始于刘宋或宋齐之际,参见杨际平《魏晋南北朝的租调力役制度》,郑学檬主编《中国赋役制度史》,第106—107页。

南朝租、布虽存在以本色征纳的现象,但将租、布折变为他物(甚至是以铸币交纳)的情况,尤为普遍。关于此,唐长孺曾指出,虽然南朝折变情况复杂,随地域和时间都可能有变化,但就一般的趋势来看,基本都是从实物向货币发展,而且在较长的时期内,正税的租和布都曾折钱缴纳。反之,原来收钱的税项,则很少见到折成实物的例子。他认为,这是南朝经济发展之后,商品货币关系重新向上发展,带动了货币经济的恢复。①

南朝货币经济的恢复,与北朝经济实物化的持续形成了鲜明的对照。这就让人不免产生疑问:为何大土地所有制的发展,在东汉时引起的是商品货币关系的弱化,而在东晋、南朝时却促进了货币经济的繁荣?笔者认为这主要与南北方经济开发处在不同阶段有关。大土地制的发展,在东汉时所造成的货币经济衰落,是针对原本经济已发达的北方地区而言的。在东晋南朝之前,南方地区基本尚处于待开发状态。此后由于战乱等原因,北方士庶大量南迁。在技术、劳动力和资金的带动下,南方经济出现了跨越式的发展。隐藏在南方大土地经营方式加速发展背后的是资金与劳动力投入的增长,以及生产技术的提高和生产规模的扩大。从某种意义上来说,这个发展阶段是北方之前早已经历过的过程。再加上此时期南方较少发生大的战乱,使得社会财富有了大量剩余,这就为商业资本的积累和发展提供了条件。这样,与东汉以来北方庄园经济的自给自足不同,南方士族庄园在自给之余,再次出现了商业化经营的趋势。② 此外,南朝还出现了所谓的橙橘户,即专门以栽培柑橘为业,并承担国家赋税的专业种植者,③ 由此可见商品经济的繁荣。商品经济的繁荣为租、布折钱奠定了基础。④

---

① 唐长孺《魏晋户调制及其演变》,《魏晋南北朝史论丛》,第75—80页。同时,唐先生还指出,梁、陈之际货币经济似乎有所衰退。如官俸,梁武帝时给钱,至陈则又皆以实物。这应该是侯景之乱的暂时性影响。
② 唐长孺《魏晋南北朝隋唐史三论》,第125—141页。
③ [南朝梁]任昉《述异记》:"越多橘柚,岁多橘税,谓之橙橘户,亦曰橘籍。"[南宋]曾慥辑《类说》卷八引,文渊阁四库全书本,台湾商务印书馆,1986年,第873册,第141页。参见张学锋《六朝农业经济概论》,《江南社会经济研究(六朝隋唐卷)》,第226—227页。
④ 为解释唐代财政如何从魏晋南北朝时期演进而来,陈寅恪提出南朝化与西北化(即和籴渊源问题,参见胡戟等主编《二十世纪唐研究·经济卷》第4章《财政》,李锦绣执笔,第403页,本书从略)二说。关于"南朝化",他指出,"继南北朝正统之唐代,其中央　　(转下页)

本章小结

公元 3 世纪一开始,采取计赀定课、九品混通方法的户调制出现于中国北方,取代了计丁纳赋的汉代旧制。不久,西晋统一全国,将户调之式

（接上页） 财政制度之渐次江南地方化,易言之,即南朝化","唐代之国家财政制度本为北朝之系统,而北朝之社会经济较南朝为落后,至唐代社会经济之发展渐超越北朝旧日之限度,而达到南朝当时之历程时,则其国家财政制度亦不能不随之以演进。唐代之新财政制度,初视之似为当时政府一二人所特创,实则本为南朝之旧制。盖南朝虽为北朝所并灭,其遗制当仍保存于地方之一隅,迨经过长久之期间,唐代所统治之北朝旧区域,其经济发展既与南朝相等,则承继北朝系统之中央政府遂取用此旧日南朝旧制之保存于江南地方者而施行之"。见氏著《隋唐制度渊源略论稿》,中华书局,1963 年,三联书店,2001 年,第 156、160—161 页。南朝财政中以租布折钱的制度,是陈寅恪论述唐代财政制度"南朝化"的重要前提,而唐代江南地区的折租造布,则是其论述南朝化的力证。其实,早在 20 世纪 30 年代,杨联陞在《中唐以后税制与南朝税制之关系》(此文是杨联陞在陈寅恪指导下完成的大学毕业论文《从租庸调到两税法》之一章,发表于《清华学报》第 12 卷第 3 期,1937 年,后收入于宗先等《中国经济发展史论文选集》上册,联经出版社,1980 年,第 255—260 页)中指出,"以资产定税与多税工商等业,皆两期(指南朝与唐朝)共有之特征。除陌借商诸端,尤显有模仿之痕迹。本乎此,则吾人谓中唐以后之复杂税制,渊源远在南朝,应属不误。由租庸调时期变入两税法时期,正是由仿北朝时期变为仿南朝时期也"。"仿南朝",即南朝化。后来,唐长孺从田制、兵制、赋役制、科举制、学术风尚等方面对"南朝化"的观点进行了全面论证。他指出唐代经济、政治、社会以及文化诸方面都发生了显著变化,标志着中国封建社会由前期向后期的转变。这些变化中的重要部分,正是对东晋南朝的继承。这一看法的前提是,唐先生将十六国、北朝看作是中国历史发展进程中的一个曲折阶段("不是魏晋发展的继续,而是走着一条特殊的道路"),而视东晋南朝的种种变化为汉魏以来中国历史发展的正常趋势("或者说符合于封建社会的一般发展规律")。在此基础上,他进一步指出,唐代之所以具有"转折"意味,本质即在于这一在北朝基础上建立起来的王朝逐渐"南朝化",由此使中国历史进程摆脱了北朝时期的反复而回归正轨。唐代的南朝化倾向,绝非偶然,而是封建社会合乎规律的必然趋势,见氏著《魏晋南北朝隋唐史三论·综论》,第 457—473 页。唐代的"南朝化",业已成为魏晋南北朝隋唐史领域一个重要的学术命题或研究范式,相关研究综述参见胡戟等主编《二十世纪唐研究·经济卷》第 4 章《财政》(李锦绣执笔),第 417 页；张国刚《改革开放以来唐史研究若干热点问题述评》,《史学月刊》2009 年第 1 期,第 5—29 页；牟发松《略论唐代的南朝化倾向》,《中国史研究》1996 年第 2 期,第 51—64 页。不过,也有学者认为所谓唐代"南朝化"的看法没有充分依据,参见宁可《〈隋唐制度渊源略论稿〉中唐代中央财政制度"江南地方化"问题》,《光明日报》1959 年 1 月 22 日,后收入《宁可史学论集》,中国社会科学出版社,1999 年,第 571—576 页。最近,杨际平亦撰文质疑唐代中央财政制度"南朝化"说法的合理性。他认为唐代江南的折租造布只是政府出于保证供给,降低财政调度成本需要而采取的具体措施,算不上国家财政制度史上的一大变革。另外,南北朝财政收入构成大同小异,北朝与南朝的关市税,在财政总收入中所占比重都远不及田租或户调。即便南朝关市之税在其全部财政收入中所占比重比北朝高,也不表示南朝国民经济、国家财政较北方进步。见氏著《南前期江南折租造布的财政意义——兼论所谓唐中央财政制度之渐次南朝化》,《历史研究》2011 年第 2 期,第 16—34 页。笔者也不认同在"北朝之社会经济较南朝为落后,至唐代社会经济之发展渐超越北朝旧日之限度,而达到南朝当时之历程时,则其国家财政制度亦不能不随之以演进"前提下,得出的所谓唐代制度"南朝化"的命题。商品经济发达与否,并不能反映某一　（转下页）

推行至南方。然而在之后的战乱中，中国出现了南北对峙的局面。南、北方税制开始沿着不同的发展轨道在前进。不过，到了5世纪末、6世纪初的时候，中国北方和南方的政府却大体同时地废止了户调计赀征税的方式，重新恢复了汉代计丁而征的税收方式。历史总是充满了巧合，然而巧合的背后，隐藏着南北之间迥异的经济基础和社会生产结构。这种不同，是恢复了计丁纳税的方式后，北朝政府可以重建乡里组织，严格户籍登记制度，从而解决户口隐漏问题，而南朝却依然延续着"客皆注家籍"局面的深层次原因。①

北魏太和十年新租调制的推行，建立在计口授田等政策所反映的社会贫富分化差距缩小的前提下。含有向丁调过渡因素的租调制，与均田制一起，又进一步瓦解了之前户调制所造就的合户局面。大土地所有者虽然仍存在，并在一定范围内有所发展，但劳动者以小自耕农为主的社会生产结构逐渐形成。社会不同阶层对财富的占有进一步均等化。虽然北朝后期商品经济有所繁荣，②但东汉以来的商品货币关系发展尚处在迟滞阶段，实物化仍是当时社会经济的主要特征。

南朝后期梁、陈计丁为布的税制，并不是建立社会贫富差距缩小的基础上。政府也没有通过土地授受的方式，主动调节不同阶层对生产资料的占有情况。土地等重要的生产资料，还是在政治特权和市场经济的双重影响下，进一步向大土地所有者集中。梁武帝放弃九品混通的征收方法，只能说明户调制在其自身理路下的发展走到了尽头。计丁征税方法的实施，虽然会使一般5口之家民户的平均税负有所下降，但也要看到，周朗所提到的"使富者不尽，贫者不蠲"的弊端，确实存在于南朝丁税制中。这种赋税制度，还是相对有利于富裕阶层的再生产。所以，南朝后期新税制仍将在一定程度上促使社会贫富差距进一步拉大。大土地所有制

（接上页）　地区某一阶段经济社会的发展水平和所处阶段。因为相似的历史现象，会因社会发展阶段和生产力发展水平不同，反映出本质完全不同的社会性质（尚钺《关于中国古代史分期问题》，《尚钺史学论文选集》，第355—356页，参见牛润珍《尚钺先生与"魏晋封建说"——为纪念尚钺先生诞辰100周年而作》，《淮北煤炭师院学报（哲学社会科学版）》2003年第1期，第1—7页）。

① 《隋书》卷二四《食货志》，第674页。
② 唐长孺《魏晋南北朝隋唐史三论》，第142—145页。

的发展也必然继续,豪族对国家的威胁也还存在。如侯景之乱后,南方出现了"群凶竞起,郡邑岩穴之长,村屯坞壁之豪,资剽掠以致强,恣陵侮而为大"的局面,① 加剧了陈朝政局的不稳定。总之,南朝沿着两汉、魏晋以来的道路持续发展,却找不到历史的出口。② 中古时期南方地区要想进一步加快发展,必须通过外力来改变上述趋势,引入新的经济制度。

---

① 《陈书》卷三五,卷末"史臣曰",中华书局,1972年,第490页。参见陈寅恪《魏书司马叡传江东民族条释证及推论》,《金明馆丛稿初编》,上海古籍出版社,1980年,第101页。
② 田余庆指出,"从宏观来看东晋南朝和十六国北朝全部历史运动的总体,其主流毕竟在北不在南",见氏著《东晋门阀政治》,北京大学出版社,2012年,第345页。所谓北朝是"历史的出口"一说,参见阎步克《变态与融合——魏晋南北朝》,吴宗国主编《中国古代官僚政治制度研究》,北京大学出版社,2004年,第131页。不过,阎步克"出口"说的着眼点,恰恰是要强调十六国北朝中非汉魏传统因素对华夏传统复兴的重大影响,与本书所提的"出口"视角有所不同。

第三章　北朝后期赋税制度发展及唐代租庸调制的形成

北魏太和十年(486)新税制仍以一床(一夫一妇)为纳税基准单位,但其中已包含计丁征收的因素,开启了魏晋户调制向隋唐以丁身为本的租庸调制转变的序幕。通常认为,租庸调制也是以均田制为基础的,但自孝文帝推行均田,颁布新税制开始,至唐朝建立的武德元年(618),时间已经过去了130多年。在这期间,经济形势、社会结构和国家形态都发生了较大变化。面对这样的变化,唐初统治者在开国立制时有何考虑?租庸调制在推动唐前期经济增长、社会发展方面起到了什么作用?它与北朝租调制有何不同,是否对汉代丁税制的回归?这是本章所要尝试回答的几个问题。

一　北魏后期租调制由床调向丁调过渡完成

与西晋、十六国时期及南朝赋税制度相比,北魏新租调制在确定征税对象(课户或课口)及赋税额的标准上有了很大变化。在西晋户调制影响下,十六国时期和东晋南朝前期的户调,大体都存在丁女、次丁男为户者半输的规定,只有次丁女及老小为户者不课。即便是在南朝后期,改户调为丁税之后,仍规定丁女和16—18岁丁男半输。这说明政府在制定赋税额时,劳动者所具有的劳动能力是其首要的考虑因素。

在北魏新制下,由于租调制和均田制联系密切,政府主动对土地这样的基础生产资料的占有情况进行调节和管理。这样,在政府确定赋税额时,劳动能力不再是首要的考虑因素。于是,应受田地与否就成为百姓是否承担赋税的先决条件。所谓"诸民年及课则受田,老免及身没则还田"

（见本书第二章第二节 1 所引《魏书·食货志》），即不应受田者不课。参考表 2-4 可知,应受田者包括 15 岁以上的男夫（不分婚否）、妇人（已婚）、奴婢和丁牛（限止 4 头）。根据应受田额的多少,政府在制定床调的基础上,又相应确定了未娶丁男、受田奴婢及耕牛的租调额。与西晋次丁女及老小为户者不课不同,北魏时中女和未婚丁女,是因其不在应受田应课范围之内,才被归入不课范围,与其劳动能力没有直接关系。从这种改变不难看出,对北魏政府而言,增加垦田数以发展生产,是其制定租调制和均田制时的首要目的。①

同时,为了鼓励寡妇守志,均田令特别规定对于不再婚的寡妇,在给予免课待遇的同时,仍应授予妇田(同前所引"寡妇守志者虽免课亦授妇田")。这与本书第二章第一节 3 提到的,西晋政府通过加重丁女为户者的赋税负担,从而减少独女户数量,以鼓励生育的做法明显不同。这说明,从十六国时期的战乱中走出来近半个世纪(439—486)之后,人口的快速增长已经让北魏政府无须亟亟于应对劳动力不足的压力。随着生产力的提高,把奴婢、部曲、客等依附人口的生产积极性释放出来,迅速增加垦田(课田)数,才是孝文帝及其政府更主要的任务。在均田制下,政府通过将土地与失地农民重新结合的方式来鼓励生产,可以有效的增加财政收入。相反,对于大土地所有者及其所占有的依附人口来说,通过精耕细作等方式来增加土地的集约化经营水平,可能比通过增加新垦田地的方式更加易于获得最大化收益。

由于此时 4 名未婚丁男合出一夫一妇之调,在夫妇对等承担床调的原则下,② 未婚丁男的税负仅为已婚丁男的二分之一。同时,未婚丁女又是不课口。这样,无论是对丁男,还是丁女来说,保持未婚状态可以使其家庭税负大为降低。或许是出于对发展生产的渴望,让北魏政府的政策

---

① 北魏丁年跨度为 15 岁至 70 岁,这在魏晋南北朝时期,甚至在整个中国古代都是最宽的。北魏政府还将有耕织技术、能力和时间的奴婢以及耕牛,都作为课口进行授田。这些都反映出政府鼓励生产,增加租调收入的目的。参见杨际平《北朝隋唐均田制新探》,第 33 页。此外,从均田令将身为贱民的奴婢和作为生产资料的耕牛都列为应受田对象(也是课税对象),也不难看出北魏政府希望尽快增加垦田数以发展生产的目的。
② 杨际平《北朝隋唐均田制新探》,第 62 页；李锦绣《唐代财政史稿》上卷第 2 分册,第 460 页。

制定者没有考虑到,或者是愿意承担因丁男通过保持户籍上的未婚状况所带来漏税的风险,又或许是他们对三长制、户籍登记制度的执行有足够的信心,认为可以通过制度去尽量规避上述风险。但对百姓而言,制度漏洞的客观存在,是其"合法"避税的有效选择。如北齐天保中(550—559),阳翟郡(治今河南禹州)出现了"籍多无妻"的现象。《隋书·食货志》载:

> 旧制,未娶者输半床租调,阳翟一郡,户至数万,籍多无妻。有司劾之,帝(文宣帝)以为生事。由是奸欺尤甚,户口租调,十亡六七。[①]

据此,当时未婚丁男的租调额已经不再是床税的四分之一,而是被提高为"半床租调"。这说明政府已经意识到了上述问题,有意将未婚丁男的税负提高至已婚丁男的水平,以减少漏税的可能。可即便如此,由于未婚丁女仍免课,所以想办法保持户籍的未婚状态,对于百姓而言,仍然是有利的。这是阳翟郡出现"籍多无妻"现象的制度原因。

从"旧制"两字来看,将未婚丁男的税额提高一倍的做法,并非北齐建立后的新政,而是从东魏继承而来的。无独有偶,当时与东魏、北齐对立的西魏,也存在同样的变化。根据敦煌出土的西魏大统十三年(547)瓜州效谷郡计帐户籍文书,西魏一夫一妻纳调布为 1 匹(4 丈),同于北魏太和十年新税额,但未婚丁男并非纳调布 1 丈,而是纳 2 丈。两者比例也由原来的 4:1,变为 2:1。调麻亦变为 2:1(2 斤 :1 斤)。相应的,根据丁调额确定的奴婢和丁牛租调(同前所引"奴任耕,婢任绩者,八口当未娶者四;耕牛二十头当奴婢八"),也都提高了一倍,仍保持它们与丁调之间 1:2、1:10 的比例。[②]

既然脱胎于北魏的东、西魏都存在未婚丁男之调相当于半床租调的规定,而史籍中又未见后者在建立之初,曾对租调制度作出重大改变的记载,所以有学者认为,上述变化早在北魏后期时就已经出现。孝明帝熙平

[①] 《隋书》卷二四《食货志》,第 676 页。
[②] 文书图版及录文见池田温《中国古代籍帐研究·录文与插图》,第 6—22 页。参见杨际平《魏晋南北朝的租调力役制度》,郑学檬主编《中国赋役制度史》,第 96 页;李锦绣《唐代财政史稿》上卷第 2 分册,第 460 页。

中(516—518),任城王元澄为尚书令,"奏垦田授受之制八条,甚有纲贯,大便于时"。① 虽然元澄所奏八条的具体内容史籍未载,但因其与垦田授受相关,而北朝隋唐时均田制与丁中、租调制历来联系密切,所以垦田授受之制八条中,应当包含租调方面的内容。由此可以推测,北魏后期未婚丁男租调额的提高,就应在元澄奏行垦田授受之制时。② 这一变化,不仅是对当时赋税制度的完善,更重要的是,它标志着北魏租调正式由按户(床调)计算变为了按丁征收(丁调)。

最后还需要从社会现实层面来分析阳翟为何出现"籍多无妻"的现象。笔者认为,上述现象的出现,除了制度上确实有可以钻的空子之外(即未婚丁女免课),也与北魏末年六镇之乱对社会秩序和政府管理水平的冲击有关。但更重要的原因,应该和当时阳翟本地的特殊情况有关系。虽然现在已不能知晓其中的具体原因,但可以明确的是,除了阳翟之外,其他地区"籍多无妻"的现象并不明显。因为自北魏后期改床调为丁调后,东魏北齐、西魏北周,以至于隋朝,都存在未婚丁男半床税、未婚丁女不税的规定,但史籍中只记载了北齐初年阳翟郡"籍多无妻"的情况。尽管其他地区也应存在百姓在户籍上"无妻"的情形,但总的来看,问题并不突出,所以未被正史所记载。这也可以反证上文的判断,即阳翟"籍多无妻"的现象属于个案,而非常态。大概也正是因为问题并不普遍,所以文宣帝才会以"生事"为由,置而不问。这是其一。

《隋书》紧接此事所记载的"由是奸欺尤甚"、"户口租调,十亡六七",与其说是历史事实,不如说是一种"历史书写方式"。这与修史者有意强调当时"法网宽弛"的现状有关,但并不能据此认为北齐建立之初,租调制就已经陷入到全面崩溃之中。毕竟东魏、北齐之际,为应对朝代更迭、东西对峙的时局,高氏父子只能采取"愦愦"之政,③ 不循常例。在一定程度上放任百姓偷逃租调的做法,确实成为稳定社会秩序,吸引民心的必要

---

① 《魏书》卷十九中《任城王传》,第477页。据本传所载,考以《资治通鉴》卷一四八(第4621—4633页)史事,可以将此事时间确定在熙平年间。
② 杨际平《北朝隋唐均田制新探》,第61—62页。
③ [南朝宋]刘义庆撰、余嘉锡笺疏《世说新语笺疏》上卷下《政事》:"丞相(王导)末年,略复不省事,正封篆诺之。自叹曰:'人言我愦愦,后人当思此愦愦。'"中华书局,1983年,第178页。

举措。① 至于由此所带来的财政收入减少，高氏父子则采取开源的方式，通过对特种产品实行专卖政策予以解决。如东魏天平中(534—537)，迁都邺城之初，朝廷"于沧、瀛、幽、青四州之境，傍海置盐官，以煮盐，每岁收钱，军国之资，得以周赡"。当形势一旦稳定，统治者还是会通过严格政策的执行来整顿户籍不实的问题。所以"元象、兴和之中(538—542)，频岁大穰，谷斛至九钱。是时法网宽弛，百姓多离旧居，阙于徭赋。神武(高欢)乃命孙腾、高隆之分括无籍之户，得六十余万。于是侨居者各勒还本属，是后租调之入有加焉"。②

阳翟郡在东魏、北齐之际的户口变化，正是上述括户政策的直接体现。据《魏书·地形志》载，东魏末武定年间(543—550)阳翟郡仅有不足1.5万户百姓。③ 然而数年之后，出现"籍多无妻"情况时，阳翟已有户数万(以3万计)，户口增长当在一倍以上。著籍户口增加所带来的赋税增加，大体抵消了百姓通过保持"未婚"所造成的租调减少。文宣帝不愿"生事"以致百姓流散，应该是他放任阳翟问题的深层次原因。这是其二。

由此可知《隋书》的记载并不能被理解为租调制的崩坏。一直到唐代前期，租调制都被有效地付诸实施。只是随着北方东西对峙局面的形成，北朝后期的租调制又有了新的变化。

二　北朝后期租调制演变与户等的恢复

东魏、北齐和西魏、北周基本继承了北魏后期的赋税制度。有关丁调

---

① 《北齐书》卷二四《杜弼传》载东魏建立初年，"弼以文武在位，罕有廉洁，言之于高祖(高欢，时为东魏丞相)。高祖曰：'弼来，我语尔。天下浊乱，习俗已久。今督将家属多在关西，黑獭(宇文泰，时为西魏丞相)常相招诱，人情去留未定。江东复有一吴儿老翁萧衍(梁武帝)者，专事衣冠礼乐，中原士大夫望之以为正朔所在。我若急作法网，不相饶借，恐督将尽投黑獭，士子悉奔萧衍，则人物流散，何以为国？尔宜少待，吾不忘之。'及将有沙苑之役(事在东魏天平四年，537)，弼又请先除内贼，却讨外寇。高祖问内贼是谁。弼曰：'诸勋贵掠夺万民者皆是。'高祖不答，因令军人皆张弓挟矢，举刀按槊以夹道，使弼冒出其间，曰：'必无伤也。'弼战栗汗流。高祖然后喻之曰：'箭虽注，不射，刀虽举，不击，槊虽按，不刺，尔犹顿丧魂胆。诸勋人身触锋刃，百死一生，纵其贪鄙，所取处大，不可同之循常例也。'弼于时大恐，因顿颡谢曰：'愚痴无智，不识至理，今蒙开晓，始见圣达之心'"。中华书局，1972年，第347—348页。
② 《隋书》卷二四《食货志》，第675—676页。
③ 《魏书》卷一〇六中《地形志中》，第2527页。

第三章　北朝后期赋税制度发展及唐代租庸调制的形成　91

的规定,已见上节。在田租方面,太和十年床调中有租粟2石,而北齐床调在垦租2石之外,还有义租。西魏在正租2石之外,也有税租(详见下文)。这种租外征租的做法,应是对北魏政府的临时征调,尤其是末年各种名目杂调的整顿和固定化。① 这种临时征调,屡见于史志。如献文帝皇兴中(467—471),韩麒麟为冀州刺史,"上义租六十万斛,并攻战器械",助朝廷讨伐慕容白曜。孝昌二年(526),孝明帝下诏"税京师田租亩五升,借赁公田者亩一斗"。② 北齐义租与北周税租,应该与之有关。③

适当增加租额,以减少各种名目杂调,这种做法与南朝后期梁武帝在丁租之外,增加禄米的措施有相通之处(详见本书第二章第二节2),无需赘言。如果说,租额的增长,反映的是北魏末年以来,战争频发对赋税体制所造成的影响,体现出战时经济的特征,那么在这种暂时性影响之外,东魏、北齐和西魏、北周的赋税制度中还出现了新的制度性变化——户等又重现于北朝后期的赋役制度中。

随着九品混通、计赀定课在太和十年被取消,史籍中便未再见到此后有关户等在北魏税制中发挥作用的记载。然而经过北魏中后期一轮长达几十年(486—524)的持续增长,社会贫富分化加剧的现象又重新抬头。六镇之乱虽然严重冲击了经济发展,消耗了大量社会财富,但并未改变社会贫富分化拉大的趋势。甚至由于政府管理能力的下降,还一度加重了贫富差距问题。正是在这样的前提下,东西对峙的双方不约而同地对赋税制度做出调整。户等制作为调节不同阶层赋税负担、均剂贫富的措施,重现于历史,并贯穿于中国古代后半段的赋役制度中。

1. 东魏、北齐租调制及其变化

东魏时大概尚未恢复户等制。北齐于天保元年(550)受魏禅之后,"始立九等之户,富者税其钱,贫者役其力"。④ 与魏晋及南北朝前期户等主要

---
① 《隋书》卷二四《食货志》,"魏自永安(528—530)之后,政道陵夷,寇乱实繁,农商失业。官有征伐,皆权调于人,犹不足以相资奉,乃令所在选制纠发,百姓愁怨,无复聊生"。第675页。
② 《魏书》卷六十《韩麒麟传》,第1331页,卷一一〇《食货志》,第2861页。
③ 杨际平《北朝隋唐均田制新探》,第71页。
④ 《隋书》卷二四《食货志》,第676页,《资治通鉴》卷一六三,第5051页。《隋书·食货志》又载,"武平(570—576)之后,权幸并进,赐与无限,加之旱蝗,国用转屈,乃料境内六等富人,调令出钱"。第679页。所谓六等富人,即九等户的中下以上户。

在赋税的征收上发挥作用不同,[①]北齐重建户等,针对的是徭役征发(力役制)。以户等征收税钱,反映出北朝后期货币经济有了恢复的迹象。

"富者税其钱,贫者役其力"的规定,有些类似于宋代的免役钱。[②] 这样,富裕阶层就可以通过交纳税钱代替徭役,从而使国家征役不会直接干预自己的生产、经营活动。"贫者役其力"的做法,虽然可以减少贫困阶层所承受的市场风险,但亲身服役严重影响了他们在农业等生产性劳动领域的人力投入,同时又不能获得像宋代雇役钱那样的补贴,只能加剧其贫困。由此可见,北齐所恢复的户等制,也只是再一次反映出社会贫富分化对赋役制度的影响外,之前户等制所具有的调节贫富负担的功能,却未被统治者所考虑。这样的制度设计有待完善。

至河清三年(564),北齐颁布新令,在均田、租调等方面做出了不少有针对性的调整。《隋书·食货志》载:

> 至河清三年定令,乃命人居十家为比邻,五十家为闾里,百家为族党。男子十八以上,六十五已下为丁;十六已上,十七已下为中;六十六已上为老;十五已下为小。率以十八受田,输租调,二十充兵,六十免力役,六十六退田,免租调。
>
> 京城四面,诸坊之外三十里内为公田。受公田者,三县代迁户执事官一品已下,逮于羽林武贲,各有差。其外畿郡,华人官第一品已下,羽林武贲已上,各有差。
>
> 职事及百姓请垦田者,名为永业田。奴婢受田者,亲王止三百人;嗣王止二百人;第二品嗣王已下及庶姓王,止一百五十人;正三品已上及皇宗,止一百人;七品已上,限止八十人;八品已下至庶

[①] 魏晋南北朝时期,徭役和兵役的征发主要采取"三五取丁"(《晋书》卷一一三《苻坚载记》,第2899页)或"三五占兵"(《晋书》卷一一〇《慕容儁载记》,第2840页)的方式。所谓的"三五丁"(《宋书》卷九一《孝义传·孙棘》,第2256页),即通常每户三丁取一,五丁取二。参见杨际平《魏晋南北朝的租调力役制度》,郑学檬主编《中国赋役制度史》,第125—126页。虽然一般而言,多丁户的户等会高于单丁户,但这种征役方式不应被视为是户等制在力役征发中的直接行用。

[②] 不过,宋代的免役法是针对职役(差役)而言,并不针对一般百姓承担的夫役。见郑学檬《两宋的两税和诸色职役》,郑学檬主编《中国赋役制度史》第2编第2章,第386—394页。

人,限止六十人。奴婢限外不给田者,皆不输。其方百里外及州人,一夫受露田八十亩,妇四十亩。奴婢依良人,限数与在京百官同。丁牛一头,受田六十亩,限止四牛。又每丁给永业二十亩,为桑田。其中种桑五十根,榆三根,枣五根,不在还受之限。非此田者,悉入还受之分。土不宜桑者,给麻田,如桑田法。

率人一床,调绢一疋,绵八两,凡十斤绵中,折一斤作丝,垦租二石,义租五斗。奴婢各准良人之半。牛调二尺,垦租一斗,义租五升。垦租送台,义租纳郡,以备水旱。垦租皆依贫富为三枭。其赋税常调,则少者直出上户,中者及中户,多者及下户。上枭输远处,中枭输次远,下枭输当州仓。三年一校焉。租入台者,五百里内输粟,五百里外输米。入州镇者,输粟。人欲输钱者,准上绢收钱。诸州郡皆别置富人仓。初立之日,准所领中下户口数,得支一年之粮,逐当州谷价贱时,斟量割当年义租充入。谷贵,下价粜之;贱则还用所粜之物,依价籴贮。①

来看均田方面的规定。由于东魏、北齐是以高欢为首的六镇鲜卑和胡化汉人军事集团所建立的政权,②所以内迁的六镇鲜卑部落兵成为其所依靠的重要力量。在撤离洛阳之时,高欢又尽迁城内士民40万户,"狼狈就道"。③为了安置这些鲜卑部民和洛迁士民,天平元年(534),高欢下令将邺城旧居百姓西迁百里,"以居新迁之人"。同时,以邺城周边九郡为皇畿,作为新政权的政治中心。④于是《河清令》规定,京城四面诸坊之外至三十里内,皆为公田,由鲜卑官员、将吏按品级请受。公田之外,至畿郡百里之内的土地,由汉人官员及将吏请受。专门划出公田区域,反映了六镇鲜卑士兵还保留着较重的部落民色彩,同时也有利于加快他们向农耕生

---

① 《隋书》卷二四《食货志》,第677—678页。
② 《隋书》卷二四《食货志》:"六坊之内徒者,更加简练,每一人必当百人,任其临阵必死,然后取之,谓之百保鲜卑。又简华人之勇力绝伦者,谓之勇士,以备边要。"第676页。有关北齐建国背景的分析,详见陈爽《世家大族与北朝政治》第6章第5节《高欢与河北大族》,第175—181页。
③ 《魏书》卷八二《常景传》,第1806页。
④ 《魏书》卷十二《孝静帝纪》,天平元年十一月庚寅,第298页。

产方式的转变。

在京城百里之外的畿郡和外州,才按照田地授受之法,进行均田。百姓、奴婢和丁牛应受露田总额均同于北魏,但是不再区分正田与倍田。以一夫一妇为例,北魏时,夫应受露田40亩(正田),倍田40亩,桑田20亩,妇应受露田20亩(正田)、倍田20亩,合计140亩。北齐时,夫应受露田80亩,永业(桑)田20亩,妇应受露田40亩,合计亦140亩。奴婢、丁牛受田类此。不同的是,北齐政府开始对贵族、官员和庶民所占有的奴婢中应受田的人数作出了限制,详见表3-1。对受田奴婢数进行限制,反映出随着人口的增长,政府所掌握的闲田荒地已开始难以应付社会应受田群体对耕地的需求。

表3-1 北齐奴婢应受田限止人数表

户主身份	应受田奴婢人数
亲王	限止300人
嗣王	限止200人
第二品、嗣王以下及庶姓王	限止150人
正三品已上及皇宗	限止100人
七品已上	限止80人
八品已下至庶人	限止60人

在租调方面,《河清令》虽然继承了北魏后期以来所形成的未娶丁男半输床调的丁调原则,但仍以床为基本的计税单位。同时,在赋税征收中,重新加入了户等因素,以调节贫富负担,户等三年一调整。不过,租额仍以丁计,不涉及户等。床调中租额分为垦租和义租两项,[①] 分别纳粟2石和5斗(0.5石),与北魏太和十年租额相比增加四分之一。户等决定百姓

---

① 垦租属于中央财政收支项目,由尚书省负责统一支配。即便入纳地方官仓,地方政府也只是代为保管,无权支用。尚书省可以根据具体情况,决定某地垦租是输送至外地,还是本地州镇。这样一方面便于军国之用,一方面调节不同地方的运费负担。义租藏于义仓,属于赈灾专用粮食,故输纳于本郡,便于地方支用。由于距离近,可自行输纳,所以政府在征收义租时不要求百姓交纳运费。参见杨际平《魏晋南北朝的租调力役制度》,郑学檬主编《中国赋役制度史》,第103—104页。

应承担的租脚(运费)的多少：垦租"皆依贫富为三枭"，"上枭输远处，中枭输次远，下枭输当州仓"。

在常调方面，床调绢1匹，绵8两，与北魏太和十年调额持平。此外还规定："其赋税常调，则少者直出上户，中者及中户，多者及下户。"由于此句夹杂在有关租粟的条款之中，且也跟户等有关，所以杨际平认为"少者直出上户，中者及中户，多者及下户"同样适用于租粟的征收。同时，基于战时经济的考量，他认为当时军国费用必然居高不下，所谓中下等户可能免纳租调之说，仅为具文，并无实效。① 这个看法，有值得商榷之处。

依据《隋书·食货志》的文本，征收常调所依据的户等是上、中、下户，与垦租输纳时分三枭并不同，不可贸然归为一类。另外，杨氏从军国费用居高不下来推断常调的执行效果，并未抓住问题的关键。如前所述，北齐租调已然转变为丁调，所以在当年户口、课口确定的前提下，政府征收的总调物数量应该说是"课有常准，赋有恒分"，② 故被称之为常调。

既然是常调，每年实际征收的总额就不应该有大的变化。如果从这一点来怀疑制度的实际执行情况，是可以理解的。回到之前的问题上。笔者认为，北齐每年的征调额之所以会出现较大浮动，应该和高欢迁邺之初的一项政策有关："常调之外，逐丰稔之处，折绢籴粟，以充国储。"③ 大乱之后，为了满足邺城地区突然激增的粮食供应压力，东魏在保证政府日常所需的纺织物以绢布本色完纳的前提下，会允许百姓将所应交纳绢布总量中的剩余部分折变为粟，由丰收地区的百姓交纳。这样，既避免了丰收地区谷贱伤农，又能使政府以较低的费用增加粮食储备，既平衡了物价，又使政府有能力赈济灾荒，数举并得。北齐应延续了此政策。在"折绢籴粟"的情况下，每年丰歉地区百姓的实际调物总量会出现较大的波动，所以才会出现上述根据户等来调整常调征收的规定。

---

① 杨际平《魏晋南北朝的租调力役制度》，郑学檬主编《中国赋役制度史》，第98、104页；《北朝隋唐均田制新探》，第71页。
② 《魏书》卷五三《李冲传》，第1180页。
③ 《隋书》卷二四《食货志》，第675页。《册府元龟》卷五〇二《邦计部·常平》作"随丰稔各处"，其它同，中华书局，1960年，第6019页。又，《魏书》卷六十《韩麒麟传》载，"太和十一年，京都大饥，麒麟表陈时务曰：'……可减绢布，增益谷粮，年丰多积，岁俭出赈'"。第1332—1333页。可见，在满足军国支用的前提下，将剩余调绢布折粟征纳，也是北朝政府的通行办法。

2. 西魏、北周租调制及其变化

西魏的租调制度,史籍无载,目前只能通过学者们对大统十三年计帐户籍文书的研究来分析。① 据此件文书,一夫一妇应受田额为:夫正(露)田 20 亩,麻田 10 亩,妇正(露)田 10 亩,麻田 5 亩,合计 45 亩;丁男应受田额为:正田 20 亩,麻田 10 亩,合计 30 亩;若癃老中小为户者应受田额为:正田 10 亩,麻田 5 亩,合计 15 亩;丁牛一头受正田 20 亩;奴婢依良,丁婢应受田额为:正田 10 亩,麻田 5 亩,合计 15 亩。一床合纳租,上户粟 4 石,中户 3 石 5 斗,下户 2 石。调布 1 匹,麻 2 斤,不分户等。②

值得注意者有五点:(一)露田也不再分正、倍,但被统称为正田。麻田则由北魏时的口分田变为永业田。③(二)课口的应受田额比北魏时大为减小,但未婚丁男应受田额与夫田额仍保持一样。(三)无论是正田,还是麻田,夫妇的应受田额之比皆为 2∶1。(四)租调额与北魏相比,租粟最低纳 2 石,户均水平有所增加,调麻由 15 斤减为 2 斤,④ 则明显下降,而调布保持不变。(五)户等也已经恢复,⑤ 被用来调整租粟的征收额,但对调额没有影响。其

---

① 杨际平《魏晋南北朝的租调力役制度》,郑学檬主编《中国赋役制度史》,第 96—97、102—103 页;池田温《中国古代籍帐研究》,第 55—76 页;李锦绣《唐代财政史稿》上卷第 2 分册,第 460—461 页。其中,丁奴受田额未见载,推测应同于丁男田额。

② 除此之外,课户所纳台资,以及不课户所纳税租,也需按户等交纳相应数额的布麻或粟。税租的性质不详,但其征收对象应包括"台资"与部分不课口,不同于田租,所以可以肯定税租不是田租的附加。所谓"台资",近于唐代散官、勋官、卫官等所纳之资钱,即某些特定身份的官员在不上番的同时,通过纳钱代役等方式来获取资格以参加铨选。"台"指尚书台,"台资"含有纳资于台之意。参见杨际平《关于西魏大统十三年敦煌计帐户籍文书的几个问题》,中国魏晋南北朝史学会编《魏晋南北朝史研究》,四川社会科学出版社,1986 年,第 411—412、417—423 页;杨际平《魏晋南北朝的租调力役制度》,郑学檬主编《中国赋役制度史》,第 101—102 页;阎步克《北魏、北齐"职人"初探——附论魏晋的"王官司徒吏"》,《文史》1999 年第 3 辑,后收入氏著《乐师与史官——传统政治文化与政治制度论集》,三联书店,2001 年,第 381—387 页。

③ 类似的变化,亦见于 17 年之后的北齐《河清令》中"土不宜桑者,给麻田,如桑田法"(见前节所引)的规定。有关"麻田"性质,多数学者,如唐耕耦、杨际平等都认为是世业田,不还受,参见侯旭东《近年利用敦煌吐鲁番文书研究魏晋南北朝史概况》,《中国史研究动态》1992 年第 5 期,第 8 页。

④ 如前所述,北周与隋朝的量制、衡制,相较于北魏北齐又有所增长,但不能确知大统十三年时西魏量制、衡制是否已然增长,故此处仅就数值做一比较。

⑤ 《玉海》卷一三七《魏六军府兵》引[隋]魏澹《后魏书》:"西魏大统八年(542),宇文泰仿周典置六军,合为百府。十六年(550),籍民之有材力者为府兵。"江苏古籍出版社、上海书店,1987 年,第 2559 页。同书卷一三八《唐关内置府十道置府》又引[唐]李繁《邺侯家传》:"初,置府兵,皆于六户中等以上,家有三丁者选材力一人,免其身租庸调。郡守农隙教试阅,兵仗、衣驮、牛驴,及粮粮、旨蓄,六家共备。"第 2569 页。所谓"六户中等以上",即中下以上户。参照以上记载,并结合文书可知,西魏户等制采取的也是三等九品之分。

中,第二、四点中租调额的变化,不排除与瓜州效谷郡(治今甘肃安西县西南)属于狭乡有关,① 是在百姓受田普遍不足情况下的非标准租调额。②

西魏虽然恢复了户等制,但并未恢复魏晋以来通行的九品混通的征收办法。如前所述,根据魏晋户调制,中央政府所规定的户调额,只是用于确定当年的征税总额。至于每户实际交纳的数量,则由地方官吏根据本部户口、贫富情况临时确定。在征税时,这样的税制会给予地方官吏相对较大的自由裁量权,增加了暗箱操作的可能性。而根据前件文书,西魏时每一户等所纳租额是固定的,并不需要地方官吏临时商定。③ 由此,可以尽量减少地方官吏上下其手、好恶由己的情况。这种做法反映了赋税制度的发展和完善,也反映了政府组织管理能力的加强,因而为唐代户税所继承(见本章第四节 2)。相对而言,北齐户等制在调节常调的征收上,并没有确定上、中、下户的定额,因而显得不如西魏制度完善。不过,在垦租的征收上,由于尚书省预先确定了三梁的输纳地,客观上也就确定了运费的总量,所以相比于九品混通之法,还是减少了官吏贪渎的机会,体现出了制度的合理化发展。

西魏末年,宇文泰仿照《周礼》建置六官,并于恭帝三年(556)颁行。随着六官的颁布和北周的建立,租调制度又有所改变。《隋书·食货志》载:

> 后周太祖作相,创制六官。……司均掌田里之政令。凡人口十已上,宅五亩;口九已下,宅四亩,口五已下,宅三亩。有室者,田百四十亩,丁者田百亩。司赋掌功赋之政令。凡人自十八以至六十有四,与轻癃者,皆赋之。其赋之法,有室者,岁不过绢一疋,绵八两,粟五斛;丁者半之。其非桑土,有室者,布一疋,麻十斤;丁者又半之。

---

① 池田温《中国古代籍帐研究》,第71—72页。
② 李锦绣在讨论唐代宽乡、狭乡的租调率时,认为由于狭乡授田减宽乡之半,故狭乡租调也相应减半输纳。见氏著《唐代财政史稿》上卷第2分册,第454—457页。这一点对于理解西魏大统十三年计帐户籍文书所载租调额是有帮助的。
③ 《周书》卷二三《苏绰传》载西魏大统十年(534)六条诏书,其六曰均赋役:"租税之时,虽有大式,至于斟酌贫富,差次先后,皆事起于正长,而系之于守令。若斟酌得所,则政和而民悦;若检理无方,则吏奸而民怨。又差发徭役,多不存意。致令贫弱者或重租而远戍,富强者或轻使而近防。守令用怀如此,不存恤民之心,皆王政之罪人也。" 中华书局,1971年,第390—391页。据此,则西魏地方官吏在赋税和差役中仍存在较大的随意性。这反映出现实社会中制度的实际执行情况,与文书中反映出来的制度规定存在着一定差别。

丰年则全赋,中年半之,下年一之,皆以时征焉。若艰凶札,则不征其赋。司役掌力役之政令。凡人自十八以至五十有九,皆任于役。丰年不过三旬,中年则二旬,下年则一旬。……若凶札,又无力征。①

据此,北周课口的应受田额与北魏相同,且与北齐一样,田额中不再区分正田、倍田:一夫一妇 140 亩(夫 100 亩、妇 40 亩),未婚丁男 100 亩。在征收租调时,不再依西魏时根据户等的高下,而是根据丰歉年成来调节实际征收量:丰年一夫一妇输绢 1 匹(或布 1 匹),绵 8 两(或麻 10 斤),粟 5 石,中年半输,下年输三分之一,凶年不输。②未婚丁男皆输半床租调。北周根据丰歉来调节租调征收量的做法,大概继承自北魏末年关内地区的旧制。《魏书》载永安二年(529),辛雄为关西慰劳大使,将行,奏请"课调之际,使丰俭有殊,令州郡量检,不得均一",庄帝从之。③这种做法与之后北周税制有相通之处。

取北周中年租调额与北齐税额相比,租额相同而调额减半。根据双方的尺度、量制统一折算后,北周户均租调额略高于北齐。④北周著籍户口数远低于北齐,⑤户均租调额仅略高于北齐。如此,则北周政府的赋税收入应

---

① 《隋书》卷二四《食货志》,第 679 页。"口九已下",原作"口九已上",据校勘记改。
② 《隋书》卷二七《百官志中》载北周颁禄之制,"视年之上下。亩至四釜(六斗四升为釜——笔者注)为上年,上年颁其正。三釜为中年,中年颁其半。二釜为下年,下年颁其一。无年为凶荒,不颁禄",第 771 页。由此可知,北周税制与其颁禄之制是相适应的。
③ 《魏书》卷七七《辛雄传》,第 1697 页。
④ 如前所述,双方尺度相当,但北齐量制、衡制是北周、唐制的三分之二。据此,可依唐代度量衡制及赋税折变率(绢 4 尺=绵 1 两=粟 1 斗)对双方税额进行折算,北齐租调折粟 3.2 石(唐制),北周折粟为 3.4 石(唐制)。又,杨际平指出北周租调虽有丰、中、下年之分,但是否付诸实施,十分可疑。如《隋书》卷四一《苏威传》载:"初,威父(苏绰)在西魏,以国用不足,为征税之法,颇称为重。既而叹曰:'今所为者,正如张弓,非平世法也。后之君子,谁能弛乎?'威闻其言,每以为己任。至是,奏减赋役,务从轻典,上(隋文帝)悉从之。"第 1185 页。他认为上述记载反映了北周租调通常都是全额征收。见杨际平《魏晋南北朝的租调力役制度》,郑学檬主编《中国赋役制度史》,第 97—98 页;《北朝隋唐均田制新探》,第 64—65、71 页。笔者认为苏绰卒于大统十二年(546),因而他的感叹只能反映西魏赋役水平,不足以反映北周赋役之制。以役制为例,北周正役已经由西魏时的六番,先后减为八番、十二番,减轻了一半。可见,西魏初年的重税之法只是权宜之计,随着形势的缓和,已经逐步减轻,并非迟至隋朝才由苏威开始着手解决。故笔者仍以中年租调额来作为北周的平均赋税水平。
⑤ 承光元年(577),北齐亡于北周时,领户约 330 万(一作 303 万),口 2000 万。至大象中(579—580)隋朝建立前,北周有户约 559 万,口 2900 万,则北周旧境约有 229 万户、900 万口。有关北齐及北周旧境户口数的估算,详见冻国栋《中国人口史》第 2 卷,第 125—128 页。

远低于北齐。北周为何能以远低于北齐的财政收入来应付东西分治期间频繁战争所带来的高额财政支出压力？这种财政收支明显不合理的现象，应该与北齐、北周军事体制不同有关。与北齐实行台军（京畿府、领军府所领）和州兵为主、给养由朝廷以"常廪"、"常赐"供应的军制不同，[①] 北周借用拓跋早期部落兵的组织形式，建立了一套府兵制度。府兵虽然不承担赋税，不占民籍，但需要承担兵役及战备物资。其方式主要有府兵自备行资和将领以私财养兵两种。[②] 这就使得北周政府在供军方面的压力大为减轻，因而能以较少的民籍户口与较低的税收总额来应付政府所承担的军国开支。

三 隋朝均田令与赋役制度改革

隋朝建立后，杨坚于开皇二年（582）颁布新令。《隋书·食货志》载：

> 及受禅，又迁都，发山东丁，毁造宫室。仍依周制，役丁为十二

[①] 北齐军队的主力，是京畿大都督和领军大将军所统帅的"六坊之众"和"百保鲜卑"，属朝廷直系军队，常有几十万人。后来京畿府并入领军府，后者成为禁卫军的核心。州兵主要是幽州、河阳两行台统领的军队，前者亦称冀州兵，后者亦称洛州兵。军队给养主要是常廪（每月粮膳）和常赐（春秋时服），均由中央或地方政府财政直接支应，详见谷霁光《府兵制度考释》，上海人民出版社，1962年，第250—255页。参朱雷《〈北齐书〉斛律羡传中所见北齐"私兵"制》，《武汉大学学报（人文科学版）》1995年第5期，第37—40页。

[②] 《北史》卷六十末载："初，魏孝庄帝以尔朱荣有翊戴之功，拜柱国大将军，位在丞相上。荣败后，此官遂废。大统三年（537），魏文帝复以周文帝（宇文泰）建中兴之业，始命为之。其后功参佐命，望实俱重者亦居此职。自大统十六年已前，任者凡有八人。周文帝位总百揆，都督中外军事。魏广陵王欣，元氏懿戚，从容禁闼而已。此外六人，各督二大将军，分掌禁旅，当爪牙御侮之寄。当时荣盛，莫与为比。故今之称门阀者，咸推八柱国家。……十二大将军。每大将军督二开府，凡为二十四员，分团统领，是二十四军。每一团，仪同二人。自相督率，不编户贯。都十二大将军。十五日上，则门栏陛戟，警昼巡夜；十五日下，则教旗习战。无他赋役。每兵唯办弓刀一具，月简阅之。甲槊戈弩，并资官给。"中华书局，1974年，第2153—2155页。《隋书》卷二四《食货志》载，"建德二年（"二"应为"三"，见《周书》卷五《武帝纪上》，建德三年十二月丙申，"改诸军军士并为侍官"，第86页），改军士为侍官，募百姓充之，除其县籍。是后夏人半为兵矣。"第680页。府兵自有军籍，故选充府兵应"除其县籍"，"不编户贯"。另外，据前引《邺侯家传》，由于府兵在一开始还具有私兵的性质，因而"兵仗、衣驮、牛驴，及粮粮、旨蓄"还需要六柱国以私财筹备供给。随着府兵人数的扩大，尤其是建德三年（574）府兵侍官化以后，供军财政进一步中央化，从而形成了"每兵唯办弓刀一具"，"甲槊戈弩，并资官给"的军资供备体制。有关府兵军备供应，详见陈寅恪《隋唐制度渊源略论稿》，第139、146—149页；谷霁光《府兵制度考释》，第45—50、66—77页。

番,匠则六番。及颁新令,制人五家为保,保有长。保五为闾,闾四为族,皆有正。畿外置里正,比闾正,党长比族正,以相检察焉。男女三岁已下为黄,十岁已下为小,十七已下为中,十八已上为丁。丁从课役,六十为老,乃免。自诸王已下,至于都督,皆给永业田,各有差。多者至一百顷,少者至四十亩。其丁男、中男永业露田,皆遵后齐之制。并课树以桑榆及枣。其园宅,率三口给一亩,奴婢则五口给一亩。丁男一床,租粟三石,桑土调以绢絁,麻土以布。绢絁以匹,加绵三两。布以端,加麻三斤。单丁及仆隶各半之。未受地者皆不课。有品爵及孝子顺孙义夫节妇,并免课役。京官又给职分田。一品者给田五顷。每品以五十亩为差,至五品,则为田三顷,六品二顷五十亩。其下每品以五十亩为差,至九品为一顷。外官亦各有职分田。又给公廨田,以供公用。

开皇三年正月,帝入新宫。初令军、人以二十一成丁。减十二番每岁为二十日役,减调绢一匹为二丈。①

由此可知,隋朝租调制度,并未沿用之前北周以丰歉年成调节百姓实际交纳量的做法,转而采用更早之前的北魏、北齐定额税制的办法,规定丁男一床纳租粟3石,调绢1匹(或布1端),绵3两(或麻3斤)。户等在租调的征收上不起作用。在力役制上,隋继承了北周役丁十二番(每年一月,30天)的规定,并在开皇三年(583)时减为20天正役(相当于十八番)。与正役同时减轻的,还有床调绢,由1匹(4丈)减为2丈。这样,开皇年间一夫一妇应纳租调额就被固定为粟3石,绢2丈(布2.5丈),绵3两(麻3斤),依前例折粟为3.8石(唐制),略高于北周(3.4石)和北齐(3.2石)的税额。不过,由于力役的减轻,隋朝民户的赋役负担,总体上略轻于前朝。②

---

① 《隋书》卷二四《食货志》,第680—681页。
② 西魏、北周的力役,最初为六番,每年60天正役,后减少至八番(45天)、十二番(30天)。以唐代力役折庸为"计一人一日为绢三尺"([唐]长孙无忌等《唐律疏议》卷四《名例律》,"平赃及平功庸"条,中华书局,1983年,第92页)为准,30天正役折粟2.25石(唐制,下同),20天正役折粟1.5石。合计之后,隋朝赋役量(5.3石)略低于北周(5.65石)。北齐力役制不详,但从其修建长城,役期或40天,或35天,亦当重于隋朝。有关北周、北齐力役制,参见杨际平《魏晋南北朝的租调力役制度》,郑学檬主编《中国赋役制度史》,第128—130页。

1. 应对人地矛盾：隋朝均田令的调整与变化

与北朝后期田制相比，开皇二年均田令有一个不太显著的变化，即丁牛不再作为应受田对象，因而在有关赋税的条款中就不再对丁牛租调额作出规定。① 这个变化，应该是北朝后期人口增长所造成的人多地少矛盾，逐渐严重的结果。早在北齐天保年间（550—559），就已经有人针对人地矛盾（"以无田之良口，比有地之奴牛"）提出了"以富家牛地先给贫人"的建议，并得到了部分官员的称赞。② 不过，直到隋初，上述建议才最终得到落实。此外，面对"户口滋多，民田不赡"的局面，纳言、民部尚书苏威还提出了"减功臣之地以给民"的建议。③ 尽管此建议未能落实，但同样反映出，人多地少已成为隋朝从一开始就不得不面对的问题。由此可知，开皇三年"初令军、人（民）以二十一成丁"，在减轻百姓赋役负担的同时，也相应减小了应受田群体的范围，在一定程度上缓解了人口增长带来的社会对土地资源的需求压力。

不过，随着人口的快速增长，隋初政府为缓解人地矛盾而采取的措施，很快失去了作用。隋朝建立后，不过十年的时间，仅北方地区的户口就从受禅之初的 559 万户增长至 700 余万户。④ 在接下来的府兵制改革中，政府又将府兵及其家属一并编入民籍，与民户同样受田、课租调。⑤ 这些情况进一步激化了人地矛盾。至开皇十二年（592），"时天下户口岁增，京辅及三河，地少而人众，衣食不给。议者咸欲徙就宽乡。其年冬，帝命诸州考使议之。又令尚书以其事策问四方贡士，竟无长算。帝乃发使四出，

---

① 杨际平基于对"其丁男、中男永业露田，皆遵后齐之制"，即"隋朝均田令，除另加说明者外，皆采用北齐之制"的理解，认为隋初限内的奴婢和丁牛也为应受田口。见氏著《北朝隋唐均田制新探》，第74页。笔者并不同意其说。《隋书》中虽然没有关于奴婢、丁牛租调额的记载，但却记载有奴婢受田的情况，而无丁牛受田的记载。此后，隋炀帝除妇人及部曲、奴婢之课时，也未提及丁牛之课。由此可知丁牛在隋初就已经不再被视为应受田口和课口了。
② 《通典》卷二《食货·田制下》引[北齐]宋孝王《关东风俗传》载，"宋世良天保中献书，请以富家牛地先给贫人，其时朝列，称其合理"。第28页。
③ 《隋书》卷四十《王谊传》，第1169页。
④ 开皇九年（589）平陈之前，隋朝约有700万户，平陈又得50万户，合计约750—760万户。参见冻国栋《中国人口史》第2卷，第128—130页。
⑤ 《隋书》卷二《高祖纪》载开皇十年（590）五月乙未诏："凡是军人，可悉属州县，垦田籍帐，一与民同。军府统领，宜依旧式。罢山东河南及北方缘边之地新置军府。"第35页。

均天下之田。其狭乡，每丁才至二十亩，老小又少焉"。① 可见，当时无论是政府还是社会，都没有解决人地矛盾突出问题的良策。

在这种情况下，北齐宋孝王提到的土地被富家"广占"的现象，"依令，奴婢请田亦与良人相似"，② 也被提上了解决的日程。在北齐对奴婢应受田人数作出限制的基础上，仁寿四年（604），隋炀帝刚一即位，便以"户口益多，府库盈溢"为由，"除妇人及奴婢、部曲之课"，"男子以二十二成丁"。③ 在"未（应）受地者皆不课"的原则下，变妇人及奴婢、部曲为不课口，就意味着上述身份者不再是应受田口。④ 这样，将已婚妇人和奴婢、部曲变为非授田对象，以及将男子成丁年龄再次提高1岁（至22岁），大约可将隋文帝时的受田对象总人数减少一半左右，从而大大减轻了政府所面临的授田压力。

隋炀帝除妇人之课，是中国古代赋税制度史上的标志性事件。从此，若非在承户为户主的特殊情况下，无论未婚还是已婚女性，在法律上正式由课口变为不课口。此后，"丁女"、"丁牛"等词汇逐渐退出了历史的舞台。"丁"即成丁男子，成为隋唐以后中国赋税制度中的基本概念。⑤

综前所述，北魏太和十年赋税制改革后，征税的标准单位仍是一户（一夫一妇）。只是从未婚男丁以及受田的丁奴、丁婢、丁牛，都要计丁纳租调来看，学者们认为新税制包含着由户调向丁调转化的因素。随着北魏后期未婚丁男租调额的提高，在夫妇均等承担租调的前提下，形成了未婚

---

① 《隋书》卷二四《食货志》，第682页。
② 《通典》卷二《食货·田制下》引［北齐］宋孝王《关东风俗传》，第28页。
③ 《隋书》卷二四《食货志》，第686页。
④ 杨际平从人地矛盾激化后，很多奴婢受田率多有名无实的情况下，认为隋炀帝除妇人"除妇人及奴婢部曲之课"，显然有利于拥有奴婢部曲的贵族、官僚和地主。见氏著《魏晋南北朝的租调力役制度》，郑学檬主编《中国赋役制度史》，第186页。这种看法虽然不失为一种观察视角，但并不符合隋炀帝改制的指导思想。隋炀帝时的官制改革，如缩小封爵范围，以才授官，对北周北齐尚武、尚贵戚的任官原则进行了全面清算，针对的正是贵族高官的利益。详见吴宗国《隋唐五代简史》，第40—42页。隋炀帝对均田制的调整，也应包含上述目的。毕竟拥有政治特权的贵族和官僚，想要广占田地，应非难事，所以"奴婢受田率多有名无实"的情况，大概只适用于一般的富户。另外，隋炀帝"奴婢、部曲之课"的政策得以落实，也反映出隋唐之际，社会生产中的奴婢、部曲（即生产奴隶或农奴）数量已经很少，因而为贵族、官僚等提供家庭服务的奴婢、部曲数量凸显，从而形成了所谓"很多奴婢受田率多有名无实"的现象。
⑤ 杨际平《魏晋南北朝的租调力役制度》，郑学檬主编《中国赋役制度史》，第186页。

丁男与已婚丁男赋税额相等的情况。这意味着床调向丁调过渡的完成。不过,由于北朝后期至隋初以"床"为计税单位的做法长期存在,再加上奴婢和丁牛租调额的存在,所以计丁征收租调(丁税)和差发劳役的方法,直到隋炀帝除妇人、奴婢、部曲之课后,才真正实现。

2. 隋炀帝与大业税制改革

在不课者不应受田的原则下,既然隋炀帝已除妇人之课,那么原来以床为单位的租调额和应受田额就应该随之有所调整。应授田额的情况比较简单,将开皇时夫妇应受田额(140亩)中的妇田额(40亩)减去即可。这成为唐代均田令中,丁男给田百亩(或一顷)的渊源。① 租调额的变化比较复杂。由于史料不足征,大业年间的丁税额已经无从知晓。不过,借助唐初的租调额来推测大业税额,可以有助于了解其中的变化。武德元年(618)五月,李渊代隋,建立唐朝。然而直至次年二月才下诏规定:"每丁租二石,绢二丈,绵三两。自兹以外,不得横有调敛。"② 建国足足九个月之后,李渊才下诏调整丁租、丁调的征收。可见,刚刚建国之初,李渊根本来不及对隋朝末年的赋税制度作出调整。那么唐初赋税制度应该完全继承旧朝,也就是沿用大业之制。另外,从武德二年(619)二月诏来看,李渊所强调的重点应该是对隋末以来的横调横敛进行整顿,重申之前的正税额。由此可以推定,武德二年诏中的丁租2石,调绢2丈,绵3两,应该就是隋炀帝除妇人之课后的大业丁税额。其中,就绢绵来说,大业丁调额与开皇年间的床调绢绵额一致,并未变化。只有租粟,由3石减为2石。③

大业年间(605—617),当妇人成为不课口后,与开皇年间床调额相

---

① 《通典》卷二《食货·田制下》,第29页;《唐六典》卷三《尚书户部》,"户部郎中员外郎"条,中华书局,1992年,第74页。
② 《唐会要》卷八三《租税上》,第1813页。
③ 大业三年(607),隋炀帝颁布律令,将度量衡恢复为古制,故《隋书》载"开皇以古斗三升为一升","古称三斤为一斤"(卷十六《律历志上》,第411、412页),大业中,依复古制,"斗称皆小旧(开皇时)二倍"(卷二五《刑法志》,第716页)。但古制并不为百姓所接受,唐朝建立后,正式恢复行用开皇时期的度量衡。见丘光明等《中国科学技术史·度量衡卷》,第300—305页。由于隋炀帝除妇人之课时尚未恢复古制,而武德二年重申丁租旧额时,古制已经被废,所以为求简便,本节所谓的大业丁税额,仅就其实际征收量而言,故仍沿用开皇度量衡制。

比,大业丁税额中绢、绵仍保持不变,而粟减三分之一。可见,隋炀帝在除妇人之课时,并不是根据之前反复强调的北朝单丁半输床调的做法(即以夫妇对等承担床调的原则),将床调减半作为丁税之额。他的考虑应该与陆贽后来所总结的租庸调制"有田则有租,有家则有调,有身则有庸"的精神一致。① 妇人变为不应受田口后,只是改变她与土地之间的关系,② 并未改变其作为征调对象("有室者")构成要件的关系。那么对于一夫一妇而言,既然妇人不再是受田口,那就无需缴纳其所承担的租额;既然男耕女织的家内生产结构不变,所以就无需调整调额。

隋初没有采取北齐和北周(中年)2.5 石粟的租额,而将其定为租粟 3 石,变化的背后应该隐藏有对夫妇应受田额数量关系的考量。此后,在根据开皇年间床税额确定大业丁税额时,将粟额由 3 石减为 2 石,也是出于同样的考量。之所以会形成这样的床税租额,根源于隋初政府在确定租额时,没有延续以往由夫妇双方均等承担床税的原则,而是改为由双方以 2∶1 的比例分担。这样的比例关系,不仅对应了北魏、北齐、北周夫妇应受田额中,夫妇露田额之比(80 亩∶40 亩),更对应西魏时,夫妇应受田额之比(30 亩∶15 亩)及其应受正田、麻田额之比(正田 20 亩∶10 亩,麻田 10 亩∶5 亩)。这样的变化并非出于巧合,而是反映出开皇床税租额的确定,受西魏、北周田制的影响更大。

北魏实施均田制,使政府在确定赋税额时,不再将劳动能力,而是将应受田与否作为首要的考虑因素。这开启了征税方式由按户向按丁的回归。③ 但由于当时应受田额及课口所承担的租调额之间并不成比例,所以只能说北魏太和十年的户调中包含着向丁税过渡的因素。随着北魏后期单丁半输床调原则的确定,首先使得一夫一妇与单丁之间的绢绵征收符合了"有家则有调"的比例关系,但是妇人、奴婢和丁牛作为课口和应受

---

① 《陆贽集》卷二二《均节赋税恤百姓》,中华书局,2006 年,第 719 页。
② 隋代一夫一妇应受田 140 亩,单丁 100 亩,唐代丁男应给田亦 100 亩,由此可见,隋炀帝除妇人之课的同时,将妇人所应受田额 40 亩也一并减去。
③ 不同的是,汉代的丁口包括男女,而隋唐以后的丁,仅指丁男。如果能在经济学理论的框架下讨论这两种丁制的差异,无疑是一个有意思的话题。对于了解这一长时段内社会经济形态的演变,也是很有帮助的。笔者现在显然缺乏这样的学力。

田口的规定,使得其所承担的租额与应受田额之间仍不成比例。① 隋文帝对租额的调整,并没有延续夫妇对等承担床税的做法,反而使得夫妇之间的租额比例与其应受田额比例一致了起来。

这样,北魏均田制实施时所确立的政府以应受田与否作为承担赋税与否的原则得到进一步的落实。但是由于单丁半输床调原则的存在,已婚男子与未婚男子之间租额与应受田额的比例关系尚未一致。随着丁牛和妇人、奴婢、部曲先后被调整出授田群体,每一丁男均应受田100亩,承担租2石,绢2丈,绵3两的固定丁税。这样,作为课口所承担的租调额及其所应受田额完全对等了起来。② 均田制所想达到的劳动者、劳动对象、赋税负担完全一致的目的最终实现。

大业丁税额折粟2.8石,与开皇床调额折粟3.8石相比,减少了26.3%,但与开皇单丁税额1.9石相比,增加了47.4%。由于未婚丁男与已婚丁男按同一税额交纳租调,因而相对增加了前者的税负。这就意味着,北魏均田制改革以来,租调征收中存在的百姓通过保持"未婚"来避税的制度漏洞被完全消除。可以说,大业税制改革从制度设计上杜绝了之前"籍多无妻"等不合情理现象出现的可能。

在租调力役之外,隋朝还根据户等征收户税和地税。户税是为了增加官员待遇而新设之税。开皇八年(588),高颎奏"诸州无课调处,及课州管户数少者,官人禄力,乘前已来,恒出随近之州。但判官本为牧人,役力理出所部。请于所管户内,计户征税。帝(隋文帝)从之"。③ 所谓官人

---

① 北魏实施均田制后,以露田(不分正、倍)计,单丁、丁牛应受田额分别是一夫一妇应受田额的三分之二、二分之一,而其租调额分别仅为床调的四分之一、二十分之一。在北朝后期实行单丁半输床调后,单丁、丁牛受田额未变,租调额提高为床调的二分之一、十分之一。至于奴婢受田依良,而其租调额一直为单丁的二分之一。所以直到隋朝除丁牛及妇人、奴婢、部曲之课前,课口的赋税负担与其应受田额之间的比例,始终未能统一。参见李锦绣《唐代财政史稿》上卷第2册,第460—462页。
② 岑仲勉据隋代一夫一妇受露田(口分田)120亩,租粟3石,唐代一丁受口分田80亩,租粟2石,来证明租率建立在均田制之上,又据隋唐丁男皆受桑田(永业田)20亩,来证明调额也是建立在均田制之上。见氏著《租庸调与均田有无关系》,《历史研究》1955年第5期,第65—78页,亦见氏著《隋唐史》,第342页。李锦绣则根据唐代百姓在狭乡所应受口分田额为宽乡口分之半,租调亦减半征收来证明租庸调制与均田制的关系,见氏著《唐代财政史稿》上卷第2册,第454—457页。
③ 《隋书》卷二四《食货志》,第685页。

禄力,包含官俸及见役给使手力,①是官员经济待遇的重要组成部分。由于小州小县所管户数少,课丁不足,故而役力"恒出随近之州"。高颎以"判官本为牧人,役力理出所部"为由,认为这些地方不应向邻近州征发见役,于是提出了向管内课户计户征税以代手力的建议。户税由此产生。不过,具体税额不详,大概与下文所述地税一样,按户等出定额税。

开皇五年(585),度支尚书长孙平"奏令诸州百姓及军人,劝课当社,共立义仓。收获之日,随其所得,劝课出粟及麦,于当社造仓窖贮之。即委社司,执帐检校,每年收积,勿使损败。若时或不熟,当社有饥谨者,即以此谷赈给"。此时的社仓(义仓)还属于民间的自我救助组织,由百姓或府兵自行组成社司,进行管理。直到十年之后,社仓储粮被纳入官仓管理,才正式根据户等向百姓征收地税。开皇十五年至十六年(595—596),隋文帝以"本置义仓,止防水旱,百姓之徒,不思久计,轻尔费损,于后乏绝"为由,先将西北边境诸州社仓杂种收纳州县官仓,后又规定:"社仓,准上中下三等税,上户不过一石,中户不过七斗,下户不过四斗"。②由于社仓在常平监的管辖之下,所以隋代的社仓便具有了常平仓的性质。③从税种性质来看,隋朝征收的地税,应该与北齐征收义租和建立富人仓有关(见本章第二节1所引《河清令》),故而又被称为义税。④

---

① 《南齐书》卷三《武帝纪》载永明七年(489)正月戊辰诏:"诸大夫年秩隆重,禄力殊薄,岂所谓下车惟旧,趋桥敬老。可增俸,详给见役。"第56页。依唐制,可供官员合法役使的人员包括白直、执衣和手力,"凡州县官僚皆有白直,二品四十人,三品三十二人,四品二十四人,五品十六人,六品十人,七品七人(七品佐官六人),八品五人,九品四人。凡州县官及在外监官皆有执衣以为驱使,二品十八人,三品十五人,四品十二人,五品九人,六品、七品各六人,八品、九品各三人(执衣并以中男充)。……凡州、县有公廨白直及杂职,两番上下;执衣,三番上下。边州无白直、执衣者,取比中充"。此外,"内外百官家口应合递送者,皆给人力、车牛",标准为"一品手力三十人,车七乘,马十匹,驴十五头;二品手力二十四人,车五乘,马六匹,驴十头;三品手力二十人,车四乘,马四匹,驴六头;四品、五品手力十二人,车二乘,马三匹,驴四头;六品、七品手力八人,车一乘,马二匹,驴三头;八品、九品手力五人,车一乘,马一匹,驴二头。若别敕给递者,三分加一。家口少者,不要满此数。无车牛处,以马、驴代"。《唐六典》卷三《尚书户部》,"户部郎中员外郎"条,第78—79页。
② 《隋书》卷二四《食货志》,第684—685页,卷四六《长孙平传》,第1254页。
③ 李锦绣《唐代财政史稿》上卷第2分册,第502—503页。
④ 《魏书》卷六二《李彪传》载太和十二年(488),李彪建议:"宜析州郡常调九分之二,京都度支岁用之余,各立官司,年丰籴积于仓,时俭则加私之二,粜之于人。如此,　　(转下页)

四 唐代租庸调与户税、地税

隋文帝开皇九年（589），天下重归一统，社会渐趋稳定。同时，在政府减轻徭役和整顿户籍（"大索貌阅"、"输籍定样"）的双重作用下，隋朝户口很快从刚刚平陈时的 750—760 万户，增长至开皇末年的 870 万户，十年间著籍户数增长 110 万以上。至大业五年（609），隋朝著籍户口达到最高峰值，约 907 万户，4600 余万口。① 但在之后很快到来的隋末战乱中，著籍户口迅速减少至唐高祖武德年间的 200 余万，② 减幅高达 77.9%，大体相当于东魏武定年间（543—550）的著籍户数（参见表 2-2）。即便经过了贞观之治前期这样的"治世"，③ 全国户口也才恢复到贞观十三年（639）的约 304 万户，1235 万口（见表 3-2）。此时的户数，仅为北魏全盛时期的约 60%，口数仅为西晋太康元年的 76.4%（参见表 2-2）。由此可见隋唐之际，战乱所造成的人口损耗之严重。④

（接上页）　民必力田以买官绢，又务贮财以取官粟。年登则常积，岁凶则直给。"建议被付诸施行，第 1385—1386 页。又，"加私之二"，同书卷一一〇《食货志》作"加私之一"，第 2856 页。北周也有类似的制度。《隋书》卷二四《食货志》载北周"司仓掌辨九谷之物，以量国用。国用足，即蓄其余，以待凶荒；不足则止。余用足，则以粟贷人。春颁之，秋敛之"。第 679—680 页。可见，北魏和北周政府虽然有备荒赈灾的考虑，但只是将正税的剩余部分用于储藏，并未在财政收支中将其单列为专项税目。北齐则有专门的义租和富人仓，属于专项税目。参见杨际平《隋与唐前期的租庸调制与其他赋役制度》，郑学檬主编《中国赋役制度史》，第 206—207 页。

① 冻国栋《中国人口史》第 2 卷，第 130—131 页。
② 此为武德中户口数，见表 3-2。唐虽至武德四年（621）平定王世充、窦建德，控制河南、河北，但直到武德六年（623）平定刘黑闼、徐圆朗、高开道，七年（624）平定辅公祏等叛乱后，才算真正控制关东和江南地区。因而此户数大概反映的是武德末年（625—626）的户数。
③ 贞观十三年，"魏徵恐太宗不能克终俭约，近岁颇好奢纵"，上《十渐不克终疏》，认为唐太宗在"贞观之初，无为无欲，清静之化，远被遐荒。考之于今，其风渐坠，听言则远超于上圣，论事则未逾于中主"，"贞观之初，损己以利物，至于今日，纵欲以劳人，卑俭之迹яв改，骄侈之情日异。虽忧人之言不绝于口，而乐身之事实切于心"。见[唐]吴兢《贞观政要》卷十《慎终》，上海古籍出版社，1978 年，第 295—297 页。
④ 杜佑曰："自周武帝建德六年（577）平齐，至隋文帝开皇九年（589）灭陈，凡十四年，然后车书混一，甲兵方息。至大业二年（606），凡十八年，有户八百九十万。我国家自武德初至天宝末，凡百三十八年，可以比崇汉室，而人户才比于隋氏，盖有司不以经国驭远为意，法令不行，所在隐漏之甚也。"《通典》卷七《食货·历代盛衰户口》，第 153 页。杜佑认为唐朝盛时人口仅能与隋朝相当，远低于汉朝（参见表 2-2），其增速低于隋朝的原因在于官员不作为，使得户口隐匿、逃亡现象严重。这个评价有失公允，因为他没有考虑户口增长起始水平的影响。周武帝平齐时，仅平齐户即 330 万户，若加上北周境内户口约 130 万户及陈朝约 50—60 万户，南北户口达 500 万以上，是唐初户数的 2.5 倍。唐前期著籍户数　　（转下页）

表 3-2 唐前期著籍户口表①

年代	户数	户数增速	口数	口数增速	备注
武德中（625—626）	2000000	——	——		《通典·历代盛衰户口》
贞观十三年（639）	3041871	32.78‰	12351681	——	《旧唐书·地理志》诸州旧领户口合计
永徽三年（652）	3850000	18.29‰			《唐会要·户口数杂录》
神龙元年（705）	6156141	8.90‰	37140000	16.82‰	《唐会要·户口数》、《资治通鉴》卷二〇八
开元十四年（726）	7069565	6.61‰	41419612	5.21‰	《旧唐书·玄宗纪》
开元二十年（732）	7861236	17.85‰	45431265	15.53‰	同上
开元二十二年（734）	8018710	9.97‰	48285106	30.93‰	《唐六典·尚书户部》
开元二十八年（740）	8412871	8.03‰	48143609	-0.49‰	两《唐书·地理志》
天宝元年（742）	8525763	6.69‰	48909800	7.93‰	《旧唐书·玄宗纪》
天宝十一载（752）	8973634	5.13‰	59975543	20.61‰	《新唐书·地理志》诸州户口合计
天宝十三载（754）	9187548	11.85‰	52881280	-61.00‰	《旧唐书·玄宗纪》课、不课户口合计
天宝十四载（755）	8914790	-29.69‰	52919309	0.72‰	《通典·历代盛衰户口》

（接上页）年均增长率约 10‰，其中，贞观至神龙年间高达 20‰。取其中数 15‰计，著籍户数增长 2.5 倍，大约需要 62 年。在同水平线上，从 500 万户增长至 890 万户，唐朝用了约 72 年（自武德元年至天宝十一载，凡 134 年，减去唐初户口增长至 500 万所需的 62 年，即得），年均增长率为 8.04‰，隋朝（含北周、陈朝）用了 32 年（577—609），年均增长率 18.18‰，唐代人口增长速度确实低于隋代。不过，若从 700 万户增长至 890 万户所用时间来看，唐朝用了 26 年（726—752），隋朝用了 20 年（589—609），两者差距并不大。由此可知，隋唐人口增长速度的差距，主要体现在 500 万增长至 700 万户阶段，前者用了 12 年（577—589），年均增长率 28.44‰，后者用了 46 年（680—726），年均增长率 7.34‰。而这 46 年（高宗永隆元年至玄宗开元十四年），恰恰涵盖了唐前期土地兼并和逃户现象最严重的时期（武则天长安三年括户与玄宗开元九年至十二年宇文融括户，是其证明）。当然，由于高宗至武则天时期的户口不详，所以并不能排除高宗时对外战争对人口增长的影响。北朝末至唐前期人口增长的有关数据，参见冻国栋《中国人口史》第 2 卷，第 125—130、138—139 页。不过，冻氏认为唐代著籍户数，在武德至永徽年间，基本处于停滞、徘徊和逐渐回升阶段。直到武后末年以降，户口数才开始呈现持续上升阶段。这个看法与笔者正好相反，且与数据不符。据表 3—2 数据计算，武德末至贞观十三年户数年均增长率为 32.78‰（按 13 年计算），贞观十三年至永徽三年户口的年均增长率为 18.29‰。毫无疑问，这两个时期的户数增长率是唐前期的最高水平。

① 数据来源参见冻国栋《中国人口史》第 2 卷，表 2—2，第 96—98 页。户（口）数增速指的是当年户（口）数与上一统计年份户（口）数相比的年均增长率。

在这种局面下,迅速增加著籍户口,又成为唐初政府工作的重心之一。① 既然经过隋炀帝调整之后的赋役制度,通过相对减轻已婚丁男而增加单丁赋税负担的方法,具备了提高整体结婚率的功能,所以沿用和重申大业旧制,便成为李渊的必然选择。② 即便在将大业律令废弃之后,③ 丁税的实际征收量仍然与大业丁税保持一致。这样的丁税额,成为唐前期租庸调制的定制。武德七年(624),在全国局势基本稳定之后,唐政府"始定均田赋税",将税额确定为"每丁岁入粟二石。调则随乡土所产,绫、绢、絁各二丈,布加五分之一。输绫、绢、絁者,兼调绵三两。输布者,麻三觔(斤)"。④ 此后,直至玄宗开元二十五年(737)定令时,仍强调:"诸课户一丁租调,准武德二年之制。其调绢絁布,并随乡土所出。绢、絁各二丈,布则二丈五尺。输绢絁者绵三两,输布者麻三斤"。⑤ 可见,除了丁调正色种类略有变化之外,⑥ 唐前期丁税额一直沿用大业之制。

在继承隋制的同时,唐前期赋役制度也有了新变化,主要体现在两个方面:(一)现役渐趋减少。现役的减少,并非现役的停废,而是政府允许百姓以折纳实物或货币的方式代役,主要包括正役折庸化和色役资课化

---

① 唐代均田制、租庸调制在增加垦荒、提高农民生产积极性和缓和土地兼并方面,也都发挥着不小的作用。既有研究也多围绕上述方面展开论述。参见胡戟等编《二十世纪唐研究·经济卷》第3章《赋役》(陈明光执笔),第368页。不过,上述看法难免带有局限性。不足之处主要在于未能将唐代租庸调制置于制度史的脉络中考察。如前所述,如果政府想要更快地增加垦田数,无疑,像北魏推行均田制时,将妇人、奴婢和丁牛一并列为应受田口和课口的做法,才是首选方式。之所以唐初在面临人口锐减的情况下,并未对北魏均田令采取拿来主义,是因为北朝至隋代的实践证明,均田制度在面临较大人口规模时,上述做法会使政府面临较大的授田压力。因而,唐初继承隋代大业之制,实际上是继承了北朝以来的均田实践经验,考虑到了制度所应具有的弹性,为未来发展预留了空间。
② 此外,唐政府也会用行政手段来提高结婚率。如贞观元年(627)二月,诏:"宜令有司,所在劝勉。其庶人男女无室家者,并仰州县官人,以礼聘娶。皆任其同类相求,不得抑取。男年二十,女年十五已上,及妻丧达制之后,孀居服纪已除,并须申以婚媾,令其好合。若贫窭之徒,将迎匮乏,仰于亲近乡里,富有之家,裒多益寡,使得资送。其鳏夫年六十,寡妇年五十已上,及妇虽少,而有男女,及守志贞洁,并任其情,无劳抑以嫁娶。刺史、县令以下官人,若能婚姻及时,鳏寡数少,量准户口增多,以进考第。如导劝乖方,失于配偶,准户减少附殿。"《唐会要》卷八三《嫁娶》,第1809页。
③ 武德元年五月甲子(5月20日),李渊受禅,即皇帝位。壬申(28日),命裴寂等修律令。六月甲戌(6月1日),废隋大业律令,颁新格。《旧唐书》卷一《高祖纪》,中华书局,1975年,第6—7页。朔望干支推算据陈垣《二十史朔闰表》,古籍出版社,1956年,第83页。
④ 《唐会要》卷八三《租税上》,第1813页。
⑤ 《通典》卷六《食货·赋税下》,第107页。
⑥ 李锦绣《唐代财政史稿》上卷第2分册,第424页。

两项。① (二)税目增加。在租、调之外,地税、户税日益成为重要的税目。以下分述之。

1. 唐代力役的变化与租庸调制的形成

正役折庸,目前最早的记载见于隋朝。开皇三年,隋文帝在将十二番役减为 20 日正役时,还规定:"不役者收庸。"② 可见,随着社会的稳定和人口的增加,政府对役功的实际需求量常少于课丁的应役功额。在这种情况下,为了保证赋役制度的稳定,政府便允许少数当年未被征役的课丁以实物折抵正役。到了开皇十年(590)五月,以庸代役又进一步地制度化。在将府兵及其家人"悉属州县,垦田籍帐,一与民同"的同时,隋文帝"以宇内无事"为由,允许"百姓年五十者,输庸停防"。一个月之后,又将输庸的范围,由兵役扩大至劳役,规定:"人年五十,免役收庸。"③

武德七年,李渊在颁布新朝律令时,在正役上继承了隋代不役输庸的规定:"凡丁,岁役二旬。若不役,则收其佣(庸),每日(折绢)三尺。"④ 至于有关免役输庸的对象,亦见唐《赋役令》:"诸文武职事六品以下九品以上、勋官三品以下五品以上父子,若除名未叙人及庶人年五十以上,若宗姓,并免役输庸(愿役身者听之)。其应输庸者,亦不在杂徭及点防之限。其皇宗七庙子孙,虽荫尽,亦免入军。"⑤ 说明此时不(免)役输庸仍然是作

---

① 唐代力役,继承自隋,按其性质可分为兵役和劳役。劳役按照劳动强度,可分为正役与杂徭两大类。正役即丁役,课丁每人每年役功 20 日(闰年加 2 日)。广义的杂徭,可以包括正役以外的各种劳役。狭义的杂徭即充夫和杂使,中男每人每年夫役 10 日。正役、杂徭不相兼,课丁充夫,每 2 日折抵正役 1 日。正役、杂徭之外的加役,可折抵租调。在征发的劳役中,大部分用于政府兴建的土木工程和官物运输。服役者与服役场所没有固定关系。但还有一部分服役者会比较固定地供特定官吏或特定官府役使,这些役在唐代通常被称为色役。色役的承担者不仅有普通百姓,还包括官奴婢、杂户等"贱民",以及有职任官资之人,或其户内男丁。色役并非独立于正役、杂徭之外的另一种徭役,而只是正役和杂徭的另一种形式。所以服色役者,照例不再服正役、杂徭。参见唐长孺《唐代色役管见》,《山居存稿》,中华书局,1989 年,第 166—194 页;杨际平《隋与唐前期的租庸调制与其他赋役制度》,郑学檬主编《中国赋役制度史》,第 220—226 页。
② 《北史》卷十一《隋本纪上》,中华书局,1974 年,第 408 页。
③ 《隋书》卷二四《食货志》,第 682 页,卷二《高祖纪下》,开皇十年六月辛酉,第 35 页。
④ 《唐会要》卷八三《租税上》,第 1813 页。参见前引[唐]长孙无忌等撰《唐律疏议》卷四《名例律》,"平赃及平功庸"条。
⑤ 《天圣令·赋役令》附唐 16 条,见天一阁博物馆、中国社会科学院历史研究所天圣令整理课题组校证《天一阁藏明钞本天圣令校证·校录本》,中华书局,2006 年,第 272—273 页。此外,封户所承担丁役,亦折庸而纳,见同书所附唐 7 条:"诸应食实封者,皆以　　(转下页)

为一种临时措施或优待政策,被编入唐令之中。不过,在实际执行中,输庸的范围在唐前期逐渐扩大,所纳庸物数量也不断增加。于是,同为绢布等丝麻织品的庸调物,便常常被视作一类财政收入,同支同用。在唐高宗仪凤四年(679)的政府支度国用计划中,就一再提到"依常式支配仪凤四年诸州庸调及折造杂彩色数"(A5—6行)的预算,如:

> 诸州庸调,折纳米粟者,若当州应须官物给用,约准一年须数,先以庸物支留,然后折□米粟。(H' 9-11行)
> 每年伊州贮物叁万段,瓜州贮物壹万段。剑南诸州庸调送至凉府日,请委府司,各准数差官典部领,并给传递往瓜、伊二州。……其伊、瓜等州准数受纳,破用见在,年终申金部、度支。(A' 8-14行)①

至迟到开元年间(713—741),正役已全部折庸化。② 由于庸调物的性质相似,在当时广泛折变思想影响下,原来作为两个税目的庸、调被合一征

(接上页) 课户充,准户数,州县与国官、邑官执帐共收。其租调均为三分,一分入官,二分入国(公主所食邑,即全给)。入官者,与租调同送;入国、邑者,各准配租调远近,州县官司收其脚直,然后付国、邑官司。其丁亦准此,入国、邑者收其庸。"第269—270页。

① 大津透《唐律令制国家的预算——仪凤三年度支奏抄、金部旨符试释》,《史学杂志》第95编第12号,1986年;中译文见《日本中青年学者论中国史·六朝隋唐卷》,宋金文、马雷译,上海古籍出版社,1995年,第446、433、441页。

② 李锦绣《唐代财政史稿》上卷第2分册,第419—424页。正役折庸化的出现及其完成,与生产技术提高导致生产单位数量丝麻织品的社会必要劳动时间减少有关。以前引赋税折变率为例,西晋时绢1匹=绵3斤=布1匹(晋制),唐代绢4尺=绵1两=布5尺(唐制)。以唐度量衡制折算,西晋时绢1两=绢2.08尺(唐制)。由于晋绢与唐绢幅阔相当(晋绢幅2.2尺,合唐制1.83尺,与唐绢阔1.8尺相当),所以上述等式可转化为:绵1两=2.08尺晋绢=4尺唐绢。这一等式可反映绢的价值或社会必要劳动时间的变化。据此可知,在其他条件不变的情况下,唐代生产1尺绢的社会必要劳动时间,比西晋时减少了大约一半。若考虑到绵的生产效率也在提高,那么晋唐间生产1尺绢所包含的社会必要劳动时间减少的会更多。由于唐承隋制,所以上述赋税折变率及度量衡制都应源自隋朝。也就是说,300年间(3世纪至6世纪),中国生产绢的劳动必要时间减少约50%,即生产效率提高了约1倍。同时绢布折变率由1:1(晋绢1尺=布1尺)变为1:1.25(唐绢1尺=布1.25尺),可知布的生产效率增速比绢的生产效率增速还要高25%。正是在生产技术提高的前提之上,百姓才更愿意以实物(绢布)代替正役。所以,不(免)役输庸的制度化开始于隋代,并非偶然。晋绢尺度标准,见本书第二章第一节3所引《初学记》;唐绢尺度标准,见《唐会要》卷八三《租税上》,开元八年(720)敕:"顷者,以庸调无凭,好恶须准,故遣作样,以颁诸州,……阔一尺八寸,长四丈,同文共轨,其事久行,立样之时,亦载此数。"第1815—1816页。

收。以日绢3尺计,每丁正役折绢6丈,与调绢2丈,合计纳绢2匹(8丈,折布2端)。故杜佑在计算天宝中(742—756)政府收入时,便直接以每丁2匹(端)来计算庸调输绢布的总量(详见下文)。① 这样,在唐人的记载中,本朝旧制由"凡赋役之制有四,一曰租,二曰调,三曰役,四曰杂徭"变为"国朝著令,赋役之法有三,一曰租,二曰调,三曰庸"。② 至此形成人们所熟知的租庸调制。

正役的消失,是通过以庸代役实现的。而减省色役的主要途径是征纳资课。③ 资、课在开元之前是两个不同的税目,征税对象和支用途径都

---

① 也正因如此,在某些文献中,甚至还出现了将唐令中一丁调绢2丈的法定额讹为2匹(疋)的记载。如《册府元龟》卷四八七《邦计部·赋税》:"唐高祖武德二年制,每一丁租二石,绢二疋,绵三两。自兹以外,不得横有调敛。"第5828页;《新唐书》卷五一《食货志一》:"凡授田者,丁岁输粟二斛,稻三斛,谓之租。丁随乡所出,岁输绢二匹,绫、絁二丈,布加五之一,绵三两,麻三斤,非蚕乡则输银十四两,谓之调。"第1342—1343页。关于"疋"、"丈"二字形近致误,参见邢铁《唐代庸制刍论》,《思想战线》1986年第3期,第87—94页。
② 《唐会要》卷八三《租税上》,第1813页;《陆贽集》卷二二《均节赋税恤百姓》,第716页。
③ 以资课钱代役的普遍,与正役折庸化一样,是中古中国社会生产率提高的结果。李锦绣从资课纳钱、折庸纳实物的角度出发,认为庸是对魏晋南北朝以来自然经济以实物为价值尺度的旧的货币本位的承续和总结,而资课是唐代以来新出现的以金属铸币为货币本位下的制度。资课比庸更为先进,体现了封建国家人身依附关系的减轻,见氏著《唐代财政史稿》上卷第2分册,第538—539、568页。这种看法有其合理性,但并不全面。资课以钱代役,类似于北齐《河清令》的规定:"租入台者,五百里内输粟,五百里外输米。入州镇者,输粟。人欲输钱者,准上绢收钱。"(见本章第二节1所引)北齐政府采用较高的折纳比率(准上绢估)允许百姓纳钱代粟,人为增加百姓的纳钱成本,从而促使百姓纳粟于政府,而非进入市场交易。这样既可以保证政府粮食供应,又可以降低市场波动对政府财政以及百姓生产的影响。唐前期亦有类似规定:"(前缺)□□等杂用,百姓有情愿依上估纳钱者,宜听,州宜准敕。"(G'1—3行)录文见大津透《唐律令制国家的预算——仪凤三年度支奏抄、金部旨符试释》,《日本中青年学者论中国史·六朝隋唐卷》,第440页。官府杂用,或许与户(杂)税和资课纳钱相关。资课以钱代役,最初也是通过增加百姓纳钱成本的手段,来保证政府的劳役供应。因为只有少数技术水平及生产效率高于社会平均水平的民户才倾向于纳钱代役。而随着色役资课化的普遍,当开元年间,资课成为面向所有色役承担者的税收时,"约钱定数"这样以见钱纳资课方式就开始不适应当时社会经济的发展水平了,需要被调整,所以玄宗下敕允许百姓以实物折纳资课,见《册府元龟》卷四八七《邦计部·赋税》开元二十三年(735)六月敕:"天下百姓,正丁课轻,徭役所入,惟纳租庸,人以安之,国用尝(常)足。此(比)缘户口殷众,色役繁多,每岁分番,计劳入任,因纳资课,取便公私。兼租脚税户,权宜轻率,约钱定数,不得不然。如闻州县官僚不能处置,凡如此色,邀纳见钱,或非时徵纳,钱(贱)卖布帛。既轻刻织,争务货泉。农商之间,颇亦为弊。朕每思敦本,将以便人,期于省约,使致通济。自今已后,凡是资课、税户、租脚、营窖、折里等应纳官者,并不须令出见钱,抑遣征备,任以当土。所司均融支料,尝(常)令折衷。十道使明加简察,勿使乖宜。"第5829页。由此可见,资课等纳实物还是纳现钱,取决于社会经济形势和政府财政的需要,不存在纳钱比纳实物一定先进的问题,不能简单套用货币地租比实物地租先进的公式。

有所区别。① 纳资者身份复杂,既有品官、贱民,也有特种职业人。② 按规定他们应"每岁分番,计劳入任"(见前引《册府元龟·赋税》开元二十三年六月敕),在积累一定的劳任资历后,可获得相应的待遇。③ 若遇到特殊情况,无法亲身赴役时,④ 可以纳钱代役,同样能计劳成资。所纳资钱主要用于酬雇当色人供事,或补充官用所需。⑤ 课钱则是丁男、中男等本应承担租调、力役的课口,通过承担色役而获得免课役的身份后,再纳钱以代色役。⑥ 这是由魏晋南北朝以来官员的禄力供给制度发展而来的,⑦ 所纳课钱主要用于增加官员待遇。⑧

纳资、纳课的普遍化,在唐前期也是逐步发展起来的。唐初律令中有关要求应纳资、纳课等诸色人必须亲身服役的规定,⑨ 逐渐被突破和改变。

---

① 有关资课的研究综述,参见胡戟等主编《二十世纪唐研究·经济卷》第3章《赋役》(陈明光执笔),第371—372页。松勇雅生《两税法前的唐代资课》(《东方学》第14辑,1957年)对资课的区分,是基于纳资、纳课人身份的不同。李春润《唐开元以前的纳资纳课初探》(《中国史研究》1983年第3期,第101—111页)、《略论唐代的资课》(《中华文史论丛》1983年第2期,第55—76页)是从纳课者是课口(无官资),纳资者有官资的角度来区分资课的不同。李锦绣认为李春润将资对应于官资,而将官杂户、工匠、散乐等贱民和特种职业人的纳资一概视为开元后之制的看法并不符合史实。因而她将纳资解释为纳钱,并从资课使用上的不同来区分两者的不同,认为资是代役钱,而课是充官俸的代役钱。详见氏著《唐代财政史稿》上卷第2分册,第533—542页。
② 具体包括勋散官、三卫、工匠、渔师、官户、杂户、散乐、音声人等。
③ 按照唐代的选举制度,官员可以计考成资。但对于无职事官任的勋散官,就必须通过番上来计资成考(两考一资),增资参选。若无意参选,则不必当番。对于色役人来说,同样也有计番成考、计考成资的需要。参见李锦绣《唐代财政史稿》上卷第2分册,第537页。
④ 需要纳资的情况,既包括由于个人原因造成的无法赴役,也包括因政府需求量减少造成的征役人数减少。前者如《新唐书》卷四八《百官志三》,"太乐署"条,"有故及不任供奉,则输资钱以充伎衣乐器之用"。第1243页。后者如同书卷四六《百官志一》,"工部郎中员外郎"条,"内中尚巧匠,无作则纳资"(第1201页),以及《唐六典》卷七《尚书工部》,"工部郎中员外郎"条,少府、将作监诸匠,"其驱役不尽及别有和雇者,征资市轻货,纳于少府、将作监"。第222页。关于纳资更详细的分类,参见李锦绣《唐代财政史稿》上卷第2分册,第543—544页。
⑤ 见前引《新唐书·百官志》"太乐署"条;《唐六典》卷二三《将作监》,"将作监丞"条,"凡诸州匠人长上者,则州率其资纳之,随以酬顾(雇)",第595页。
⑥ 纳课者主要包括白直、执衣、防阁、庶仆、亲事、帐内等身份。
⑦ 陈明光《唐代财政史新编》,中国财政经济出版社,1991年,第17页。
⑧ 《通典》卷三五《职官·禄秩》:"贞观十二年,罢公廨,置胥士七千人,取诸州上户为之。准防阁例而收其课,三岁一更,计员少多而分给焉","诸州县之官,流外九品以上皆给白直,……分为三番,每周而代(不愿代者听之)。初以民丁中男充,为之役使者不得踰境;后皆代其身而收其课,课入所配之官,遂为恒制。"第963、965页。
⑨ 《唐律疏议》卷十一《职制律》,"役使所监临"条:"即役使非供己者(原注:非供己,谓流外官及杂任应供官事者),计庸坐赃论,罪止杖一百。其应供己驱使而收庸直者,罪亦如之(供己求输庸直者,不坐)。"[疏]议曰:"其应供己驱使者,谓执衣、白直之 (转下页)

到开元年间,纳资课代役已成为普遍现象,且规模越来越大,成为国家一项重要的税收来源,所以史籍中多次见到此时期的诏令将资课与正丁负担的租庸调相提并论。如开元六年(718)五月四日敕规定:

> 诸州每年应输庸调、资课、租,及诸色钱物等,令尚书省本司豫印纸送部,每年通为一处,每州作一簿,预皆量留空纸,有色数,并于脚下具书纲典姓名。郎官印(置)〔署〕。如替代,其簿递相分付。①

可见,资、课也开始被视为同一类政府收入,列入国家预算计划统一支用。不过,由于承担色役便可免课役,所以色役资课化在减少现役的同时,并没有带来政府财政收入的增加,反而增加了舞弊的环节。为此,玄宗君臣还试图通过减少色役人额和以户税代替部分资课来减少资课的征收。②

2. 唐前期的户税与地税

用户税来代替资课,与两者在唐前期都用于支付官员俸料有关。如本章第三节2所述,隋朝时已开始征收户税,以增加官员待遇。但在当时,"计户征税"还不是全国通制,只是针对"诸州无课调处,及课州管户数少

(接上页) 类,止合供身使,据法不合收庸,而收庸直,亦坐赃论,罪止杖一百,故云'亦如之'。注云:'供已求输庸直',谓有公案者,不坐。别格听收庸直者,不拘此例。"第225页。敦煌文书S.1344号开元《户部格》残卷载万岁通天元年(696)五月六日敕文:"官人执衣、白直,若不纳课,须役正身,采取及造物者,计所纳物,不得多于本课,亦不得追家人、车牛、马驴、杂畜等折功役使,及雇人代役。"(第57—59行)录文见刘俊文《敦煌吐鲁番唐代法制文书考释》,中华书局,1989年,第280页。《唐会要》卷六五《卫尉寺》载天宝八载(749)十一月敕:"爰及幕士,私将驱使。并广配充厅子、马子,并放取资。近(今)〔令〕推问,事皆非缪。今后……使幕士与人张设,及自驱使,擅取放资,计受赃数,以枉法论。"第1346页。

① 《唐会要》卷五八《户部尚书》,第1186页。
② 《唐六典》卷三《尚书户部》,"度支郎中员外郎"条,"开元二十二年(734)敕,诸司繁冗,及年支色役,费用既广,奸伪日滋。宜令中书门下与诸司长官量事停减冗官及色役、年支杂物等,总六十五万八千一百九十八",第80页,"户部郎中员外郎"条,"开元二十三年(735),敕以为天下无事,百姓徭役务从减省,遂减诸司色役一十二万二百九十四",第76页。《唐会要》卷九一《内外官料钱上》载天宝五载(746)三月敕:"郡县官人及公廨白直,天下约计一载破十万丁已上。一丁每月输钱二百八文,每至月初,当处征纳。送县来往,数日功程,在于百姓,尤是重役。其郡县白直,计数多少,请用料钱,加税充用。其应差丁充白直,望请并停。一免百姓艰辛,二省国家丁壮。"第1964页。

者"的变通做法。而唐初户税,在武德六年(623)初定户等时,便是面向所有州县按户征收钱物,以供军国邮驿之用。因为户税的征收,并无统一标准,多由州县政府根据本地所需,折纳它物,①故在当时被视为杂税。

　　唐代以户税支付官员俸料的财政制度,是逐步形成的。唐前期官员待遇主要包括官禄米、职田收入、俸料钱物等三项。②在俸料钱物方面,唐初京官待遇包括俸(以庸调物支给)、月料(以公廨本钱生息充)和防阁庶仆课(色役)三项。政府需要从不同渠道来筹措经费,以增加官吏收入,这与隋唐之际著籍户口锐减所造成的财政收入减少有关。如《唐会要》载:"武德已后,国家仓库犹虚,应京官料钱,并给公廨本,令当司令史、番官回易给利,计官员多少分给。"③但由于以公廨本钱生息取利,易产生政府与民争利的冲突,同时加剧了选官制度中选人与官阙之间的矛盾,所以从武德至永徽年间,京官俸料钱物的来源在不断地调整变化。

　　贞观十二年(638),唐太宗罢公廨本钱,以胥士课代充月料(见前文引《通典》)。但由于胥士课钱不足以应付月料支出,④所以到了贞观十五年(641),不得已又复置公廨钱。但此举因遭到褚遂良的反对,唐太宗只得作罢。为了补足差额,政府只好"又令文武职事三品以上,给亲事、帐内。以六品七品子为亲事,以八品九品子为帐内,岁纳钱千五百,谓之品子课钱"。⑤不过,亲事、帐内等品子课钱供应的是三品以上的高级官员,对于

---

① 如前引《册府元龟·赋税》开元二十三年六月敕,征收户税,按规定是"权宜轻率,约钱定数",但在实际征收时,却常折纳他物,如大谷文书2842号《唐仪凤二年(677)北馆厨料案》称:"柳中县申供课柴,往例取户税柴,今为百姓给复,更无户税,便取门夫采斫用供,得省官物。"(第13—17行)《大谷文书集成》第1册,法藏馆,1984年,第112页。
② 此外,官员待遇还包括官吏厨食、会赐、章服、仪仗等项,详见李锦绣《唐代财政史稿》上卷第3分册,第850—886页。
③ 《唐会要》卷九一《内外官料钱上》,第1959页;卷九三《诸司诸色本钱上》亦载:"武德元年十二月,置公廨本钱,以诸州令史主之,号捉钱令史。每司九人,补于吏部。所主才五万钱以下,市肆贩易,月纳息钱四千文,岁满授官。贞观元年,京师及州县,皆有公廨田,以供公私之费。其后(贞观十五年)以用度不足,京官有俸赐而已,诸司置公廨本钱,以番官贸易取息,计员多少为月料。"第1985页。
④ 根据李锦绣的估算,七千胥士课钱约17500贯,而之前京师诸司公廨钱年利为30240贯,差额为12740贯。见氏著《唐代财政史稿》上卷第3分册,第832页。
⑤ 见《唐会要》卷九三《诸司诸色本钱上》,其后又载"凡捉钱品子,无违负者,满二百日,本属以簿附朝集使,上于考功、兵部。满十岁,量文武授官"。第1985—1986页。

中下级官员而言,所减待遇仍未得到补充。直到贞观二十一年(647),"复依故制置公廨,给钱为之本,置令史、府史、胥士等职,贾易收息,以充官俸"。① 这样,俸、料在来源上逐渐合一,以公廨息钱支付。

在京诸司的公廨本钱最终于永徽元年(650)被废,以每年逐食东都而节省下来的租脚运费拨充京官俸料。到了仪凤三年(678),政府拟以增加户税来代替租脚充京官俸料。《唐会要》载:

> 仪凤三年八月二日诏:"……如文武内外官应给俸料课钱,及公廨料度、封户租调等,远近不均,贵贱有异,输纳简选,事甚艰难。运送脚钱,损费实广。公廨出举回易,典吏因此侵渔。抚字之方,岂合如此?宜令王公已下,百姓已上,率口出钱,以充防阁、庶仆、胥士、白直、折冲府仗身,并封户内官人俸食等料。既依户次,贫富有殊,载详职务,繁简不类。率钱给用,须有等差,宜具条例,并各逐便。"②

不过增税的方案并未付诸实施,仪凤三年之后的京官俸料,开始由日渐增加的资课钱支付。直到开元二十四年(736),将俸料课杂钱等项合而为一,③ 统一由中央拨付,其来源仍是资课收入。

唐前期州县官员待遇包括月料和课、杂钱三项。其中以月料为主,故多被称为月料。地方政府多以公廨田收入、本钱收息,以及白直、执衣课钱来筹措外官月料钱物。《通典》载:

> 外官则以公廨田收及息钱等,常食公用之外,分充月料,先以长官定数,其州县少尹、长史、司马及丞,各减长官之半。尹、大都督府长史、副都督、别驾及判司准二佐,以职田数为加减。其参军及博士

---

① 《通典》卷三五《职官·禄秩》,第964页。
② 《唐会要》卷九一《内外官料钱上》,第1960—1961页。
③ 《唐会要》卷九一《内外官料钱上》载开元二十四年六月敕,"百官料钱,宜合为一色,都以月俸为名,各据本官,随月给付。其贮粟宜令入禄数同申。应合减折及申请时限,并依常式"。第1963页。

减判司、主簿县尉减县丞各三分之一。①

在不设公廨本钱的地方,如牧监官或远小州官俸料则依京官例,由中央以庸调物支给。这种做法,直到开元十年(722)改以户税(万户税钱)充外官料钱为止。《唐会要》载:

> (开元)十年正月二十一日,令有司收天下公廨钱。其官人料,以万户税钱充,每月准旧分利数给。②

这里的户税就是《唐六典》所载的别税:

> 凡天下诸州税钱各有准常,三年一大税,其率一百五十万贯;每年一小税,其率四十万贯,以供军国传驿及邮递之用。每年又别税八十万贯,以供外官之月料及公廨之用。③

因为别税钱80万贯少于之前公廨本钱年利所得的126万贯,④所以到了开元十八年(730),公廨本钱又被恢复,以补足户税与外官料钱收支上的差额。⑤从此,由于公廨利钱的增加,反而使得外官待遇开始高于京官。⑥这也是玄宗为扭转当时重京官轻外官趋势的一种办法。⑦

由于户税具有因支定收的特点,又可以根据各地实际征收现钱或实

---

① 《通典》卷三五《职官·禄秩》,第964页。
② 《唐会要》卷九一《内外官料钱上》,第1962页。
③ 《唐六典》卷三《尚书户部》,"户部郎中员外郎"条,第77页。
④ 据《新唐书》卷五五所记地方公廨本钱数估算,全国府州县及折冲府本钱合计约150万贯,以七分生利(月息7‰),年利为126万贯。见李锦绣《唐代财政史稿》上卷第3分册,第844页。
⑤ 《唐会要》卷九一《内外官料钱上》载开元十八年九月,御史大夫李朝隐奏:"请籍民一年税钱充本,依旧令高户典正等捉,随月收利,供官人料钱。"第1962页。这部分息钱主要作为公廨常食之外的杂给及使典月料钱。
⑥ 有关唐前期内外官待遇的研究,详见李锦绣《唐代财政史稿》上卷第3分册,第805—850页。
⑦ 刘海峰《唐代俸料钱与内外官轻重的变化》,《厦门大学学报(哲学社会科学版)》1985年第2期,第106—114页。此外,唐朝政府还从选官制度上来扭转官员重内轻外的趋势,参见王湛《"不历州县不拟台省"选官原则在唐代的实施》,《江西社会科学》2006年第11期,第93—97页。

物,所以其总额可以不断变化,以应对军国所需。玄宗时出现的增税来替代资课,正源于户税的这一特性。唐代征收户税,并不采用九品混通之法,而是根据户等交纳定额税,① 这正是北朝后期恢复户等制后的通行做法。另外,唐代在根据户内资产确定户等时,并不包括土地。因为对土地的课税,已经体现在租调和地税中了。即便唐德宗建中元年(780)施行两税法后,在定户等时,仍不将土地纳入计算。故陆贽言:"每至定户之际,但据杂产校量。田既自有恒租,不宜更入两税。"② 这是尤其需要注意者。直到穆宗长庆元年(821),两税征收原则被调整为"据地出税"后(参见本书第四章第一节注释),定户等时不将土地纳入计算的做法才逐渐被改变。至五代宋以后,两税最终定型成为田亩税。

地税方面,李渊建国后,在继承大业丁税的同时,也继承了隋代将社仓作为常平仓的做法。《旧唐书·食货志》载:

> 武德元年九月四日,置社仓。其月二十二日诏曰:"……宜置常平监官,以均天下之货。市肆腾踊,则减价而出;田稼丰羡,则增籴而收。庶使公私俱济,家给人足,抑止兼并,宣通壅滞。"至五年十二月,废常平监官。③

据此,唐初社仓更多是作为常平仓被重建起来的,用"以均天下之货",平抑谷价。在当时战乱的情况下,平抑物价的难度相当大,所以常平监官及社仓很快被废止。④ 作为救荒之用的义仓,建立于贞观二年(628)。

---

① 唐前期户税额,见《通典》卷六《食货·赋税下》载:"今一例为八等以下户计之。其八等户所税四百五十二,九等户则二百二十二。今通以二百五十为率。"第110页。对于这个记载,李锦绣认为是杜佑对天宝年间大小税及别税平均计算而推出的税额,见氏著《唐代财政史稿》上卷第2分册,第484页。陈明光则认为是大小税的均值,不包括别税,见氏著《唐代财政史新编》,第15页。至于其他户等的税额,史文不详。
② 《陆贽集》卷二二《均节赋税恤百姓》,第758页。参见李锦绣《唐代财政史稿》上卷第2分册,第491—495页。
③ 《旧唐书》卷四九《食货志下》,第2122页。
④ 贞观十三年以后,唐政府才又逐渐复置常平仓及常平署。《唐会要》卷八八《仓及常平仓》载贞观十三年十二月,诏于洛、相、幽、徐、齐、并、秦、蒲等州置常平仓。永徽六年(655),以大雨道路不通,京师米贵,于长安东、西二市置常平仓。显庆二年(657)十二月,京师常平仓置常平署官员,第1912页。

《唐会要》载：

> 贞观二年四月三日，尚书左丞戴胄上言曰："……今丧乱之后，户口凋残，每岁纳租，未实仓廪，随时出给，才供常年，若有凶灾，将何赈恤？……今请自王公已下，爰及众庶，计所垦田稼穑顷亩，每至秋熟，准其见苗，以理劝课，尽令出粟。麦稻之乡，亦同此税。各纳所在，立为义仓。若年谷不登，百姓饥馑，当所州县，随便取给，则有无均平，常免匮竭。"上曰："既为百姓，先作储贮，官为举掌，以备凶年。非朕所须，横生赋敛。利人之事，深是可嘉。宜下有司，议立条制。"户部尚书韩仲良奏："王公已下垦田，亩纳二升。其粟麦粳稻之属，各依土地，贮之州县，以备凶年。"制可之，令窖苦宜以葛蔓为之。①

由此可见，在大业税制改革和隋末战乱的双重影响下，唐初政府通过丁税征收的租粟仅能应付正常年份的支出。想要依靠余粮赈灾，根本无从谈起。为应付这样的财政状况，在建立之初，贞观年间的义仓就是作为官仓进行管理，专账核算，故曰"官为举掌，以备凶年"。因而，与隋代地税不同，唐代地税（亦称地租）在一开始就是政府的正式税种，② 所以唐太宗才会担心产生诸如"横生赋敛"的舆情。③ 与租调额据课丁应受口分田额确定不同，地税的征税对象是全国见垦田（而非籍帐中的应受田或已受田），征收依据是青苗簿。《唐六典》载：

> 凡王公已下，每年户别据已受田及借荒等，具所种苗顷亩，造青

---

① 《唐会要》卷八八《仓及常平仓》，第1911—1912页。《新唐书》卷九八《马周传》载"纳居人地租"的政策，也是出于马周的建议，第3901页。
② 如唐律将"输课税之物"释为"谓租、调及庸、地租、杂税之类"，将"应输课税"释为"谓租、调、地税之类"。分见于《唐律疏议》卷十三《户婚律》，"输课税物违期"，第252页；卷十五《厩库律》，"应输课税回避诈匿"条，第293页。其中，地租即地税，杂税即户税。
③ 地税额是"亩纳二升"，占唐代平均亩产量（约1石粟）的2%，故又被称为二分税。见李锦绣《唐代财政史稿》上卷第2分册，第518—519页。地税2%的税率，确实并不高，但在当时已经引起了"厚敛"的指责，见《新唐书》卷九七《魏徵传》，第3873页。

苗簿,诸州以七月已前申尚书省;至征收时,亩别纳粟二升,以为义仓(宽乡据见营田,狭乡据籍征)。①

这样,地税据见在垦田数收税,等于是在租调据应受田额、户税据户等之外,又增加了一种新的征税标准,因而增加了政府的行政成本。于是,永徽二年(651)唐高宗便以此为由,改地税为率户出粟。《通典》载:

> 高宗永徽二年九月,颁新格:"义仓据地取税,实是劳烦,宜令率户出粟,上上户五石,余各有差。"②

上上户纳粟 5 石,仅相当于原来 250 亩田所纳之地税。因而率户出粟的计税方法,对于王公以下的大土地所有者而言,相当有利。③ 同时,也会大幅减少地税总收入。④ 所以不到十年的时间,最晚至龙朔元年(661),

---

① 《唐六典》卷三《尚书户部》,"仓部郎中员外郎"条,第 84 页。其中,"宽乡据见营田,狭乡据籍征"一句,《新唐书》卷五一《食货志一》作"宽乡敛以所种,狭乡据青苗簿而督之"。第 1344 页。李锦绣倾向于认同《新唐书》的记载,认为不分宽乡狭乡,地税的征收皆依据青苗簿。见氏著《唐代财政史稿》上卷第 2 分册,第 508—514 页。
② 《通典》卷十二《食货·轻重》,第 291 页。"九月",《旧唐书》卷四九《食货志下》作"六月",第 2123 页,《唐会要》卷八八《仓及常平仓》作"闰九月六日",1912 页。
③ 李锦绣根据地税由租佃者交纳的情况,认为官僚大地主不纳地税,才是地税能够征收到"王公以下"垦田的原因。永徽二年改为按户等纳粟,并没有特殊照顾官僚大地主的利益,所以很快被废止。因为如果是一项深得官僚大地主拥护的政策(指率户出粟),就应该被长期坚持下去,而非不到十年便被放弃。见氏著《唐代财政史稿》上卷第 2 分册,第 505—506 页。笔者认为,地税由租佃者承担,不由官僚大地主承担的看法的前提是唐代大土地经营方式已经全部为租佃制。然而它与唐前期还存在着不少部曲、客女、官私奴婢等依附性较强生产者的社会现实不符。若大土地庄园由上述依附人口耕种,则不能视为官僚大地主不纳地税。其次,还需要指出的是,唐代除了由租佃者承担地税外,还有"若田有祖(租)殊(输)佰(百)役,一仰田主;渠破水谪,一仰佃田人当"(《唐乾封元年左憧憙夏田契》,文书号 64TAM4:43,唐长孺主编《吐鲁番出土文书(图录本)》第 3 册,文物出版社,1996 年,第 217 页)的情况。其实不论地税是否由租佃者承担,主佃双方在签订租约时,都会考虑到再生产费用和赋税负担的因素后,对收获物进行分配。这意味着,无论是否由租佃者承担地税,据地征税的方法必然会减少大土地所有者对剩余生产物的占有。
④ 据下文所引《唐六典》,下下户免税,所以中下户纳粟 5 斗为率户出粟的最低标准。由此可知,在新征税办法下,大土地所有者 250 亩以上的垦田,以及贫下户 25 亩以下的垦田都被免去了亩纳 2 升的地税。因而率户出粟的税制肯定会造成政府税收大量减少。

地税就已经恢复为亩纳 2 升粟的旧法。① 不过,据地取税的方法,确实有其不足之处。因为在均田制下,唐代政府对商人受田采取限制措施,② 富裕商贾户一般处于无田或受田不足的状态,所以或无须纳粟,或仅须纳少量地税。因而在龙朔元年按亩纳粟制恢复之后,征收地税时仍保留着按户等出粟的规定,专门针对商贾户:"其商贾户无田及不足者,上上户税五石,上中已下递减一石,中中户一石五斗,中下户一石,下上七斗,下中五斗,下下户及全户逃并夷獠薄税,并不在取限。"③ 将商贾户纳入征税对象,从而完善了地税的征收办法。

以上讨论了唐前期政府赋税收入的主要方面。下面将根据杜佑的记载,来看看租庸调、户税、地税和资课收入的总体情况。《通典》载:

> 按天宝中天下计帐,户约有八百九十余万,其税钱约得二百余万贯(大约高等少,下等多,今一例为八等以下户计之。其八等户所税四百五十二,九等户则二百二十二。今通以二百五十为率。自七载至十四载六七年间,与此大数,或多少加减不同,所以言约,他皆类此),其地税约得千二百四十余万石(两汉每户所垦田不过七十亩,今亦准此约计数)。课丁八百二十余万,其庸调租等约出丝绵郡县计三百七十余万丁,庸调输绢约七百四十余万疋(每丁计两疋),绵则百八十五万余屯(每丁三两,六两为屯,则两丁合成一屯),租粟则七百四十余万石(每丁两石)。约出布郡县计四百五十余万丁,庸调输布约千三十五万余端(每丁两端一丈五尺,十丁则二十三端也)。其租:约百九十余万丁江南郡县,折纳布约五百七十余万端(大约八等以下户计之,八等折租,每丁三端一丈,九等则二端二丈,今通以三端为率)。二百六十余万丁江北郡县,纳粟约五百二十余万石。大凡都计租税庸调,每岁钱粟绢绵布约得五千二百三十余万端疋屯贯石,

---

① 李锦绣《唐代财政史稿》上卷第 2 分册,第 506—508 页。
② 《天圣令·田令》附唐令 19 条:"诸以工商为业者,永业、口分田各减半给之。在狭乡者并不给。"见《天一阁藏明钞本天圣令校证·校录本》,第 257 页。
③ 《唐六典》卷三《尚书户部》,"仓部郎中员外郎"条,第 84 页;《通典》卷十二《食货·轻重》引开元二十五年定式,第 291 页。

诸色资课及勾剥所获不在其中（据天宝中度支每岁所入端屯疋贯石都五千七百余万，计税钱地税庸调折租得五千三百四十余万端疋屯，其资课及勾剥等当合得四百七十余万）。其度支岁计，粟则二千五百余万石（三百万折充绢布，添入两京库。三百万回充米豆，供尚食及诸司官厨等料，并入京仓。四百万江淮回造米转入京，充官禄及诸司粮料。五百万留当州官禄及递粮。一千万诸道节度军粮及贮备当州仓），布绢绵则二千七百余万端屯疋（千三百万入西京，一百万入东京，千三百万诸道兵赐及和籴，并远小州使充官料邮驿等费），钱则二百余万贯（百四十万诸道州官课料及市驿马，六十余万添充诸军州和籴军粮）。①

这是安史之乱前六七年间，唐朝政府每年收入与支出的总体情况，即杜佑所说的："自（天宝）七载至十四载六七年间，与此大数，或多少加减不同，所以言约，他皆类此。"上面的数据，应该来源于计帐所载的户数、课丁（课口）数，以及度支岁入数，因而是准确的，② 具体收支情况如下表3-3、3-4所示。

---

① 《通典》卷六《食货·赋税下》，第110—111页。（）内为小字原注。又，"计税钱地税庸调折租得五千三百四十余万端疋屯"一句，据校勘记应为"计税钱地税租庸调折租得五千二百三十余万端疋屯贯石"。关于此段记载的分析，参见李锦绣《唐代财政史稿》上卷第1分册，第21—26、34—35页，上卷第2分册，第446—448、484、517—518页。
② 但是杜佑的测算方法，仅能作为了解唐代财政收支情况的参考，并不能准确反映当时社会经济结构的实际情况。首先，杜佑仅据令式规定的正色（粟、绢、布、钱）计算总额，并没有考虑实际征收时折色（如江南折粟纳谷、米）对总收入的影响。其次，以户税为例，杜佑根据税额八等户452文、九等户222文，并按照"高等少，下等多"的社会现实（如《唐开元二九年前后西州高昌县欠田簿》第14段，大谷2912号，宁昌乡"合当乡第九第八户欠田丁中总一百人"中有"八十七人第九户"，见池田温《中国古代籍帐研究·录文与插图》，第251页），得出了户均250文的平均税额，从而使890万户与户税所入200余万贯之间画上了等号。按上述测算方式，可以估测出当时九等户约782万（88%），八等以上户约108万（12%）。然而若据江南郡县折租造布的数据计算，却得到当地八等以上户内丁约占75%，九等户内丁约占25%的结果。这明显不符合"高等少、下等多"的现实。此外，在测算地税时，杜佑又未考虑汉唐度量衡改变所带来的亩积不同，直接以所谓的汉代户均土地占有量70亩（亩纳2升，合1.4石粟）计算，不过是为了满足地税总额与总户数之比，即平均户纳约1.4石粟。参见宁可主编《中国经济通史：隋唐五代经济卷》，经济日报出版社，2000年，第182—183页。

表 3-3　唐天宝年间政府年收年支统计表

（单位：万端屯匹贯石）

税项	租	地税	庸调绢	庸调布	折布租	调绵	资课勾征	户税
收入	1260	1240	740	1035	570	185	470	200
税物	粟		绢布绵				杂色	钱
入计	2500		2530				170　300	200
出计	2500		2700				—	200

表 3-4　唐天宝年间政府年支细目统计表

（单位：万端屯匹贯石）

用物	数额	折变物	用途（来源）
粟	300	折充绢布	入两京库（河南河北道租）
	300	回充米豆	入两京厨料（河南河北道租）
	400	回造米	入京充官俸禄粮料（江淮义仓）
	500	—	地方官禄及递粮
	1000	—	供诸道军粮及贮备当州
绢布绵	1300	—	入西京库
	100	—	入东京库
	1300	—	诸道兵赐及和籴，并远小州使充官料邮驿等费
钱	140	—	诸道州官课料及市驿马
	60	—	添充诸军州和籴军粮

本章小结

论史者常盛誉唐前期均田之制与租庸调法，艳之曰"最善"。[①] 其代表性意见莫如陆贽所言：

> 此三道（指租庸调）者，皆宗本前哲之规模，参考历代之利害。其取法也远，其立意也深，其敛财也均，其域人也固，其裁规也简，其

[①] 《文献通考》卷二《田赋·历代田赋之制》引致堂胡氏（寅）曰："自后魏、齐、周以来，莫如唐之租庸调法最善，然不能百年，为苟简者所变，可胜惜哉。"中华书局，1986年，第42页上，同书卷十一《户口·历代户口丁中赋役》亦引李心传《建炎以来朝野杂记》曰："自井田什一之后，其惟租庸调之法乎？"第118页上。

备虑也周。有田则有租,有家则有调,有身则有庸。天下为家,法制均一,虽欲转徙,莫容其奸。故人无摇心,而事有定制。以之厚生,则不堤防而家业可久;以之成务,则不校阅而众寡可知;以之为理,则法不烦而教化行;以之成赋,则下不困而上用足。①

王夫之在《读通鉴论》中对陆贽的看法加以引申和补充。他认为:

> 租、庸、调之法,拓拔氏始之,至唐初而定。户赋田百亩,所输之租粟二石,其轻莫以过也;调随土宜,庸役两旬,不役则输绢六丈。重之于调、庸,而轻之于粟,三代以下郡县之天下,取民之制,酌情度理,适用宜民,斯为较得矣。……惟重之于庸而轻之于租,民乃知耕之为利,虽不耕而不容偷窳以免役,于是天下无闲田而田无卤莽。耕亦征也,不耕亦征也,其不劝于耕者鲜矣。……调、庸之职贡一定于户口而不移,勿问田之有无而责之不贷,则逐末者无所逃于溥天率土之下,以嫁苦于农人。徭不因田而始有,租以薄取而易输,污吏猾胥无可求多于阡陌,则人抑视田为有利无害之资,自不折入于强豪,以役耕夫而恣取其半。以此计之,唐之民固中天以后乐利之民也。此法废而后民不适有生,田尽入于强豪而不可止矣。②

对于唐前期赋税负担之轻("其轻莫以过"、"取民之制,酌情度理,适用宜民,斯为较得矣"),王夫之大加赞赏,但未论及其税轻之原因。对于唐初税额的减轻,受阶级分析法影响的现代学者,又多强调阶级斗争在推动"让步政策"方面的作用。③然而正如本章所论,在隋末农民大起义中诞生的唐朝,其赋税制度直接继承自隋炀帝大业丁税之制。尽管不能否认,隋末的农民战争对唐初政府缩减开支、减少劳役方面有所影响,但从时间上讲,为唐初政府所继承的隋朝赋税制度,其调整主要来源于政府所面临的土地

---

① 《陆贽集》卷二二《均节赋税恤百姓》,第718—719页。
② [明]王夫之《读通鉴论》卷二十《唐高祖》九,中华书局,1996年,第674—675页。
③ 尚钺《中国历史纲要》,第169—170页;翦伯赞《中国史纲要》(修订本)上册,第368—369页。

第三章　北朝后期赋税制度发展及唐代租庸调制的形成　125

资源配置压力,而非直接出于阶级斗争的推动,是没有疑问的。

还应该看到,尽管"租庸调之法,拓跋氏始之",但隋唐政府所实行的低税额制(租庸调制),并非继承自北魏、北齐,而与其继承了西魏、北周的府兵制直接相关。由于府兵制的建立,使政府所承担的实际军费中,有很大一部分可以不通过赋税收入来支付。这才是北周、隋唐可以实行低税制的主要原因。伴随着租庸调制而生的"量入为出"财政原则,①使得唐代政府在一开始就面临着"每岁纳租,未实仓廪,随时出给,才供常年"(见本章第四节2所引《唐会要·仓及常平仓》)的状况。在这样的财政规模下,政府收入不足以应付完成社会管理所需的支出。户税和义仓(地)税的出现,就是为了弥补租庸调制的不足。结合表3-3,以天宝年间为例,当时政府每年支出约5400万,而租庸调所入才3790万,剩余缺口则由地税、户税(1440万)和资课收入(170万)补足。单就每年征收的粮食额而言,地税粟占全国粮食征收总量的49.6%。②这个比例,与当时义仓粮储在全国粮食储备总量中的占比(51.5%)相当。③如果考虑到出现垦田总量峰值的时间点,会早于户口峰值出现的时间点,则可推知,天宝之前,地税粟在政府粮食类收入中的占比可能会更高。由此可见,唐前期的经济增长和盛唐局面的出现,是当时租庸调制与其他税种共同作用的结果,不应仅仅强调租庸调制的影响。

进一步地,从租庸调仅能提供政府支出的70.2%来看,有关将租庸调的性质界定为地租的观点,需要予以修正。④既然地租是"土地所有权在

---

① 李锦绣《唐代财政史稿》上卷第1分册,第57—63页。
② 若将当时江南郡县课丁的折布租仍以租粟(约380万)计,则地税粟占比降为43.1%。
③ 《通典》卷十二《食货·轻重》载天宝八年(749),除和籴外,北仓、太仓等"诸色仓粮总七百六十五万六千六百二十石","正仓总四千二百一十二万六千一百八十四石","义仓总六千三百一十七万七千六百六十石","常平仓总四百六十万二千二百二十石"。第291—293页。
④ 根据马克思的论述,地租是土地所有制的物化形式,赋税是国家存在的经济体现,在一般情况下二者的性质应该是不同的。有的学者虽然认为地租与赋税一般是两个不同的概念,但又依据马克思关于古代东方封建主义的有关论述,认为唐代实行的是国有土地所有制,国家是最高的地主,因此租税是合一的。这种观点是对中国古代土地所有制认识的延伸。参见胡戟等主编《二十世纪唐研究·经济卷》第3章《赋役》(陈明光执笔),第369页。马克思关于古代东方封建主义的有关论述如下:"同直接生产者直接相对立的,如果不是私有土地的所有者,而是像在亚洲那样,是既作为土地所有者同时又作为主权者的国家,那么,地租和赋税就会合为一体,或者不如说,在这种情况下就不存在任何同这个地租形　　（转下页）

经济上的实现,即不同的人借以独占一定部分土地的法律虚构在经济上的实现",① 那么作为"土地所有者的收入(不论把它叫什么),即他所占有的可供自由支配的剩余产品",② 地租就应该至少能满足土地所有者本身

（接上页）　式不同的赋税。在这种状态下,对于依附关系来说,无论从政治上或从经济上说,除了面对这种国家的一切臣属关系所共有的形式以外,不需要更严酷的形式。在这里,国家就是最高的地主。在这里,主权就是在全国范围内集中的土地所有权。但因此在这种情况下也就没有私有土地的所有权,虽然存在着对土地的私人的和共同的占有权和用益权。"(马克思《资本论》第 3 卷,第 894 页)这样的看法,与他对亚细亚生产方式的论述有关。1857 年,马克思在《〈政治经济学批判〉导言》中指出:"资产阶级经济学只有在资产阶级社会的自我批判已经开始时,才能理解封建的、古代的和东方的经济。"(《马克思恩格斯选集》第 2 卷,第 24 页)一年之后,又在《〈政治经济学批判〉序言》中指出:"大体说来,亚细亚的、古代的、封建的和现代资产阶级的生产方式可以看作是经济的社会形态演进的几个时代。"(《马克思恩格斯选集》第 2 卷,第 33 页)所谓"东方"与"亚细亚"是相对应的。而在《资本论》中,他则将社会形态划分依据表述为建立"在原始共同体的基础上"、"在奴隶生产的基础上"、"在小农民和小市民的生产的基础上"和"在资本主义生产的基础上"的生产方式(《资本论》第 3 卷,第 362 页)。恩格斯将"古代社会"解释为"奴隶社会",但马克思所说的"东方社会"或"亚细亚生产方式"究竟指的什么？他为何后来又放弃了这些概念？东西方的历史发展究竟有何差异？这些问题在马克思、恩格斯去世后,一直聚讼不已。普列汉诺夫(G. V. Plekhanov)认为,马克思看过摩尔根《古代社会》后,改变了他关于亚细亚生产方式与古代生产方式互相衔接的看法。所以他对马克思的看法有所修正,认为东方社会和古代社会应当是并列的。其中,暗示着东方社会的特殊性。瓦尔加(E. Varga)和马扎亚尔(L. Madjar)以普列汉诺夫的观点为依据,提出了"特殊亚细亚社会论"。在此基础上,马扎亚尔认为中国革命所面临的是不同于原始社会、奴隶社会和封建社会的另一种特殊的亚细亚社会。这引发了有关中国亚细亚生产方式的争论。不过,"特殊亚细亚社会论"很快就在苏联受到了批判,中共六大决议也明确否定了它:"如果因为现代中国社会经济制度,以及农村经济,完全是从亚洲式生产方法进于资本主义之过渡的制度,那是错误的。亚洲式的生产方法最主要的特点是:(一)没有土地私有制度。(二)国家指导巨大的社会工程之建设(尤其是水利河道),这是形成集权的中央政府统治一般小生产者的组织(家族公产社或农村公产社)之物质的基础。(三)公社制度之巩固地存在(这种制度根据于工业与农业经过家庭而相结合的现象)。这些条件,尤其是第一个条件,是和中国的实际情形相反的。"中共六大《土地问题决议案》,1928 年,载中央档案馆编《中国共产党第二次至第六次全国代表大会文件汇编》,人民出版社,1981 年,第 238 页。所以在中国,绝大多数学者是在原始社会、奴隶社会和封建社会依次更替的理论框架内给亚细亚生产方式定位的。参见林甘泉等《中国古代史分期讨论五十年》,第 21—35 页；李根蟠、张剑平《社会经济形态理论与古史分期讨论——李根蟠先生访谈录》,第 74—76 页。很显然,将租庸调视为地租的观点,与马克思对东方封建主义的表述,以及由此而产生的亚细亚生产方式理论有直接关系。

① 马克思《资本论》第 3 卷,第 715 页。另外,马克思在《道德化的批判和批评化的道德》中引用李嘉图(David Ricardo)等古典经济学家的话指出,"国家存在的经济体现就是捐税"。《马克思恩格斯全集》第 4 卷,第 342 页。
② 马克思《资本论》第 3 卷,第 909 页。马克思特别强调要把适应于社会生产过程不同发展阶段的不同地租形式区别开来。他认为,"和资本主义生产方式相适应的地租,——它始终是超过利润的余额,即超过商品价值中本身也由剩余价值(剩余劳动——原注,下同)构成的那个部分的余额",但在前资本主义时代,"在资本主义生产方式本身还不存在,同它相适应的观念也还没有从资本主义国家传入的地方","在这里,土地的所有者和生产工具的所有者,从而包括在这些生产要素里的劳动者的直接剥削者,是合而为一的。地租　（转下页）

再生产的需要。但从租庸调仅能提供政府支出的 70.2% 来看，毫无疑问，隋唐政府在征收租调时，与地主阶级尽可能地追逐剩余产品有着根本的不同。① 租调额的确定，与均田制的调整变化直接相关。一旦租庸调这种赋税不能满足政府开支的需要，增加新税便成为其当然的选择。然而这种做法与地主对地租的追逐，不仅在性质上根本不同，而且在实现形式上也完全相反。② 所以，应该彻底放弃中国古代经济史研究中因租税合一理论影响而形成的范式或预设。

再来看均田制。虽然均田制反映了政府通过调节土地分配来缩小社会贫富差距的努力，但政府对土地买卖的限制措施，只是增加了土地交易的成本，并不意味着所谓的土地国有制。正如前文所论，均田制并不触动土地私有制，一旦当政府管理能力下降和交易成本下降时，社会上就会出现宋孝王在《关东风俗传》记载的北齐末年土地买卖频繁的局面：

> 依令，口分之外知有买匿，听相纠列，还以此地赏之。至有贫人，实非剩长买匿者，苟贪钱货，诈吐壮丁口分，以与纠人，亦既无田，即便逃走。帖卖者，帖荒田七年，熟田五年，钱还地还，依令听许。露田虽复不听卖买，卖买亦无重责。贫户因王课不济，率多货卖田业，至春困急，轻致藏走。亦有懒惰之人，虽存田地，不肯肆力，在外浮游。三正卖其口田，以供租课。比来频有还人之格，欲以招慰逃散。假使蹔还，即卖所得之地，地尽还走，虽有还名，终不肯住，正由县听其卖帖田园故也。③

隋朝政府虽然通过强化户籍制度等方式提高政府管理能力，又使均田制

（接上页） 和利润也是合而为一的，剩余价值的不同形式的分离是不存在的。劳动者在这里体现为剩余产品的全部剩余劳动，都直接被全部生产工具（其中包括土地，在奴隶制度的原始形式下也包括直接生产者本身）的所有者所榨取"，"这全部剩余价值就表现为地租"（马克思《资本论》第 3 卷，第 714—715、908—909 页）。可见，前资本主义时代的地租，并不具有纯粹的地租形式（即超额地租），而是与利润（利息）混为一体，较难区分，参见本书第四章第二节 4 注释。

① 宁可也认为租庸调和杂徭的性质，基本上是国家征收的赋税，而非地租与课税的合一，见宁可主编《中国经济通史：隋唐五代经济卷》，第 190—195 页。
② 有关地主可以通过降低地租率以获得更大收益的分析，详见本书第四章第二节 2。
③ 《通典》卷二《食货·田制下》引，第 28 页。

延续了数十年,并推动社会经济迅速增长。但著籍户口的增加,又使政府在推行均田制时承受了很大的压力。隋炀帝的改制,虽然减轻了政府的授田压力,但是却因隋末战乱的迅速到来,无法在人地矛盾突出的社会现实中检验其政策的长期效果。从这个意义上说,均田制能继续在唐前期长期施行,与隋唐之际的户口锐减所导致人地矛盾缓解有直接关系。正是由于均田令并不触动私有制,随着生产力的提高和社会经济的恢复,唐前期均田制在实施过程中面临着一个新的问题,那就是租佃关系所造成的新一轮土地兼并引起了均田农民的分化,导致均田制难以继续维持。对于这样一个唐宋经济社会形态研究中的核心问题,将在下一章进行分析。

第四章　契约选择、效率分析与中国中古租佃关系新探

正如张弓所指出的,现今中外唐史学者,无论秉持哪一种历史观或分期说,大致都同意唐朝中叶是古代中国社会的重要变化时期。在社会经济领域里,土地的占有与经营形式、劳动者的身份和地位、赋役征收原则和方式,以及国家财政运作形式等,自中唐起,都发生了重大变化。这些变化对晚唐五代社会的经济、政治、文化、思想学术、道德风尚,以至对宋朝以后中国封建社会的面貌,都产生了深刻的影响。对社会经济领域变化的性质和意义,各家虽有不同的解说,但都承认发生了变化的事实,这是一个可贵的学术共识。这一共识,既是 20 世纪唐代经济史研究取得的基本成果,又是这一学术领域留给后人的一份学术遗产。[①]

于是,在这样的共识下,研究者通常强调唐前期租庸调制下户籍制度对农民人身自由的限制,以及中唐以来,两税法下新户籍制度将农民从人身依附关系中的解放出来的作用。这与深受马克思主义影响的中日学者,往往将均田土地视为国有土地,将国家视为最高地主,将租庸调视为地租有直接的关系。[②]

---

① 胡戟等主编《二十世纪唐研究·经济卷·概论》(张弓执笔),第 308 页。
② 马克思虽然曾指出,"小农业和家庭工业的统一"是中国"生产方式的广阔基础"(马克思《资本论》第 3 卷,第 372 页),但并未对当时中国社会进一步明确定性。列宁在 1895—1899 年写作《俄国资本主义的发展》时,进一步总结了"徭役经济"的实质及其四前提:自然经济占统治地位;直接生产者必须分得土地并被束缚在土地上;农民对地主的人身依附和"超经济强制";技术的极端低劣和停滞(《列宁全集》第 3 卷,人民出版社,1984 年,第 160—162 页),这被看作是对封建经济一般特点的新概括。参见李根蟠《"封建地主制"理论是中国马克思主义史学的重大成果》,《河北学刊》2007 年第 1 期,第 98—101 页。这一理论对中国历史研究者的影响是明显的。如田余庆就认为,中国古代户籍制度与人身依附关系大体同时出现于秦国。户籍制度是国家控制户口人丁为编户齐民,并据以征发租赋兵徭的主要手段,也是国家阻止户口人丁流入私门,抑止依附关系发展的主要手段。即　(转下页)

通过前两章的分析可知,北朝以来的均田令并不触及私有制。无论是大土地所有者,还是小土地所有者,国家(或政府)都承认其对土地的私有,并通过户籍、市券等方式加以确认。国家(或政府)只是作为公共事务管理者,在积极参与空闲土地资源配置的前提下,提高了土地买卖的交易成本。因而,立足于将国家视为最高地主,将租庸调视为地租的观点,常落入逻辑困境之中,难以圆满解释中国古代经济增长及社会形态演变的原因。①

同样的矛盾还出现在学界对户籍制度的分析和解读中。应该说,户籍制度本身并不直接体现社会经济生活中生产者对国家(或政府)人身依附关系的强弱,而只与政府征税(或计税)方式密切相关。② 唐前期户籍之所以强调以丁身为本,③ 重视乡里制度建设,④ 与北朝以来计丁征税的方式的恢复直接相关。这与西汉前期,面对以自耕农为主的社会,政府采取以人头税为主的税制时,需花费巨大成本和精力,来维持乡里制度和户籍制度是一致的。大土地制的发展,在未对税制产生决定性影响的两汉时期,依然基本延续着汉初的税收方式和户籍政策。可是按照魏晋封建

(接上页) 便像魏晋南北朝承认了依附关系的存在,但户籍制度仍具有控制现有人户,使之不致继续流入私门,参见氏著《秦汉魏晋南北朝人身依附关系的发展》,《秦汉魏晋史探微》(重订本),第68—71、87—88页。

① 宋家钰对此已有反思,参见氏著《关于封建社会形态的理论研究与唐代自耕农的性质》,《中国唐史学会论文集》,三秦出版社,1989年,第24—40页。
② 在宋史研究中,学者们也倾向于将户籍视为封建国家对生产者进行人身控制的手段。如王曾瑜在论述唐宋之际佃农成为编户齐民这一历史走向时指出,"自五代至宋,正式确定了乡村主、客户的分类,佃农在原则上须以乡村客户的身份,实际上也时或以乡村下户的身份,列入国家的户籍登记。这是禁止佃农脱离国家的管辖,而成为地主'私属'的根本规定和措施"。见氏著《宋朝阶级结构》,河北教育出版社,1996年,增订版,中国人民大学出版社,2010年,第5页。
③ 《陆贽集》卷二二《均节赋税恤百姓》,第722页。
④ 学界对唐代乡里制度的研究,主要集中在孔祥星《唐代的里正:吐鲁番、敦煌出土文书研究》,《中国历史博物馆馆刊》1979年第1期,第48—61页;赵吕甫《从敦煌、吐鲁番文书看唐代"乡"的职权地位》,《中国史研究》1989年第2期,第9—19页;陈国灿《唐五代敦煌乡里制的演变》,《敦煌研究》1989年第3期,第39—50页;王永曾《试论唐代敦煌的乡里》,《敦煌学辑刊》1994年第1期,第24—31页;张广达《唐灭高昌国后的西州形势》,日本《东洋文化》第68号(1988年),后收入氏著《西域史地丛稿初编》,上海古籍出版社,1995年,第122—125页;赵璐璐《里正与唐代前期基层政务运行研究》,中国人民大学硕士学位论文,2007年,第15—51页;张雨《吐鲁番文书所见唐代里正的上直》,《西域文史》第2辑,2007年,第75—88页。

论者分析,两汉作为"较发展的奴隶制占统治地位"的时代,奴隶主占有生产资料和奴隶,国家应该不可能也不需要通过户籍去控制生产者。与之相反的是,历史前进至人身依附关系仍然很强烈的魏晋南北朝时期后,政府反而不再严格执行户籍登记制度,以至于当时社会中出现了"或百室合户,或千丁共籍",以及"客皆注家籍"的现象,[①] 大量人口被豪族隐没、影占。其根本原因并非在于大土地制的发展趋势被改变,而是由于征税方式由计丁改为按户。这就使得政府不必坚持严格的户籍登记制度就可以确保税收任务的完成,还降低了政府管理成本。

同样,唐宋之际户籍制度的变化,也与两税法改由按户(或土地)征税的方法有关。所谓户籍制度的变化减轻了唐宋间百姓对国家的人身依附的看法,需要予以反思,基于此,本书不再继续探讨唐宋之间,新一轮税制由计丁征收方式向按户(或土地)方式演变的详细过程。[②] 在本章中,笔者将围绕着土地的占有与经营形式的变化,从市场竞争、风险规避、契约选择、产出效率等角度,分析租佃制发展对唐宋社会经济的影响,进而再度反思中国古代史分期研究中存在的一些问题,重新解读并分析中国封建社会地主占地率(或土地集中率)和地租率的变化趋势,以就正于方家。

一 唐宋租佃关系研究及其问题

租佃关系在中国出现的很早。[③] 西汉前期,董仲舒(前179—前104)就提到:

[①] 《晋书》卷一二七《慕容德载记》,第3170页;《隋书》卷二四《食货志》,第674页。
[②] 有关唐宋之间赋税制度和财政制度演变的研究,详见李锦绣《唐代财政史稿》下卷;汪圣铎《两宋财政史》,中华书局,1995年;包伟民《走向自觉——近百年宋代财政史研究回顾与反思》,《浙江学刊》2003年第3期,后收入氏著《传统国家与社会(960—1279年)》,商务印书馆,2009年,第210—228页;吴树国《唐宋之际田税制度变迁研究》,黑龙江大学出版社,2007年。
[③] 乜小红在近著中指出,中国最早的租佃发生于"王田制"的确立。这一看法深受李埏前揭文《试论中国古代农村公社的延续和解体》中,将井田制("公田制")视为农村公社土地形态(人类社会由公有制向私有制社会的一种过渡形态)观点的影响。在由"公田制"转外为"王田制"(私有制)之后,百姓与王田(国家)之间以劳役地租("助"、"藉")、实物地租("贡")的形式,形成了一种租佃关系。井田的私有化和租佃关系的出现,开始于　　(转下页)

古者税民不过什一，其求易共（供）；使民不过三日，其力易足。民财内足以养老尽孝，外足以事上共（供）税，下足以畜妻子极爱，故民说从上。至秦则不然，用商鞅之法，改帝王之制，除井田，民得卖买，富者田连仟伯（阡陌），贫者亡立锥之地。又颛川泽之利，管山林之饶，荒淫越制，逾侈以相高；邑有人君之尊，里有公侯之富，小民安得不困？又加月为更卒，已，复为正，一岁屯戍，一岁力役，三十倍于古；田租口赋，盐铁之利，二十倍于古。或耕豪民之田，见税什五。故贫民常衣牛马之衣，而食犬彘之食。重以贪暴之吏，刑戮妄加，民愁亡聊，亡逃山林，转为盗贼，赭衣半道，断狱岁以千万数。汉兴，循而未改。古井田法虽难卒行，宜少近古，限民名田，以澹不足，塞并兼之路。盐铁皆归于民。去奴婢，除专杀之威。薄赋敛，省徭役，以宽民力。然后可善治也。①

学者们普遍认为，引文中"见税什五"是目前中国古代文献中有关分成租佃制的最早记载。从董仲舒的追述来看，分成制首先出现于商鞅变法之后的秦国（朝），并为汉代所继承。此后，经历魏晋南北朝至隋朝，传统典籍中所见到的租佃关系，基本上都是分成制。到了唐代，租佃关系有了进一步的发展，在分成制之外，又出现了定额租制。② 不过，根据吐鲁

（接上页）春秋。如齐国管仲所提出的"相地而衰征"，鲁国推行的"初税亩"等。直至以商鞅变法为标志，井田制彻底崩溃。原来具有农村公社性质的井田制退出了历史舞台，"王田制"也演化为国有土地所有制，随之而发展起来的是国有土地下的自耕农小土地占有制，以及各种类型的地主土地所有制。见氏著《中国中古契券关系研究》，中华书局，2013年，第146—150页。可见，无论是李埏，还是乜小红，其研究的前提，依然是基于马克思有关东方社会的某些表述基础上的租税合一。笔者并不认同这一观点，故仍根据董仲舒的描述，将租佃关系的出现确定在商鞅变法之后。

① 《汉书》卷二四上《食货志上》，第1137页。
② 在中国，租佃关系通常有两种契约形式，即分成制和定额租制。顾炎武指出："汉武帝时，董仲舒言：'或耕豪民之田，见税什五。'唐德宗时，陆贽言：'今京畿之内，每田一亩，官税五升，而私家收租有亩至一石者，是二十倍于官税也。降及中等，租犹半之。夫土地，王者之所有。耕稼，农夫之所为。而兼并之徒，居然受利。望乎凡所占田，约为条限，裁减租价，务利贫人。'仲舒所言即今之分租，贽所言则今之包租也。然犹谓之'豪民'，谓之'兼并之徒'，宋已下则公然号为'田主'矣。"见［清］顾炎武著、黄汝成集释《日知录集释》（全校本）卷十《苏松二府田赋之重》，上海古籍出版社，2006年，第607—608页。这种情况直到近代也是一样。韦裔（刘师培）《悲佃篇》载，当时中国"有分租、包租之不同：分租以粟　　（转下页）

番出土文献,定额租早在北朝末年就已经存在于高昌国(今新疆吐鲁番地区)。①

唐代的租佃关系,正是在北朝末年租佃关系的基础上发展而来的。根据对出土文书中青苗簿、租佃契,以及有关租佃纠纷的公私文牒的研究,学者普遍认为唐前期租佃关系已经相当流行、普及。对于唐代租佃关系流行的原因,学者们的具体看法虽然有所不同,但都将其与均田制联系在一起,认为唐前期均田制下百姓的实际受田额不足,以及受田地段分散,是造成租佃制流行的主要原因。②

对于唐代租佃关系的性质和类型,研究者主要围绕着租佃契约是否体现所谓的"封建性"而展开的。韩国磐将租佃的发生分为两种情况:一种是贫穷百姓因缺乏劳力、缺少用度、欠债还不起等缘故,不得已而出租田地(就是以田地作抵押,亦即典租);另一种是缺乏土地的农民,以很高租

(接上页) 为差,粟多则税重,粟少则税轻,此以年之丰凶定税额者也;包租以地为主,税有定额,较数岁之中以为常,不以凶岁而减,亦不以丰岁而增。分租之法,虽然曰苛取,然佃人尚足自赡;包租之法,则一逢凶岁,必至鬻妻子以为偿"。《民报》第 15 号,1907 年,第 31—32 页,后收入氏著《左盦外集》卷十四,《刘申叔遗书》,江苏古籍出版社,1997 年,第 1688 页。参见胡如雷《中国封建社会形态研究》,第 105—112 页;陈勇勤《中国经济史》,中国人民大学出版社,2012 年,第 37—38 页。

① 赵文润据当时已出版的《吐鲁番出文文书》(录文本)1—7 册(全 10 册)进行的统计,高昌国时期的田地租佃契约文书有 16 件,全部为定额租契约,既有实物地租,又有货币地租。其中,年代最早的租佃契约是《高昌延昌二十四年(584)道人智贾夏田券》,内有"夏南渠常田一亩,交与银钱五文"的记载。见氏著《从吐鲁番文书看唐代西州地租的性质及形态》,《敦煌学辑刊》1989 年第 1 期,第 16—27 页。另外,根据马燕云、乜小红对吐鲁番出土葡萄园租佃契约的研究,经济作物租佃中的定额租契约出现于 5 世纪的北凉地区,如《北凉建平五年(441)高昌郡田地县道人佛敬夏葡萄园契》内有"道人佛敬以毯贰拾张"租"张鄯善奴蒲陶一年"的记载,早于粮食作物租佃契约中定额制的出现。见马燕云《吐鲁番出土租佃与买卖葡萄园券契考析》,《许昌学院学报》2006 年第 6 期,第 89—93 页;乜小红《对古代吐鲁番葡萄园租佃契的考察》,《中国社会经济史研究》2011 年第 3 期,第 1—11 页。

② 此外,也有学者从商品经济发展的角度来探讨唐代租佃关系流行的原因。伊藤正彦《七、八世纪吐鲁番的田主和佃人的关系》(《中岛敏先生古稀纪念论集(上)》,纪念事业会,1980 年)认为吐鲁番的田主是脱离农耕的农民,他们为了从事商业活动,使得借贷关系长期化,因而丧失了耕作权和所有权,但这种租佃关系并不过渡到后代的地主佃户关系。杨际平也认为,土地零碎分布不是租佃关系盛行的主要原因,授田额低下之说亦可商榷,而"唐代西州,手工业、商业都很发达,可以推测,必有一部农民离开土地转而从事手工业、商业,唐代西州租佃关系特别发达,这很可能是其中的一个原因",见氏著《麴氏高昌与唐代西州、沙州租佃制研究》,韩国磐主编《敦煌吐鲁番出土经济文书研究》,厦门大学出版社,1986 年,第 225—292 页。相关研究综述,详见胡戟等主编《二十世纪唐研究·经济卷》第 1 章《土地》(卢向前执笔),第 330—332 页。

额租种土地。其中当以后一种情况为多。① 孙达人则认为,在上述第一种类型中,虽然契约形式上和真正的封建租佃契约一样,但却并非真正的封建租佃契约。在这类契约中,"田主"和"租佃人"完全不是封建地主和佃农之间的关系,恰恰相反,而是"租佃人"利用预付租价的方式剥削"田主"的关系。在这里,"田主"实际上是破产农民,而"租佃人"则是真正的地主。租价的实质并不是地租,而是高利贷。第二种类型契约才是真正的封建租佃契约,这类契约有两个特点,其一,租佃人是贫苦农民,因为没有或缺少土地而租佃;其二,地租是租佃人向田主(地主)提供的无偿剩余劳动。②

西嶋定生在整理大谷文书时,注意到租佃土地与自耕地错综复杂交织在一起的现象,指出唐前期已受田所在地分散而不能直接耕种,导致了租佃关系的发生。这种关系,与唐末以后受身份隶属关系所约束的佃户关系不同。在西州(治今新疆吐鲁番东南高昌故城),田主和佃户都是给

---

① 韩国磐《根据敦煌和吐鲁番发现的文件略谈有关唐代田制的几个问题》,《历史研究》1962年第4期,第149—160页;《从〈吐鲁番出土文书〉中夏田券契来谈高昌租佃的几个问题》,《敦煌吐鲁番出土经济文书研究》,第199—224页。
② 孙达人《对唐至五代租佃契约经济内容的分析》,《历史研究》1962年第6期,第97—107页。吴震则将吐鲁番租佃契约分为三类:一类为地主贷付土地以收纳谷物;一类是佃人向地主提供货币、谷物获得土地使用权;一类是田地的质典、贷借,大致与孙达人看法相同。见氏著《吐鲁番文书》,《历史教学》1980年第5期,第18—22页;《近年出土高昌租佃契约研究》,新疆人民出版社《新疆历史论文续集》,新疆人民出版社,1982年,第106—164页。罗彤华也从预付租价型和后付租价型租佃制的角度,对吐鲁番115件和敦煌12件租佃契约进行了全面整理和分析。她认为预付型租佃寓有以土地质押借贷之意,后付型契约则是较典型的租佃形态。两地租契多属于1—2年的短期租,但也有长至22年的特例。在租价方面,官田通常每亩在2—6斗间,民田则在5斗至1斛间。但民田租价的变异性远比官田大,尤其是8世纪以来,租价差距可达数十倍。在地租交付方式上,高昌国至唐初后付地租占绝对优势。唐高宗以来,预付地租大幅增多,尤其以开元至大历年间最密集。预付租价与后付租价愈呈两极化发展,显示主佃之间的贫富差距日益扩大,彼此的经济力量日益悬殊。这无疑是均田制动摇、崩溃的征兆。但从租契中规定的主、佃双方的权利义务来看,唐代主、佃双方的经济地位即使差距渐大,但租契中多少还有些条款是约束经济居优势的一方。与后世相比,仍较为平等,差距较小。在她看来,均田制是按口授田,以平均土地为目的的制度,其理想状态下,不应有那么盛行的租佃制。但均田制欲将人民固定在土地上的想法,本身难以跟上社会的脚步,再加上不能如预期授足田额,务从近便,故均田制自开始实施即已显现危机。为了调整土地零细化及各种不能自耕、无地可耕的现象,使力业得以相称,租佃制在其中扮演了非常重要的角色。租佃制虽无力解决土地兼并问题,甚至达无法避免某些人假租佃以牟利,但无论如何,租佃制似有缓和贫富差距扩大,或地主与无产阶级(指无地农民)尖锐对立的作用。与其说租佃制的盛行,动摇了均田制,使其走向崩溃瓦解之途,倒不如说均田制的执行不力与不切实际,导致并助长了租佃制的盛行。见氏著《唐代西州、沙州的租佃制》(上、中、下),《大陆杂志》第87卷第4期,第39—47页,第5期,第34—45页,第6期,第10—24页,1993年。

田对象的均田农民,往往一个人又是田主又是租佃人,因此就限制了两者身份上的隶属关系。①

仁井田陞从责任与义务的角度,将租佃文书分为两类:一类规定了借贷双方的义务和责任,另一类只是严厉追究借方违犯义务的责任。他认为,前者体现了均田农民彼此利用对方土地的循环关系。所以,唐代土地租借契约里没有发现后世那种在地主和佃户之间的人身统治关系。②

沙知则从官田、私田的角度来判断租佃关系的性质。他认为私田出租中,一类为小土地占有者之间的交错出租,这是小私有者(基本上是均田农民)之间的自由租佃,剥削的性质较轻,佃人和田主之间不可能像一般佃农和地主之间那样具有较强的人身依附关系;另一类为寺田的出租,这是寺院地主对佃耕农民的剥削。官田的出租则是"一种强制性极强的租佃剥削关系"。不过,小私有者之间的自由租佃比寺田、官田出租更为普遍。③

孔祥星认为契约可分成两类:主佃双方处于对等地位的均田农民结成的契约;封建地主与贫苦农民结成的真正的封建租佃关系。若以支付方式论,则可分成预付(包括货币、实物)、后付两类。他对这两类支付方式不同的租佃关系,从佃种、租额、主佃双方承担的责任(或义务)、租田交付的时间、租田位置和数量进行分析,着重考察了租佃关系的性质,认为唐前期西州土地租佃契约的立契约双方主要是小土地占有者,其目的还在交错出租土地,以达到更好地进行生产。④

池田温则将敦煌租佃契分成地主型、麦主钱主型及舍佃型三类。其中,到7世纪末之前租佃契以地主型为主,8世纪则以麦主钱主型集中。在第一种类型中,地主处于优势地位,第二种类型中租佃人即麦主或钱主

---

① 西嶋定生《从吐鲁番出土文书看均田制的实施情况——以给田文书、退田文书为中心》,西域文化研究会编《西域文化研究》第2—3卷,1959—1960年,收入氏著《中国经济史研究》(东京大学出版会,1966年),冯佐哲等译,农业出版社,1984年,第313—519页,尤其是第473页。
② 仁井田陞《吐鲁番出土的唐代交易法文书》,《西域文化研究》第3卷,1960年,中译文收入中国敦煌吐鲁番学会编《敦煌学译文集》,甘肃人民出版社,1985年,第660—740页;《吐鲁番发现的唐代租佃文书的两种形态》,《东洋文化研究所纪要》第23册,1961年。
③ 沙知《吐鲁番佃人文书里的唐代租佃关系》,《历史研究》1963年第1期,第129—139页。
④ 孔祥星《唐代前期的土地租佃关系——吐鲁番文书研究》,《中国历史博物馆馆刊》总第4期,1982年,第49—68页。

占优势地位,第三种类型中主佃双方处于对等地位。①

不过,也有学者不同意把租佃关系作为反映阶级对立标志的看法。如堀敏一认为一直被分为不同类型的租佃关系,只反映了租价支付方式(预付或后付)的区别,并不体现主佃地位的高低。因此,从高昌国时代就存在的租佃关系,基本上是相同的性质。只是在官田租佃中,已出现佃人地位处于从属性的萌芽。②

到了宋代,封建租佃关系已经在中国社会生产中占据主导地位。租佃关系对宋代社会结构产生的显著影响之一,就是户籍分类中主、客户的出现。户分主、客,并非宋代新制。唐德宗实施两税法时,即规定"户无主、客,以见居为簿;人无丁、中,以贫富为差"。③"户无主、客",或作"户无土、客"。④ 可见当时主、客户的区别,主要是土著与侨寓之别。⑤ 这与宋代以

---

① 池田温《中国古代的租佃契》上篇,《东洋文化研究所纪要》第60册,1973年,第1—112页。此后他又发表了该文的中、下篇(《东洋文化研究所纪要》第65册,1975年,第1—112页;第117册,1992年,第61—131页)。中篇补充了吐鲁番契约,分析了吐鲁番地区租佃关系普及状况,还探讨了均田制下田地的抵当、典地、租佃与均田制的影响、界限。下篇又增加了86件租佃契,并全面论述了租佃契约的诸要项(如契名、立契年月、当事人、土地类型、租价、契约种类特点、附加条件等),同时也比较了敦煌吐鲁番两地租佃关系的差异。
② 堀敏一《唐代田土的租赁契约同抵押、典当的关系》,《东洋史研究》第39卷第3号,1980年;《从西域文书看唐代的租佃制——特别关注均田制及其崩溃过程》,《明治大学人文科学研究室纪要》第5册,1967年,亦见氏著《均田制的研究》,第248—320页。
③ 《旧唐书》卷四八《食货志上》,第2093页。
④ 《唐会要》卷八三《租税上》,第1820页。
⑤ 张泽咸《唐代的客户》,《历史论丛》第1辑,中华书局,1964年,第177—193页;《再论唐代的客户——关于纳税客户的性质问题》,《中国古代史论丛》1982年第3辑,第190—208页;唐长孺《唐代的客户》,《山居存稿》,第129—165页。唐宋主、客户词义的过渡,大约出现于晚唐,完成于五代。建中元年(780)颁布两税法时,征税"唯以资产为宗,不以丁身为本"。然而据资产征税确实有不完善之处,如陆贽所指出的,政府"曾不悟资产之中,事情不一:有藏于襟怀、囊箧,物虽贵而人莫能窥;有积于场圃、囷仓,直虽轻而众以为富;有流通蕃息之货,数虽寡而计日收赢;有庐舍器用之资,价虽高而终岁无利。如此之比,其流实繁,一概计估算缗,宜其失平长伪"(《陆贽集》卷二二《均节赋税恤百姓》,第722—723页)。故穆宗长庆元年(821)正月开始对两税征收原则作出调整:"应河南、河北等州给复限满处置,宜委所在长吏,审详垦田并桑见定数,均输税赋,兼济公私。每定税讫,具所增加赋申奏。其诸道定户,宜委观察使、刺史,必加审实,务使均平。京兆府亦宜准此。"《册府元龟》卷四八八《邦计部·赋税二》载长庆元年七月敕,第5836页。此后,两税征收皆"据地出税","地既属人,税合随去"(见《唐会要》卷八四《租税下》所载大中六年三月中书门下奏、四年正月制,第1829页),没有土地的浮寄客户就不应再承担正税。这个原则在唐末、五代不断被重复,如后晋天福八年(943)三月敕规定,"其浮寄人户有桑土者,仍为正户"(《五代会要》卷二十《县令下》,上海古籍出版社,2006年,第320页),即要求将有土地的浮寄人户(客户)作为正户(税户、主户)编入户籍。参见翁俊雄《唐后期民户大迁徙与两税法》, (转下页)

有无田地等重要生产资料(主要指乡村户)，或有无房产等重要生活资料(主要指坊郭户)为依据，来划分主、客户有很大差别。① 宋代主户亦称税户，"税户者有常产之人也，客户则无产而侨寓者也"。② 乡村客户基本上可被视为佃户，即："乡墅有不占田之民，借人之牛，受人之土，佣而耕者，谓之客户。"③ 由于此类经济关系的普遍性，所以宋代人常用"主客"关系代表地主和佃农之间的租佃关系。

宋代租佃关系的基本特征之一就是，土地出租者与土地租佃者之间普遍采取契约的形式。不仅是一般的地主和佃户在出租土地和耕牛、农具等生产资料时要签订契约，④ 而且政府所掌握的公田，如屯田、营田等的经营，⑤ 也通

（接上页） 《历史研究》1994年第3期，第87—101页。当然，对于两税法征收原则转变的地域差异和复杂性，也要予以充分重视。李锦绣就指出，户税向田亩税转变，是一个渐变的过程，各地区之间存在较大的差异性。两税钱物与两税斛斗一起按垦田团定数额的转变，并非始于长庆元年，而应起于晚唐，由局部向全国发展，至五代逐渐普遍，见氏著《唐代财政史稿》下卷第2分册，第664页。参见吴树国《唐宋之际田税制度变迁研究》，第4—5页。

① 宋代的户口分类呈现多样化的面貌，根据不同的标准，有不同的区别。除主、客户之外，政府又会按人户居住地，区分为乡村户和坊郭户。乡村、坊郭户之内亦主、客对举。一般来说，乡村主客户的区分在于有无田地，而坊郭主客户的区分在于有无房产。根据财产的多少，乡村主户和坊郭主户又各分作五等、十等，以承担相应的权利与义务。详见王曾瑜《宋朝阶级结构》(增订版)，第11—14页。

② [清]徐松辑《宋会要辑稿·身丁》，中华书局，1957年，食货一二之十九至二十。

③ [宋]石介《徂徕石先生文集》卷八《录微者言》，中华书局，1984年，第87页。不过，宋代的"佣"字，并非必然指雇佣之意，佣耕也可指佃耕。参见王曾瑜《宋朝阶级结构》(增订版)，第30页。

④ [宋]陈舜俞《太平有为策·厚生一》，"千夫之乡，耕人之田者九百夫。犁牛稼器，无所不赁于人。匹夫匹妇，男女耦耕，力不百亩。以乐岁之收五之，田者取其二，牛者取其一，稼器者取其一，而仅食其一。不幸中岁，则偿且不赡矣。明年耕，则称息加焉。后虽有丰获，取之无所赢而食矣。率五年之耕，必有一年之凶"。曾枣庄、刘琳主编《全宋文》卷一五三七，上海辞书出版社、安徽教育出版社，2006年，第70册，第370页。[宋]毛珝《吴门田家十咏》："去年一涝失冬收，逋债于今尚未酬。偶为灼龟逢吉兆，再供租约赁耕牛"。北京大学古文献研究所编《全宋诗》卷三一三五，北京大学出版社，1998年，第59册，第37487页。

⑤ 北宋前期的屯田、营田，经历了由国家直接经营，即由士兵耕种，向封建租佃经营方式的转变。此后，还出现了土地租佃权("久佃")在佃户之间移easily买卖的现象："其交佃岁久，甲乙相传，皆随价得佃。"(《文献通考》卷七《田赋·官田》引知吉州徐常奏，第80页中)参见漆侠《宋代经济史》，上海人民出版社，1987年，第282—298页。不过，杨际平认为宋代民田租佃，多数订立契约，而政府出租官田时所颁发的"户帖"、"公凭"等，并非租佃契约，只是官府所颁给的土地使用权证书。官田出租未订立租佃契约的原因，"当在于其时国家佃户的身分地位尚未提高到足以与政府签订租佃契约的程度。因此，政府可以不必借助租佃契约，即可达到向佃户索取地租的目的。在这里，超经济强制起着极其重要的作用"。见氏著《宋代官田出租订立租佃契约说质疑》，《陕西师范大学学报(哲社版)》1990年第4期，第58—62页。在这里，杨际平将主要作为政府纳税通知书的户帖，看做是政府用来控制自耕　　（转下页）

常会按照"民间主、客之例",① 与民户签订契约,来确定收获物的分配比例,不再采取唐代那样主要由士卒、屯丁(色役)和流放刑徒耕种的经营方式。②

契约的普遍化,对宋代社会生产结构的影响主要有二:③

一、贱民阶层的消亡。唐初在法律上有严格的良人与贱民的区分,两者法律地位明显不同。但中唐以来,特别是北宋建立以后,贱民阶层走向衰亡,这被视为唐宋社会变革的内容之一。王曾瑜虽然从总体上并不认同宋代有什么"最本质变化",但他也认为:"宋人抛弃了奴婢'类同畜产'的观念,反映了唐宋之际在阶级结构方面一个较重要的进步和变动。""《唐律疏议》中原先规定的奴婢和部曲、客女两等贱民(在宋代)都趋向消亡",如"部曲作为一种特殊的贱民,在宋朝已不复存在。宋代的部曲一般已恢

(接上页)　农(国家佃户)的超经济强制手段。从某种意义上说,这种观点与将租庸调看作地租的前提是一致的。笔者并不认同这样的前提和结论。有关宋代户帖的研究,参见葛金芳《宋代户帖考释》,《中国社会经济史研究》1989年第1期,第16—23页;尚平《宋代户帖的性质及其使用》,《广西社会科学》2007年第5期,第95—99页;刘云、刁培俊《宋代户帖制度的变迁》,《江西师范大学学报(哲学社会科学版)》2009年第6期,第91—95页。

① 至道元年(995),度支判官陈尧叟等建议:"其民田之未辟者,官为种植,公田之未垦者,募民垦之,岁登所取,其数如民间主、客之例",即"公私各取其半。"[宋]李焘《续资治通鉴长编》卷三七,中华书局,1979年,第807页,《宋会要辑稿·水利上》,食货七之一至二。参见漆侠《宋代经济史》,第209—212页。

② 唐前期以边区军州屯田(营田)为主,由节度等使兼支度营田使进行管理。屯田上的主要劳作者是士卒、屯丁和流放刑徒,主要以无偿役使方式经营。即便有以租佃制的经营形式,数量也很少,不重要。安史之乱后,这些屯田大多不为唐有,新置内地屯田是代宗朝政府筹措经费的方法之一,由各级营田使下官吏管理。营田使下置营田户从事耕垦劳作。不过,唐后期的屯田经营方式已经向租佃制发展了。详见李锦绣《唐代财政史稿》上卷第2分册,第687—693页,下卷第1分册,第532—537页。

③ 此外,唐宋之际地主阶级内部的变化有二:一是官户、形势户正式作为法定户名。唐会昌年间(841—846),"'衣冠户'一词的出现,适应了门阀士族阶层消亡的社会现实"。"宋代正式将官户作为法定名称,并且确定了比官户范围更大,包括富裕吏户在内的形势户的法定户名";二是非官僚地主法定户名的出现。"非官僚地主,唐代尚无正式的法定名称","宋代则大致以乡村上户和坊郭上户为名"。详见王曾瑜《宋朝阶级结构》(增订版),第5页。对于宋代地主阶级内部的这一新兴主体阶层,还有一些其他称谓:侯外庐等人将其称为"非品级性地主"和带有"非品级性"色彩的"庶族地主"(侯外庐《中国思想通史》第4卷《编者的话》,人民出版社,1959年,第1页),白寿彝则将其称为"势官地主",以区别于魏晋隋唐时期的门阀地主和明清时期的官绅地主(白寿彝《中国历史的年代:一百七十万年的三千六百年》,《北京师范大学学报(社会科学版)》1978年第6期,第16—20页),漆侠等人称之为庶族地主和中小地主(漆侠《宋学的发展和演变》,河北人民出版社,2002年,第47页;李华瑞《两宋改革的特点及其历史作用》,《西北师范大学学报(社会科学版)》1994年第4期,后收入氏著《宋史论集》,河北大学出版社,2001年,第105页)。

复汉时的原始含义,意为将领的部属",而"宋朝奴婢一词,在很多场合下可与人力、女使通用"。① 这与唐宋奴婢的雇佣化趋势直接相关。②

二、直接生产者人身依附关系大为松弛,客户一般享有迁徙和退佃自由。虽然在为数不多的局部地区或比较短暂的特定时期,还会出现人身依附关系加强的情况,但在当时,广大客户"去来不常"、"起移不定","作息自如,刑责不及"、"租佃之户或退或逃"、"一失抚存,明年必去而之他",已经是带有普遍性的正常情况。③ 与之相适应,政府也开始承认客户的上述权利。天圣五年(1027),宋仁宗下诏:"江、淮、两浙、荆湖、福建、广南州军旧条:私下分田客,非时不得起移,如主人发遣,给与凭由,方许别住。多被主人折勒,不放起移。自今后客户起移,更不取主人凭由,须每田收田毕日,商量去住,各取稳便,即不得非时衷私起移;如是主人非[拦]理栏(拦)占,许经县论详"。④ 主佃双方"商量去住、各取稳便"云云,就是对佃户退佃自由的认可。

---

① 王曾瑜《宋朝阶级结构》(增订版),第 6—7 页。
② 李天石《中国中古良贱身份制度研究》,南京师范大学出版社,2004 年,第 406—407 页。关于中国良贱制度的具体消亡时间,戴建国《"主仆名分"与宋代奴婢的法律地位——唐宋变革时期阶级结构研究之一》(《历史研究》2004 年第 4 期,第 55—73、190 页)一文,针对学术界普遍认为的中国中古良贱身份制至北宋已走向衰落的观点,提出不同看法。依据新发现的《天圣令》有关令文,他认为北宋时期还存在着良贱制度,直到南宋时才完全消亡,其论据之一是《天圣令》一些条文规定了奴婢仍可以当作私家财产买卖、转让、质举。唐宋法律都严禁质举(质典)良人为奴婢,因此这些奴婢指的是贱口奴婢。这些宋令说明当时社会阶级的划分在法律上仍有良贱之分,应是法律意义上良贱制度存在的证据。不过,有的学者认为戴文混淆了"良贱之分"与"良贱制度"的差异,把存在"良贱之分"等同于存在"良贱制度"。如宋以后的史料中也有大量的关于"良贱之分"的记载,但不能认为当时还存在良贱制度。见张文晶《试论中国中古良贱制度的若干问题》,慈鸿飞、李天石主编《中国历史上的农业经济与社会》第 2 辑第 1 册,吉林人民出版社,2005 年,第 139—155 页。
③ 葛金芳《唐宋之际农民阶级内部构成的变动》,《历史研究》1983 年第 1 期,后收入氏著《唐宋变革期研究》,第 134—136 页。引文分别见于[宋]沈辽《云巢编》卷九《张司勋墓志铭》、《沈氏三先生文集》卷六十,四部丛刊三编本,商务印书馆,1936 年叶 44;《景定建康志》卷四○《田赋志》引明道二年(1033)范仲淹奏,《宋元方志丛刊》第 2 册,中华书局,1999 年,第 1987 页;《续资治通鉴长编》卷三九七,元祐二年(1087)三月辛巳条后,中华书局,1992 年,第 9693 页;[宋]文彦博《文潞公文集》卷二一《论监牧事》(熙宁五年)附贴黄,《宋集珍本丛刊》第 5 册,线装书局,2004 年,第 373 页;《宋会要辑稿·免役钱》,食货一三之二一。
④ 《宋会要辑稿·农田杂录》,食货一之二四。南宋高宗绍兴二十三年(1153)六月庚午诏:"民户典卖田地,毋得以佃户姓名私为关约,随契分付;得业者,亦毋得勒令耕佃。如违,许越诉,比附'因有利债负虚立人力顾(雇)契敕'科罪。"[宋]李心传《建炎以来系年要录》卷一六四,中华书局,1956 年,第 2687 页。参见漆侠《宋代经济史》,第 212—213 页。

由于研究者大多认同宋代农民阶级的主体是客户,于是客户问题成为宋史研究的热门话题之一。①其中,客户的身份问题关系到如何判定"唐宋变革"的性质,因而成为争论的焦点。

作为京都学派的代表,宫崎市定《从部曲到佃户》一文将宋代的佃户(即客户,下同)等同于自由佃农,因而主张"宋代近世说"。东京学派的周藤吉之则在《宋代的佃户制》中,针锋相对地指出宋代的佃户不是自由佃农,而是农奴,主张"宋代中世说"。②中国学者中,束世澂的看法与宫崎相近。他认为宋代的客户"是可以来去自由没有人身隶属关系的",并估计北宋中期"有一半佃农是自由佃农"。③王方中、李埏的看法则与周藤相近。王方中认为宋代佃农"在身份上强烈依附于地主","就其性质上来说就是农奴",宋代"正是经济外强制最严格的时候"。李埏认为宋代"佃农被束缚于土地,'非时不得起移'","主人对于佃客,不仅'役其身',而且'及其家属妇女皆充役作'",他们"是主人的私属"。"主人对于佃客,享有法律上的特权",所以"就实质上说,它们(指宋代庄园)是农奴制的庄园"。④

不过,由于受中国古代历史分期论的影响,大多数中国学者既不赞成自由佃农说,也不认同农奴论。他们认为,相比于前代,宋代农业直接生产者的身份地位有明显提高,但并未完全获得人身自由,并以此作为唐宋社会转型的重要表现之一。如张邦炜在《北宋租佃关系的发展及其影响》一文中,从佃农退佃"自由"的争得(辨析天圣诏的全国性和皇祐法的地方性)、私家佃农而负担国家赋役(并说丁赋不仅见于南方)、超经济强制权力的削弱(两种不同的封建统治方法及其交错嬗替)等三个方面进行分

---

① 较早研究宋代客户问题的有加藤繁《宋代主客户统计》,《史学》第12卷第3期,1933年,后收入氏著《中国经济史考证》下册,第709—732页;陈乐素《主客户对称与北宋户部的户口统计》,《浙江学报》第1卷第2期,1947年,后收入氏著《求是集》第2集,广东人民出版社,1984年,第68—99页。
② 宫崎市定《从部曲走向佃户》,《日本学者研究中国史论著选译》第5卷《五代宋元》,第1—70页;周藤吉之《宋代的佃户制》,见氏著《中国土地制度史研究》,东京大学出版会,1971年,中译文见《日本学者研究中国史论著选译》第5卷《五代宋元》,第105—164页。
③ 束世澂《论北宋时资本主义关系底产生》,《华东师范大学学报》1956年第3期,第45—60页;《论汉宋间佃农的身份》,《中华文史论丛》第3辑,1963年,第33—64页。
④ 王方中《宋代民营手工业的社会经济性质》,《历史研究》1959年第2期,第39—57页;李埏《〈水浒传〉中所反映的庄园和矛盾》,《云南大学学报》1958年第1期,后收入氏著《不自小斋文存》,云南人民出版社,2001年,第164—222页。

析,认为北宋佃农对地主的人身依附关系较之前代,确有减轻。①

不过,宋代佃农人身依附关系的变化,存在着空间和时间上的差异。漆侠强调各地区人身依附关系发展的不平衡性,认为北不如南,是量的差别,西不如东,不仅是量的问题,而且是质的差别的问题。所以他指出宋代东部地区盛行封建租佃制,而西部地区仍停留在庄园农奴制阶段。② 华山认为一般说来,宋代的客户比前一时期"部曲"、"佃客"的隶属关系已有所减轻。尽管各地方的情况不一致,但总的趋势则是在曲折地、蹒跚地向着减轻的道路上前进。同时,他提出了宋代是否出现佃农第二次农奴化(张邦炜称之为第二次依附化)的问题:"在宋代大约三百多年的时间里,客户的封建隶属关系是继续着前一时期的发展趋势逐步减轻呢? 还是走着第二次农奴化的道路逐步加强?"在进一步研究之后,他更加肯定地指出,南宋时"强固的人身依附关系似乎已经普遍到整个江南地区,(佃农)走上了第二次农奴化道路"。其依据之一就是以南宋末年"公田法"的实施为标志的大地主田庄经济的发展。③ 张邦炜基本赞成华山等人的主张,并将中

---

① 张邦炜《北宋租佃关系的发展及其影响》,《甘肃师范大学学报》1980年第3期,第15—24页,第4期,第83—90页。持类似观点的学者论著有朱瑞熙《宋代社会研究》,中州书画社,1983年,第35—43页;《宋代佃客法律地位再探索》,《历史研究》1987年第5期,后收入氏著《噊城集》,华东师范大学出版社,2001年,第339—352页;王曾瑜《宋朝阶级结构》(增订版),第5页;关履权《宋代的封建租佃制》,《历史学》1979年第1期,后收入氏著《两宋史论》,中州书画社,1983年,第163—179页;漆侠《宋代封建租佃制及其发展》,《陕西师范大学学报》1982年第4期,第48—63页;梁太济《读〈袁氏世范〉并论宋代封建关系的若干特点》,《内蒙古大学学报》1978年第2期,第35—44页;《两宋阶级关系的若干问题》,河北大学出版社,1998年,第1—18页;陈智超《〈袁氏世范〉所见南宋民庶地主》,《宋辽金元史论丛》第1辑,1985年,后收入《陈智超自选集》,安徽大学出版社,2003年,第300—344页;葛金芳《中国封建租佃经济主导地位的确立前提——兼论唐宋之际地权关系和阶级构成的变化》,《中国社会经济史研究》1986年第3期,后收入氏著《唐宋变革期研究》,第124—126页;郭东旭《论宋代乡村客户的法律地位》,《河北大学学报》1985年第3期,后收入氏著《宋朝法律史论》,河北大学出版社,2001年,第242—264页。
② 漆侠《宋代社会生产力的发展及其在中国古代经济发展过程中的地位》,《中国经济史研究》1986年第1期,第29—52页;《宋代以川峡路为中心的庄园农奴制》,《求实集》,天津人民出版社,1982年,第93—112页。
③ 华山《关于宋代的客户问题》,《历史研究》1960年第1—2期;《再论宋代客户的身份问题》,《光明日报》1961年4月12日。后同收入氏著《宋史论集》,齐鲁书社,1982年,第30—48、49—54页。朱瑞熙《试论唐代中期以后佃客的社会地位问题》(《史学月刊》1965年第5期,第35—38页)一文指出,从哲宗元祐五年(1090)开始,宋代律令比较全面而详细地规定了佃户的法律地位低于地主一等,高宗绍兴初年规定低于地主二等,至元代又被降低数等,几乎与奴婢或奴隶地位相同。后来在《宋代佃客法律地位再探索》中,他又对上述观点作了进一步的补充论述。

国历史发展描述为"之"字形道路,即租佃制(战国秦汉)——部曲制(魏晋南北朝隋初唐)——租佃制(中唐至北宋)——第二次农奴化(南宋金元)。①

与上述从时、空角度的研究不同,一些学者是从租佃契约类型的角度,来分析分成租契约与定额租契约中所体现出的人身依附关系的强弱。李春圃指出,客户所具有的生产条件不同,决定了生产者与生产资料的结合方式不同,并由此决定了不同的产品分配方式。宋代官私地主采取"合种"或"分种"经营方式(分成制),是由两方面因素决定的:一、地主为了从客户身上榨取更多的地租,采取"合种"形式对他们十分有利;二、客户除了具有劳动力外,缺少或者没有耕牛、农具、种粮等生产条件,没有能力租佃土地独立进行生产活动,必须依靠主家租借,才能在地主土地上进行生产。在这种情况下,客户不仅没有土地所有权,即使占有权与使用权也不具备,只能用自己的劳动力在地主土地上进行生产活动。"出租"形式(定额租制)则有所不同。一般来说,佃户都具备独立进行生产的条件,不完全依靠主家借贷,便可在租来的小块土地上单独从事生产。在土地占有关系方面,佃户虽然没有土地所有权,但可在租佃契约规定的期限内,对土地拥有占有权与使用权。基于以上分析,他认为在宋代,"合种"形式下人身依附关系较强,"出租"形式下人身依附关系较弱,不可笼统

---

① 见张邦炜《北宋租佃关系的发展及其影响》;《"唐宋变革"论与宋代社会史研究》,李华瑞主编《"唐宋变革"论的由来与发展》,第18—27页。葛金芳是从经济发展的区域性和经营方式的多样性导致人身依附关系松弛过程出现曲折性与层次性的角度,反对二度农奴化的看法。他认为在农民阶级人身依附趋向松弛的过程中,充满了各种力量之间的反复较量和斗争。这些较量和斗争随条件、时间、地点的转移也往往产生不同的结果和影响。例如南宋时期江南佃农的封建隶属关系有反趋强化之某种迹象(需要强调的是,这种强化仍是局部、少量的和短暂的),与金人统治下中原地区经济关系之有限逆转和南宋小朝廷的政治黑暗、财政拮据、兼并炽烈等等因素在人身依附关系上投下的阴影有联系。所以,超经济强制呈现松弛虽是总体趋势,却又是一个曲折前进的历史过程,表现出时弱时强、此弱彼强,甚至前弱后强等错综复杂的情况。与租佃经济之下人身依附关系日趋松弛之主流相比,局部地区为时短暂的强化现象至多不过是回旋一时的支流而已。见氏著《对宋代超经济强制变动趋势的经济考察》,《唐宋变革期研究》,第171—175页。邢铁则从耕牛出租的角度考察了宋代客户的地位。他强调从客户可以自由起移而不再是终身隶属于某一家地主来看,人身依附关系即超经济强制确实较前减缓了,但剥削加重了,超经济强制的减缓是以经济强制的加重为前提的。要言之,一方面是超经济强制减缓,即政治身份的提高,另一方面是经济强制加重,即经济地位的下降。总的看来,宋代客户的社会地位较之前代的佃农并没有提高。见邢铁《宋代的耕牛出租与客户地位》,《中国史研究》1985年第3期,后收入氏著《宋代家庭研究》,上海人民出版社,2005年,第170—187页。

论之。此外，也要考虑到，由于各地区客户的多少、商品经济的发展水平都会在一定程度上对人身依附关系起到加强或削弱的作用。①

虽然前文提到，宋代人常用"主客"关系代表地主和佃农之间的租佃关系，研究者也普遍认同宋代农民阶级的主体是客户，但是并不能就此认为乡村客户是"对佃农的专称"。②因为乡村主户之中，拥有少量田产的乡村下户，同样存在着另外租种土地进行生产的需要，所以主户中也存在着相当数量的佃农。③乡村下户虽然与客户一样，同属佃农，但恰恰是双方具有的生产条件不同，才产生了分成租与定额租这两种不同的产品分配方式。于是，在李春圃和日本学者草野靖等人研究的基础上，④梁太济进一步揭示出：经济待开发地区（如川峡诸路等地区），以及经济发达地区的待开发地带（如两浙路、江东路等地濒江临湖的新垦区），可耕地成片，为少数人请射包占，当地居民稀少，须招募"浮客"（客户），向之提供耕牛、农具、种粮、室庐等生产、生活资料，方能垦辟，产量不稳定，主客只能按分成办法分享生产物。这是"分种"（分成租制）形式主要流行的区域。"租种"（定额租制）形式下，耕作者主要是第五等税户（乡村下户）。⑤在那些因田产经常买卖和承继分析而不断细分化、大地产的占有只是插花式地占有，而农产量又相对稳定的经济发达地区，是"租种"比较流行的区域。此外，屯田、营田中不成片段闲田也采用"租种"形式。

---

① 李春圃《宋代封建租佃制的几种形式》，邓广铭、程应镠主编《宋史研究论文集》（《中华文史论丛》增刊），上海古籍出版社，1982年，第139—150页。他还特别强调，史学界普遍认为分成租和定额租都是实物地租，这个看法不完全符合宋代社会的实际。因为在"合种"形式下，佃农以自己的劳动力，用地主的耕牛农具，常年在地主土地上劳动。他所分取产品的十之五六，是作为对其付出的劳动的报酬而出现的。地主所得部分，则是农民直接用劳动形式交纳的地租。所以应当把分成租划入劳役地租的范畴，而不应看作是实物地租。
② 朱瑞熙《宋代社会研究》，第37页。
③ 根据王曾瑜的研究，乡村主户之中，按照财产多少，可分为五等。通常，三等以上户又被称为上户。上户也拥有较多田产，因而可作为田地出租者，与皇室、形势户（官户、吏户）阶层一样被列入地主阶级。若以北宋历代主客户统计平均计算，当时客户约占总户数的34.5%，乡村下户约占总户数的43.7—59%，两者合计约占总户数的四分之三以上。见氏著《宋朝阶级结构》（增订版），第279—291、61—63页。
④ 草野靖《中国的地主经济——分种制》，汲古书院，1985年。
⑤ 如《政和令》规定："诸职田，县召客户或第四等以下人户租佃，已租佃而升及第三等以上愿依旧租佃者听。或分收，每顷至十户止。租课须税入中限，乃得催纳，遇灾伤检覆减放，准民田法。分收者依乡例，不得以肥地制扑收课。"《宋会要辑稿·职田》，职官五八之一七。

依据上述分析,梁太济又解释了宋代总户数中客户比例变化的原因。他指出,关于租佃关系中的佃种者一方,论者一般认为,乡村客户是"对佃农的专称"(见前引朱瑞熙语)。如果确实如此,那么在宋代这么一个封建租佃关系长足发展的时期,从横的方面来说,经济发展地区,亦即租佃关系发达的地区,其客户所占的比例,应当比经济待开发地区高;从纵的方面来说,随着租佃关系的向前发展和佃农队伍的扩大,客户在总户数中的比例,其总的趋向,也应当是逐步提高的。可是宋代有关客户的资料不仅不能说明这两点,却反而表现了完全不同的趋向:一、经济发达地区(如两浙路、江南东路等)客户比例远低于经济待开发地区(如夔州路、荆湖北路);① 二、无论在北宋,还是从北宋到南宋,官方统计中客户比例,总的趋势是在逐步降低(参见本书附表1)。

梁太济认为,宋代史料中表现出的这种趋向,其原因并不像一些学者所说的,是由于户口统计的不准确,② 而是因为客户和第五等税户中的佃农分别成了分种和租种这两种租佃关系下的佃种者一方,所以盛行分种的经济待开发地区客户比例高,盛行租种的经济发达地区客户比例反而低。甚至出现了像秀州(治今浙江嘉兴)那样,虽然租佃关系异常发达,却无一家客户的极端现象。或者像苏州(治今江苏苏州)那样,虽然客户所占的比例特低,只占9%,而下户所占比例却特高的突出现象。③ 在分种和租种这两种形式的租佃中,租种显然比分种进步。随着历史的向前发展,分种的比例必然逐步缩小,而租种的比例必然不断增大。从北宋至南宋所呈现的客户比例逐渐降低的趋向,是一种完全合乎历史实际的现象。到了南宋末年,租种形式

---

① 梁方仲《中国历代户口、田地、田赋统计》,甲表35、36,第132—149页。
② 加藤繁《宋代的主客户统计》认为客户比例小,说明该地区佃农少、自耕农多。反之,则说明佃农多,而且有大地主存在。同时他认为真宗以后,总户数与年俱增,而客户比率却可以看作没有什么大的变动,《中国经济史考证》下册,第717—718页。华山《关于宋代的客户问题》将宋代总户数中客户比例的下降归结为"官方统计之绝不可信",并断言"宋代客户(应是指佃农——笔者注)在全部户口中的比例数绝不是仅仅百分之三十或者四十,而至少在半数以上,而其比例数也绝不是日益降低,而是日益增大",见氏著《宋史论集》,第34—35页。
③ 梁方仲《中国历代户口、田地、田赋统计》,甲表36,第144—145页。[宋]范成大《吴郡志》卷十九《水利上》载宋神宗时,"苏州五县之民,自五等已上至一等,不下十五万户","又自三等已上至一等,不下五千户"。江苏古籍出版社,1999年,第268页。可见当时苏州下户在主户总数中比例高达96.7%。

的比重显著增大。① 宋代以后,虽然租佃关系仍在向前发展,但"客户"在官府眼中和文献中的地位都已经不再显得那么突出,其原因亦在于此。②

葛金芳虽然也认为宋代存在着以无地客户和无地、少地下户为代表的不同形式的契约佃农,但他依然将宋代户籍统计数字,总结为以下两个长期性发展趋势:一是在总户数中,主户比重下降而客户比重上升;二是在主户集团中,上户(一至三等)比重下降而下户(四、五等)比重上升,并认为这两个趋势从不同侧面反映了契约佃农已经成为农民阶级的主体成分这一重大历史事实。在客户比重上升方面,他延续华山等人的看法,认为北宋客户比例超过一半的判断可信,并且到南宋中叶,客户比重已增至三分之二以上。在华山等所指出的官方记载不可信诸原因之外,他强调"诡名挟佃"而产生的假主户对户籍统计数字真实性的重大影响。为了证明上述估计是可信的,他还认为必须要解决客户集团是怎样扩大的问题,并对其由以扩大的具体途径进行了考察。在葛金芳看来,宋代客户数量的增多,有多种因素在起作用,但促使佃农比例上升的主要因素,应是主户破产向客户转化这样一个因素。主户持续破产的经济根源,在于大土地所有制对小土地所有制的无情挤压。③ 这种挤压由于自建中两税法提出"兼并者不复追正、贫弱者不复田业"的著名原则以来,④ 已被封建国家视为合法,所

---

① 其依据是南宋末年黄震所说的"衣食稍裕之家,以其田使人佃之,所经由不过一二颜情稔熟之奴隶,而已不胜其田主之苛取,奴隶之奸欺矣;至于宝(富)贵之家,以其田使人佃,其苛取,其奸欺,甚至虐不可支,有举室而逃,捐命以相向者矣"。[清]黄宗羲著、全祖望补修《宋元学案》卷五五《水心学案下》引慈溪黄氏(震)曰,中华书局,1986年,第1804页。梁太济认为,文中佃种"衣食稍裕之家"和"富贵之家"田土的"邻之人"、"乡之人",所指当是自有简陋住处,尚未抛于祖坟、逃离故土的五等下户中的佃农,亦即租种形式租佃下的佃农。
② 梁太济《宋代五等下户的经济地位和所占比例》,《杭州大学学报(哲学社会科学版)》1985年第3期,第98—105页;《两宋的租佃形式》,邓广铭、漆侠主编《中日宋史研讨会中方论文选编》,河北大学出版社,1991年,第33—46页。
③ 葛金芳还指出,农民阶级主体成分由中古自耕农向无地佃农的过渡,自中唐以来即已十分明显。这点可由玄宗开、天之际均田户破产,不课户激增得到说明。据马端临统计,天宝十四年总户数为八百九十余万,而不课户竟达三百五十六万,比例高达百分之四十(见《通典》卷七《食货·历代盛衰户口》,第153页)。在不课户名义之下固然有着不少名堂,但其中一个基本情况应是均田小农失去土地,转而依附豪富大姓,不再承纳国家赋役。见氏著《唐宋之际农民阶级内部构成的变动》,《唐宋变革期研究》,第141页。此说不确。唐代赋役制度中不课户、不课口的出现,与均田农民失去土地情况并无直接关系,而与均田制下未应受田者皆不课的原则有关。此外也与官员、贵族的特权及百姓因承担色役而免课役有关,参见本书第三章第四节。
④ 《文献通考》卷三《田赋·历代田赋之制》引沙随程氏(迥)曰,第46页上。

以较之以往更加理直气壮。小土地所有制的破产速率因此而急剧提高。①

在阶级分析法和五种社会形态理论渐渐淡出史学研究的今日，借助西方经济学理论来研究上述问题，也成为史学研究者的选择之一。耿元骊就基于自由市场理论来分析宋代出台限制佃户身份的政策或法规的原因，指出上述政策、法规的出台，并不意味着佃户地位的下降。相反，恰恰是由于佃户对业主越来越强的优势地位，才造成了政府对业主越来越强的实质性帮助。根据其表面奉行的"万民皆赤子"的主导意识形态，政府理所应当要照顾应该处于"弱势"的佃户。但由于佃户控制着实际的收获物，交租或不交租，多交还是少交，交优质还是劣质，其主导权都操持在佃户手中，而业主或在城居，或在外乡，既不能组织生产，也不能按时监督，只好采用定额或监分（分成）方式。对业主而言，采用定额租是收益最大、成本最低的方式。如果产量能保持稳定，对佃户来说，这也是个较优的选择。不过，如果佃户对自己的耕作技能或土地不放心，选择监分制，对于他来说，就是更为合适的，也更能降低风险。但在监分制下，佃户作为收获物的实际控制者，瞒产、隐产都相对要便利得多。于是，业主就承担了很大的风险。在这种情况下，政府帮助业主以便按时正常获得收获物，就成为一种经济利益的抉择，而非政治上同盟的选择。这就是宋代政府出台限制佃

---

① 葛金芳《唐宋之际农民阶级内部构成的变动》，《唐宋变革期研究》，第135—145页。林文勋也赞成葛金芳的看法。他认为由于土地买卖的普遍化，在土地买卖的过程中，大批小农不断失去自己的土地，导致以佃耕土地为生的佃农日益增多。随着租种土地的客户的增多，形成了一个竞争性租佃市场。对这个市场，以往学界没有给予足够重视，实际上它是正确理解唐宋土地关系所反映的阶级关系发展变化的一个关键性问题。这个市场会导致两个结果：(1)竞争使佃农不得不考虑如何种好自己承佃的土地，以保证自己租佃权的稳定，从而激发小农生产的积极性；(2)竞争使佃户想方设法维持与田主间的租佃关系，不得不接受田主一些超经济剥削，从而使主佃关系日益紧密。所以，造成南宋客户地位下降的主要原因就是竞争性租佃市场中竞争日趋激烈的结果。当然，这个现象与唐宋以来人身依附关系不断减弱的历史大势并不矛盾。见林文勋《唐宋土地产权制度的变革及其效应》，《唐宋社会变革论纲》，第82—83页。谢元鲁从产权发展的角度指出，唐宋之际及进入宋代之后，经济制度及其运行方式对效率的注重逐渐取代了对平等的注重。宋代经济效率的提高，体现在土地产权逐步由国家平均分配土地的均田制向土地私有转换，出现了产权的明晰化趋势，国家权力对某些新兴经济领域控制相对薄弱。此外，制度和组织建立、变迁和运行所产生的社会交易成本也逐步降低，表现在社会商业信用的新体系逐渐形成与逐步完善化。见谢元鲁《唐宋制度变迁：平等与效率的历史转换》，《文史哲》2005年第1期，第45—47页；《论唐宋社会变迁中平等和效率的历史转换》，《四川师范大学学报（社会科学版）》2006年2期，第93—98页。

户的种种法律条文的原因。并且,这种原因是无法归结到阶级的区分上的。

一般认为,在定额租制下,小农不受业主控制,人身更为解放。纳租之后的剩余生产物,皆归小农所有,有利于提高其生产积极性。所以与分成租相比,定额租代表了更先进的生产关系。耿元骊并不这么看。在借鉴了经济学对风险变量的分析,并参考高王凌对清代主佃博弈现象的论述后,[①] 他指出分成租的出现,更多应该出自于小农户的选择。特别是外来农户,对本地的气候、土壤等都不熟悉,一开始并不敢采用风险极大的定额租。只有当条件成熟之后,小农才会采用对自己有利的定额租。从业主方面来说,多数时候是业主需要佃户,因为毕竟不能将地闲置。虽然具体选择某个佃户,是业主的优势所在,但一旦选定佃户,佃户就在主佃双方的冲突中占据了主导地位。毕竟收获物控制在他的手中。定额租并不一定就比分成租更先进。[②] 从整体上说,定额租制只是一种满足了多方需要的制度,是多方合力的结果。

租佃关系的变化,是土地所有者与耕作者之间利益调整的结果。在这个过程中,主佃双方各显神通,各自争取自己的利益最大化。这就体现为主佃双方的博弈。同时,一旦佃户要求减租,业主就相应地会要求减税。减税面一旦扩大,就成为政府不愿意面对的局面。在这种情况下,政府主动制定政策,对主佃双方进行约束,以确保租佃契约能得到执行。然而,在所谓的"政治"或"人情"社会中,这就意味着大家都要"有饭吃"。为此,在博弈之中,"迁就"就成为三方共同的"最优"(最适合的)选择,而契约的最重要之处——公平、合理的执行,却被放弃了。

在耿元骊看来,中国的整个帝制时期,特别是由汉到明这个长时段中,平民或者说自耕农,最主要的经营方式就是亲身耕作。除非其自身或家庭成员能谋得官位,否则只能终身勤苦。偶有经济条件改善,买得数十

[①] 高王凌《租佃关系新论:地主、农民和地租》,上海书店出版社,2005年。有关宋代佃户抗租的情况,参见草野靖《宋代的顽佃抗租和佃户的法律身份》,《史学杂志》第78编第11号,1969年,中译文见《日本学者研究中国史论著选译》第8卷《法律制度》,徐世虹译,中华书局,1992年,第313—351页。

[②] 王曾瑜指出,定额租纳租手续较为简单,对地主收入更有保障,而且由于定额租外的产品归佃农所有,可增加其生产积极性。但定额租的某些优越性只是相对的,不见得在所有场合都优于分成租。要确切地判断宋代地租以定额租为主,还是以分成租为主,是不可能的。见氏著《宋朝阶级结构》(增订版),第102—103页。类似的反思,在明清史研究中也已出现,见夏爱军《定额租制是分成租制进一步演化之异议》,《中国农史》2002年第3期,第43—46页。

亩土地,自耕不暇,必然出佃或雇工经营。这种选择,与土地的所有关系无关,只是基于利益的计算和自身经济状况的考量,并没有任何阶级的意识和所谓"剥削"的考虑。唐宋之间,亦多类此。①

唐宋土地兼并的实质,就是土地的不停换手。而且在更多的时候,只是权势者对丧失权势者以及"公共"土地的剥夺,而非"地主阶级"对"农民阶级"的剥夺。唐宋时期土地并没有大规模流转,地权也没有大幅度集中,大土地所有制更没有高度膨胀。宋代客户比例的下降,意味着有产者的数量在上升。这说明,从中长期趋势来看,社会上有田产的人越来越多,而不是田产越来越集中到少数大地主、大官僚手中,"地权转移呈现了逐渐分散的倾向"。②如果放宽历史的背景来考察,贯穿于整个中国历史的所谓"土地兼并",其实质就是政治上的得意者对失意者的掠夺。越到后期,"土地兼并"者的目标就越集中于"公共"资源上。可以说,每个朝代的"大土地所有制"都是无法衡量与证实的。正如章有义所指出的,"根据十一世纪末叶,1091—1099年间,客户占总户数的百分比,平均为32.97%。而到二十世纪三十年代前期,1931—1935年间,佃户对总农户的比率平均亦仅30.33%。如果从前者剔去无业贫民,则佃户百分比,前后相隔八百多年,几乎没有多大变化,简直近乎一个常数。看来,人们所想象的地权不断集中的长期趋势,实际上是不存在的,或者说是不可能存在的"。③既然不能对"大土地所有制"进行定量分析,更无法确认它的发展

---

① 耿元骊《唐宋土地制度与政策演变研究》,第205—215页。张锦鹏也认为在租佃制下,土地所有者和承租者之间的收益分配决定了租佃经济的效率。地主和佃农双方都是追求经济利益的主体,都在追求土地收益的最大化,但是,双方之间有利益分割问题,地主希望确定一个较高的地租率,以获得更多的土地收益,佃农则希望地主尽量少地取走收成,以得到更多的土地收益。如何来协调双方的利益矛盾呢? 不同的市场组织结构,有不同的利益形成机制。宋朝租佃市场属于竞争性市场,地租率由市场决定,对租佃双方都是有利的。在宋朝广大佃农家庭经济条件差,抵御经营风险能力弱的社会条件下,采取分成租佃制是适应宋代生产力发展水平的有效率的制度安排,"随田佃农"不是对佃农的人身买卖,而是有利于保障佃农权益的有效制度选择。见氏著《宋朝租佃经济效率研究》,《中国经济史研究》2006年第1期,第72—78页。
② 参见赵冈《地权分配的长期趋势》,《中国社会经济史研究》2002年第1期,第60—64页。
③ 章有义《本世纪二三十年代我国地权分配的再估计》,《中国社会经济史研究》1988年第2期,第3—10页。中国学者研究传统乡村社会的模式,受两种理论影响最大,即"中国封建社会"理论(亦称"租佃关系决定论")和"乡村和谐论"(受此理论影响的学者,通常把传统乡村看成一个非常和谐的、温情脉脉的大家庭,其主要论点可以概括为如下几点:"国权不下县,县下唯宗族,宗族皆自治,自治靠伦理,伦理出乡绅")。对于这两种理论, (转下页)

终点在哪里。那么,原来通过土地所有制发生重大变化来证明唐宋时代发生重大变化的学术逻辑出现了裂痕。这促使耿元骊去反思马克思主义史学传统,并主张回归王朝史观体系。①

以上从分成租和定额租的契约形式、人身依附关系变化,以及其背后所隐藏的社会阶层变动、大土地所有制发展趋势等四方面对既有研究进行了综述。可以说,学者对唐宋间租佃关系的长足发展都持肯定态度,但对这种发展所呈现出的一些现象,各方观点却存在较大分歧。在种种分歧之中,尤其以马克思主义史学者与新派学者之间对大土地所有制发展趋势分析的对立最为突出。应该说,运用西方经济学的最新研究成果,是新派学者的优势,比如耿元骊等人对宋代佃户人身依附关系变化的分析,以及对大土地所有制及土地集中程度的反思,都极具启发性。不过,与此同时,正如笔者在第一章中所强调的,新的研究范式中,存在着将摆脱意识形态的消极影响与否定马克思主义基本原理等同起来的倾向。一味强调中国问题的特殊性,并完全否定阶级分析法和五种社会形态理论在中国史研究中的适用性,就会使上述研究不可避免地重新戴上"温情脉脉的面纱",②放弃社会史大论战以来史学研究的重要成果(如中国古代史诸

（接上页）　秦晖指出前者强调租佃关系的作用,后者则把传统乡村看成一个非常和谐的、温情脉脉的大家庭。但它们皆属一种理论虚构,难以考之史实。具体到前一种研究范式,他指出中国历史上的土地,后代比前代更集中,一个朝代内部晚期比早期更集中的倾向是不存在的。其依据之一就是北宋初太宗年间(976—997)总户口中客户占41.7%,北宋末哲宗元符年间(1098—1100)降至32.7%(参见本书附表1)。从定义讲,所谓客户就是无地农民。虽然宋代统计的客户数是否准确可质疑,但是没有根据说前后期的统计误差状况有重大变化,因此上述数据是可信的,能够反映出北宋后期土地比前期分散。见秦晖《关于传统租佃制若干问题的商榷》,《学术月刊》2006年第9期,第122—132页。关于中国租佃关系研究的反思,还可参见秦晖《古典租佃制初探——汉代与罗马租佃制比较研究》;《"业佃"关系与官民关系——传统社会与租佃制再认识之二》,《学术月刊》2007年第1期,第131—136页;秦晖、彭波《中国近世佃农的独立性研究》,《文史哲》2011年第2期,第104—115页。

① 耿元骊《唐宋土地制度与政策演变研究》,第191—205、287页。林文勋从产权制度变革的角度考察了唐宋之间的变化,指出土地产权制度的变革,促进了土地资源的优化配置。产权变革是商品经济发展的结果,反过来又推动土地买卖,推动土地的商品化。对于土地买卖,以往多简单认为土地兼并导致了土地的集中,这并不符合历史事实。唐宋社会,在土地集中的同时,因土地买卖和分家析产等因素的影响,始终还存在着土地分散的趋势。换言之,集中与分散并存,共同影响着土地的配置。见氏著《唐宋土地产权制度变革及其效应》,《唐宋社会变革论纲》,第81—82页。

② 马克思和恩格斯在《共产党宣言》中指出,"资产阶级撕下了罩在家庭关系上的温情脉脉的面纱,把这关系变成了纯粹的金钱关系",《马克思恩格斯选集》第1卷,第275页。

分期说),并主张重回所谓"自然"的"王朝体系论"的叙事模式。

二 中古租佃关系发展中的经济学逻辑

与传统马克思主义史学研究者相比,新派学者更倾向于从效率、产权、竞争和风险等角度来分析中国中古租佃关系的发展。可是现有研究也存在以下不足:尽管引入了不少西方经济学术语和概念,但并未真正解决传统马克思主义史学曾试图解释却未能解决的诸多问题,比如不同的租佃契约形式,在劳动产出效率上有什么差异?由契约而形成的租佃关系对社会生产和土地集中率(或地主占地率)有何影响?不同的地主和佃户会选择不同的契约类型或不同的地租率(额),不同选择的背后,主佃双方各自又有着什么样的经济学逻辑?现有研究成果大多只停留在私有权(产权)理论、自由市场理论和"理性人"假设等前提之上展开讨论,缺乏对西方经济学分析手段本身进行反思,在得出其适用性前提后再加以运用。

考虑到上述问题,单纯依靠历史学研究方法,并不能予以解答。在本节中,笔者同样借助经济学的理论和方法来探讨中国中古时期租佃关系发展。从新古典经济学(Neoclassical Economics)对分成租佃制(share tenancy)的困惑入手,笔者围绕着契约选择与边际产出效率两个角度,来分析唐宋租佃关系发展中的经济学逻辑,指出并分析了马克思主义史学研究中有关土地集中程度与人身依附关系解读中的误区。同时,又立足于辩证唯物主义和历史唯物主义,反思新古典模型中困惑的根源,试图在马克思五种社会形态理论的基础上,建立观察中国中古租佃关系发展的新坐标——北魏封建论。

1. 新古典模型中的分成租佃制困惑

在以契约和效率为中心的西方经济学论著中,涉及佃农的分成租、定额租,分别被称为分成契约(share contracts)、固定租金契约(fixed rental contracts),而涉及雇农(雇工)的工资,则被称之为工资契约(wage contracts)。包括亚当·斯密(Adam Smith)在内的新古典"经济学家们长期认为,分成契约效率低于工资契约和固定租金契约"。其相关理论模型及论证如下:

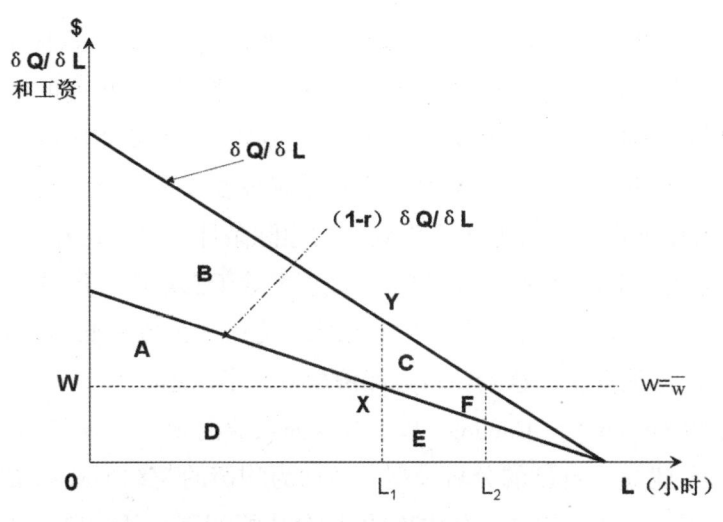

图1 新古典模型中分成租佃制的无效率

如图1所示,在假设模型中只存在唯一可变的投入要素是劳动力的前提下,设定租金额为r,工资率为w,工作时间为L。这样,当地主面临外部租金额r和外在工资率w时,[1]他有如下两种可能的选择:

(1)如果地主决定以工资率w雇佣一个工人(或者亲自耕种的话,即相当于自耕农,每小时的机会成本w),他会不断增加劳动力使用,直到劳动力边际成本和边际产出相等(边际利润为零)为止,地主实现了自己的福利最大化。在雇工劳作L_2小时的那个点会出现这种情况。此时,土地租金=A+B+C(即A-B-C区域),工资额(明确的或隐蔽的)=D+E+F(即D-E-F区域)。

(2)当地主决定向佃农出租土地并规定收取产出总量的一部分r时(地租率同样以r表示,下同),一个寻求最优化的佃农会增加其劳动投入,直到其劳动力边际产出$(1-r)\delta Q/\delta L$等于工资额(或佃农的边际机会成

---

[1] 需要说明的是,这里的"地主"是西方学者理解中的土地的所有者,包括自有耕地的出租者、自有耕地的雇工者以及自耕农。这与多数中国学者对"地主"概念的使用明显不同。在后者看来,自有耕地的出租者相当于出租地主,自有耕地的雇工者相当于经营地主,而自耕农绝不会被归入地主的范畴。但也有学者指出,封建时代的自耕农,作为独立的生产资料的所有者是地主,作为劳动者是农民。他们仅仅由于是生产资料的所有者,剩余劳动才归自己所有。也就是说,他作为他自己的地主同自己这个农民发生关系。见宋家钰《关于封建社会形态的理论研究与唐代自耕农的性质》,《中国唐史学会论文集》(1989),第29页。本书所使用的"地主"一词,同于前者。但同时,本书也会在马克思阶级分析法理论的语境下使用"地主阶级(地主)"一词。

本)时,即成本与收益相等,他实现了自己的福利最大化。这样实现均衡的劳动投入时间变成 L_1 小时,即由先前的 L_2 下降为 L_1,相应的产量下降了 (A+B+C+D+E+F)–(A+B+D)=(C+E+F)。这相当于C-E-F区域已经不存在。

这时,佃农在 L_1 的边际产出品比边际成本 w 高出 YX,说明分成租佃契约安排破坏了新古典中产生效率的边际条件假设。这样,分成租佃契约就造成了全社会的净产出损失。此损失等于三角形 C 区域。①

看起来效率较低的传统农业组织形式——分成租佃制,却在历史上长期、广泛地存在。这给新古典经济学带来了困惑。为了解答上述困惑,张五常(Steven N.S. Cheung)基于对亚洲农业的观察,利用台湾土地改革的数据,建立起自己的分析模型。他认为均衡的契约形式通常有几个维度,如果把契约结构看作是内生的,则分成租佃制给新古典经济学带来的困惑就可以迎刃而解。

张五常的结论是在交易成本为零的假设下推断出来的:②

(1)上述模型中分成制所带来的经济结果不能代表长期均衡。③因为根据经济学的逻辑,地主必定会避开租金较低的契约安排,因而倾向于采用工

---

① [冰岛]思拉恩·埃格特森(Thráinn Eggertssom)《经济行为与制度》,剑桥大学出版社,1990年,中译本由吴经邦等译出,商务印书馆,2004年,第 196—198 页。该书还指出,基于分成租佃制是一种效率较低的组织形式的看法,当代一些经济学家甚至把第三世界国家的经济停滞与在他们农业中盛行分成制联系起来,指责那些非常贫困的农业社会宁愿牺牲产量也不引入新的契约形式,如工资契约。参见陈勇勤《中国经济史》,第 38—41 页。
② 双方模型共同的前提是,假设土地的均衡数量 H(也代表佃农租用的土地总数或每个佃农的土地数)是恒定的。
③ 英国经济学家阿尔弗雷德·马歇尔(Alfred Marshall,1842—1924 年)最先将物理学中的均衡概念引入经济学,用以指经济中各种对立的、变动中的力量相互之间所处的一种力量相等、相对静止的状态。均衡概念的基本含义包含两个方面的内容:一是指对立变量相等的均等状态,此即为"变量均衡",对立变量不相等,即为"变量非均衡";二是指对立势力中的任何一方不具有改变现状的动机和能力的均势状态,此即为"行为均衡",相反则为"行为非均衡"。其中,一部分经济学家将分析重点放在行为关系方面,主要研究制度均衡及其变革问题。按照戴维斯(Lance E. Davis)和诺思(Douglass C. North)的看法,制度均衡是指这样一种状态,"在给定的一般条件下,现存制度安排的任何改变都不能给经济中任何个人或任何个人的团体带来额外的收入"。同时,如果制度净收益大于零、且在所有可供选择的制度安排中净收益最大,对人们来说,这项制度就是最好的制度,人们自然会对它感到满意甚至满足。因此,制度均衡也可以视为"人们对既定制度安排和制度结构的一种满足状态或满意状态,因而无意也无力改变现行制度"。见张曙光《论制度均衡和制度变革》,《经济研究》1992 年第 6 期,第 30—36 页;戴维斯、诺思《制度创新的理论:描述、类推与说明》,科斯(Ronald H. Coase)等《财产权利与制度变迁——产权学派与新制度学派译文集》,刘守英等译,格致出版社、上海三联书店、上海人民出版社,2014 年,第 206—228 页。

资契约,或强制佃农将劳动时间由 L_1 提高至 L_2。此时,如图 1 所示,分成佃农比工资雇农(农业工人)获得更高报酬(即 D-E-A 区域大于 D-E-F 区域)。这代表了劳动力市场上的不均衡状态,同时,土地市场也是不均衡的。这种情况,使得分成制中的劳动力有动力继续租用更多的土地,直到土地边际产出等于零(成本和收益相等)。这时,参与分成的人(佃农)不仅不会有额外损失,他的收入反而会增加$(1-r)\delta Q/\delta H$。这里 H 代表佃农租用的土地总数。

（2）内生的结构性变量包括租金份额 r、每个佃农的土地数 H、佃农提供的劳动数 L。结合图 1 来分析张五常的观点。在他的模型中,实现 r、H、L 均衡量的条件是,地主和佃农在分成契约下获得的净收入,分别与二者(这时相当于地主与雇工)在工资契约中约定的净收入相等。① 这样,佃农必须承担工作 L_2 小时的契约规定工作量(而不是他所偏好的 L_1 小时),地主的租金比例 r 必须调整到三角形 F 与 A 相等时为止,即调整$(1-r)\delta Q/\delta L$线的斜率。这样,佃农在分成契约下的收益(D+E+A)就等于工资契约下的收益(D+E+F)。另外,两种契约所得到的总产出是相等的,而且总产出中地主所占的份额(B+C+F 或 A+B+C)也是相等的。以上两种契约形式与第三种形式固定租金契约也等价,即固定租金契约的均衡租金为(A+B+C)。②

张五常的模型(假定交易成本为零)说明,分成租佃制不可能是非理性的或无效率的。但上述关于不同契约形式能产生相同结果的论证,还不能清楚地解释为什么有些类型的契约被采用了而另外的则被舍弃。为此,张五常的解释是:"选择契约安排形式是为了在交易成本约束的条件下,从分散风险中获取最大的收益。"③

这样,根据上述契约理论,在交易成本恒定的前提下,影响契约安排的主

---

① 原文为: In Cheung's model, the equilibrium values for r, H, and L are such that net incomes of both landlord and tenant are the same under sharecropping as they are under wage contracts. Thráinn Eggertsson, *Economic behavior and Institutions*, Cambridge University Press, 1990, Reprinted,1999, p.225. 中译本原作: 在他(指张五常——笔者按)的模型中,实现 r、H、L 均衡量的条件是,在分成契约和工资契约情况下,地主和佃农的净收入应相等。笔者以为"在分成契约和工资契约情况下,地主和佃农的净收入应相等"容易引起误解,应译作: 地主和佃农在分成契约下获得的净收入,分别与二者(这时相当于地主与雇工)在工资契约中约定的净收入相等。

② [冰岛]思拉恩·埃格特森《经济行为与制度》,第 198—199 页。

③ Steven N.S. Cheung, "Transaction Costs, Risk Aversion, and the Choice of Contractual Arrangements", *Journal of Law and Economics* 13 (April), 1969: pp.49—70.

要因素就是风险。在传统农业社会中,土地产出量发生变化,主要是外部因素,如气候等变化所致。这是农业生产组织者和耕作者所面临的主要风险,是不确定性的根源。契约安排不可能消除这种不确定性,但是可以转化这类风险。在保证获取固定工资的工资型契约中,产出量剧烈变动的风险,注定一开始就归于地主。而在固定租金契约中,风险与佃户息息相关。分成契约则使地主和佃户双方分担了风险。若与地主相比,佃农更加厌恶风险时,则风险越高,分成租佃制就越重要,而固定租金形式的契约重要性就差些。①

2. 基于新古典的分析:唐宋租佃契约安排中的经济学逻辑

下面将借助新古典模型和张五常的理论展开讨论。不过,在此之前,需要指出:(1)上述经济学分析,在很大程度上来自于对西方近代以来的农场经济发展的思考,是"作为资本主义生产方式的理论表现的现代经济学的观点"。②所以其分析对象,便当然地是分成契约和工资契约(含固定租金契约)。这种模型和分析并不适用于本书所首先关注的中国唐宋时代,雇工耕作制尚未充分发展的经济形态。③(2)张五常所强调的均衡状态,是一种在既定约束

---

① [冰岛]思拉恩·埃格特森《经济行为与制度》,第199—201页。目前对张五常模型的质疑,主要有两种观点:(1)是从执行成本的角度来批评张五常的理论,认为其模型不现实。因为要保证佃农工作L_2小时而不是L_1小时的强制成本可能很高。(2)是从佃农的成本和收益关系(即YX相应变动)角度质疑张五常的结论。陈勇勤认为在A和F都是直角三角形的既定前提下,当L_1不在0—L_2的中间点时,那么A和F将始终是相似三角形;只有在L_1等于1/2的0—L_2时,A和F才能成为全等三角形。若要使A和F成为全等三角形,只有两办法:(a)变动$(1-r)\delta Q/\delta L$线的斜率,使X点变动到L_1等于1/2的0—L_2的那个点;(b)变动L_2到0—L_1等于L_1—L_2的那个点。这相当于变动$\delta Q/\delta L$线的斜率。无论哪种办法,变动斜率就是变动L。无论L_2右移还是L_1左移,都会使YX增加。也就是说,当A、F相等时,YX反而加大。这样一来,新古典的困惑实际上还没有解决。参见思拉恩·埃格特森《经济行为与制度》,第201页;陈勇勤《中国经济史》,第40页。上述批评意见都忽视了张五常模型所强调的长期均衡前提。正如支持者所指出的,张五常在其最初的研究中已经考虑到了强制成本的问题。引入强制执行成本,会对所有形式的契约都会发生影响,所以当达到均衡时,并不需要考虑强制执行成本的因素。而且,当均衡状态出现时,三种契约形式的效率相同,意味着YX线实际已经不存在。所以用YX的增加来质疑张五常的理论,也是不正确的。
② 马克思《资本论》第3卷,第884页。正如马克思所指出的,这种"资产阶级的政治经济学"最大的问题就是,它把资本主义制度"看作社会生产的绝对的最后的形式",而不是"看作历史上过渡的发展阶段",因而是不够"科学"的。见马克思《资本论》第2版《跋》,《资本论》第1卷,第16页。
③ 雇佣劳动在中国出现也很早。如何分析雇主与雇佣者之间人身依附关系的强弱及发展变化,也成为学界研究的重点,如仁井田陞《中国农奴、雇佣人之法律身份的形成和变质——关于主仆之分》,《补订中国法制史研究(奴隶农奴法、家族村落法)》,第150—171页;黄清连《唐代的雇佣劳动》,中研院《历史语言研究所集刊》第49本第3册,1978年,第393—436页;林立平《试论唐代的私人雇佣关系》,《中国唐史学会论文集》(1989年),第124—147页;程喜霖　　(转下页)

条件下长期调整的结果。一旦约束条件改变,经济将朝着新的均衡状态调整。在经济史研究中,在不同的时空范围内,上述均衡状态的形成、打破与再调整是一个持续、不同步的发生过程。所以在借助上述理论分析中国古代社会经济发展时,既要关注短时段内的经济均衡,也要强调长时段(长时段不等于张五常所说"长期均衡"中的"长期"——笔者注)内的经济不均衡。对前者的关注,有助于我们摆脱传统马克思主义史学研究范式中的唯阶级斗争论。而对后者的强调,则有助于我们在分析历史时坚持辩证唯物主义和历史唯物主义。

既然在唐宋时代的中国,雇工耕作制尚未充分发展,那么在模型中就不应该假定存在着工资率 w(如图 1 所示)。为此,笔者尝试将图 1 改绘为图 2,以便于分析。

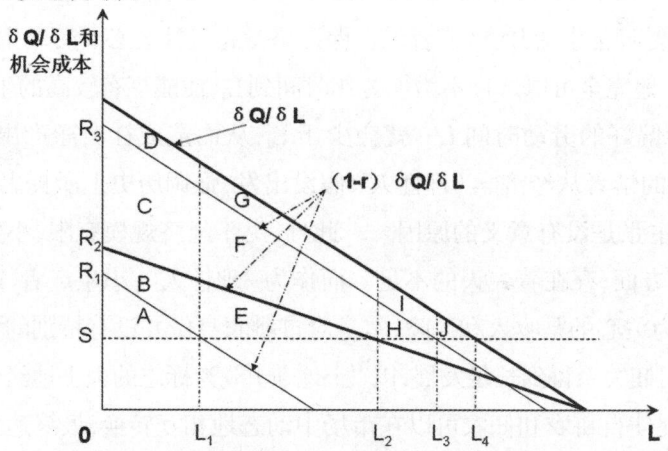

图 2　分成租契约与定额租契约的效率分析

(接上页)　《试析吐鲁番出土的高昌唐代雇佣契券的性质》,《中国古代史论丛》1982 年第 3 辑,第 304—330 页;杜文玉《论唐代雇佣劳动》,《渭南师专学报(综合版)》1986 年第 1 期,第 40—45 页;乜小红《从吐鲁番敦煌雇人放羊契看中国 7—10 世纪的雇佣关系》,《中国社会经济史研究》2003 年第 1 期,第 23—28 页。由此可见,雇佣劳动确实是中国中古社会中常见的经济关系,但正如杨际平所指出的,中古时期雇主生产的主要目的是生产使用价值,而不是交换价值。受雇者的家境一般都很贫寒,衣食不充,但又并非一贫如洗,往往也还占有一点生产资料,特别土地、牛畜等。可见雇佣劳动者有独立的家庭经济,充当雇工,只是为了补充家计,而非全家都靠出卖劳动力为生。以上两方面都具有前资本主义雇佣劳动的特点。乜小红也同意此论,并有所补充。见杨际平《敦煌吐鲁番出土雇工契研究》,《敦煌吐鲁番研究》第 2 卷,北京大学出版社,1997 年,第 215—230 页;乜小红《中国中古契券关系研究》,第 14—15 页。耿元骊则指出,唐宋时期是雇工耕作不断衰落的时期。由唐到宋,以钱"雇"人从事搬运、零活等,越来越流行,可雇"人"来耕作者,却是越来越少,雇工耕作制只是租佃制之外的一种补充经营方式。见氏著《唐宋土地制度与政策演变研究》,第 206 页。这种情况一直持续至近代中国,韦裔《悲佃篇》中亦称当时中国"佃民之数,百倍于佣工",《刘申叔遗书》,第 1688 页。

如图 2 所示,在假设模型中只存在唯一可变的投入要素是劳动力的前提下,设定地租额为 r,维持劳动力再生产的必要成本为 S(相当于机会成本为 S),工作时间为 L。其中,R_2 代表分成地租额,R_1、R_3 代表不同的定额地租额,且 $R_1 > R_2 > R_3$。这样,市场上就存在着三种不同的契约,可供地主和佃农选择。

当地主亲自耕种时(即相当于自耕农),他可以选择不断增加劳动力的使用,直到劳动力边际机会成本和边际产出相等为止(边际利润为零),地主实现了自己的福利最大化。在劳作时间达到 L_4 那个点时会出现这种情况。此时,地主的净收入为 A-B-C-D-E-F-G-H-I-J 区域。但是,自耕农主动将劳作时间延长至 L_4,只可能在一个充分竞争的市场条件下才会出现。否则,在足以应付日常生活开支(或者说在保证略微超过社会必要劳动生产率)的前提下,[1]他完全可以选择不增加劳作时间到 L_4,便能享有较高的生活水平。因此他所偏好的劳动时间 L′ 就会少于 L_4,从而造成社会净产出的减少。这正是有的学者从经济学"理性人"假设出发,强调历史上所提出的"耕者有其田"主张是没有意义的原因。[2]此外,由于经济规模有限,小生产者在抗拒风险方面,存在着先天的不足。而作为"理性人",小生产者(或直接生产者)最为关心的是收入和风险,本身对自耕农身份并没有特别的偏好。从唐到宋,租佃关系得到长足发展,以"土地兼并"为标志的大土地经营方式的扩大,就促使自耕农和佃农可以在市场中动态地相互转换,最终达到自耕农经营方式和租佃经营方式的均衡,有助于社会生产保持较高的经济效率。

在土地产出风险较高的情况下(如前引耿元骊所论),可以使地主和

---

[1] 除了维持其家庭再生产的最低成本之外,政府所征收赋税、教育投入以及婚丧嫁娶等费用,均包括在内。
[2] 杨小凯指出,现代最优所有权结构理论证明,在一定条件下租地比买地更有效,而在另一些条件下,自有土地比租地更有效。所以在任何条件下,自耕农制度都优于租佃制度的命题是完全错误的。在自由契约下,自发出现的多样化制度是在不同条件下对各种复杂两难冲突的最优折衷。因此,整个 20 世纪,统治中国的意识形态"耕者有其田",可以说是人们对现代经济学无知而接受的一些政党的机会主义口号。借助于这种口号,一些政党(例如国民党)利用普通民众对经济学的无知,为一党之私利服务,其后果是破坏了有效率制度形成的机制,阻碍了经济的发展。此类口号给国家以超越法律之侵犯财产和公民人身安全的权力,为以后导致经济灾难、政治动乱的政治游戏规则的盛行开了一个恶例。见氏著《民国经济史(1912—1949)》,国务院体改办信息中心《经济管理文摘》2005 年第 11 期,第 35—39 页。

第四章 契约选择、效率分析与中国中古租佃关系新探 157

佃农双方共同分担风险的分成制契约,便成为双方的自然选择。当地主选择以 R_2 的分成租向一个佃农出租土地时,[①] 为寻求最优化,佃农会延长劳作时间到 L_2。此时,佃农的劳动力边际产出等于其边际机会成本,其收益达到最大化,净收入为 A-B-E 区域。地主的净收入为 C-D-F-G 区域。由于此时雇工耕作制尚未充分发展,因而不存在佃农和农业工人(雇农)之间的竞争,[②] 所以不可能像在图 1 中那样,通过强制佃农增加劳动时间到 L_4,并调整 $(1-r)\delta Q/\delta L$ 线或 $\delta Q/\delta L$ 线的斜率来达到均衡。在这种情况下,分成租确实像新古典模型分析的那样,既造成了社会净产出的损失,也造成了地主净收入的损失,损失均为 H-I-J 区域。

此时,地主如果想减少净收入的损失,更理性的选择恰恰不是人们通常所认为的那样,增加分成租比例(即地租率),而是适当减少分成租比例。

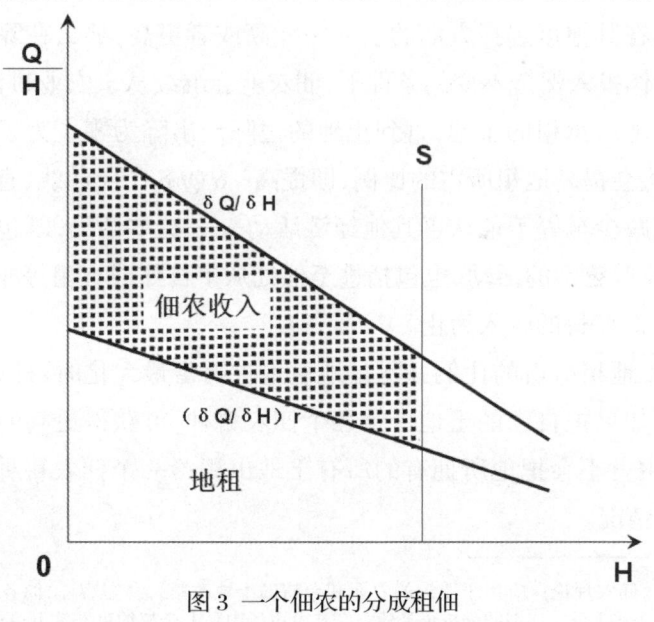

图 3 一个佃农的分成租佃

[①] 中国古代,自秦汉以下,分成制主要沿用对分制(主佃各取 50%),至近代仍是如此,故韦裔《悲佃篇》称当时"田主之于佃人也,以十分取五分为恒例"(《刘申叔遗书》,第 1688 页),所以图 2 以一条 R_2 对应的斜线代表分成契约的边际产出。

[②] 由于在保证获取固定工资的工资型契约中,产出量剧烈变动的风险,注定一开始就归于地主,因而就全社会而言,地主并不倾向于选择雇农,因而它只是佃农之外的补充劳动力,并未成为社会经营活动中的竞争主体。

因为地租率的提高,将增加地主和佃农之间的直接矛盾,进而增加双方的交易成本,减少地主的收益。相反,地主通过适当减少分成租比例而增加收入的可能性是存在的。张五常讨论过在给定市场约束下达到上述目标的条件,① 如图3、4所示。

在图3中,垂直的供给曲线横坐标 S 表示属于某一地主的土地总面积。H 表示某一佃农所承租的土地面积,Q 表示产品。在一个佃农(或一户佃户)耕种投入保持不变的情况下,土地的边际产出量 $\delta Q/\delta H$ 随着 H 的增加而减少。假设地主征收的地租占年产量的比例是 r,那么合约的边际地租曲线($\delta Q/\delta H$)r 与边际产出量曲线 $\delta Q/\delta H$ 之间的纵距就是佃农的边际收入($\delta Q/\delta H$)(1−r)。② 图中,阴影区域表示佃农获得的总收入,③($\delta Q/\delta H$)r 下面的区域表示地主征收的地租总额。如果佃农耕作收入与他在其他可选择方面的收入一样高或者更高,那么在除土地之外所有的耕作投入保持不变的条件下,佃农就会继续从事农业耕作,并尽可能地利用他所承租的土地,直到土地的边际产出降为零。为了使财富最大化,地主会提高地租所占的比例,即提高($\delta Q/\delta H$)r 曲线,直到佃农的耕作收入减少至等于他从事其他经济活动——这些活动,既包括经营手工业、商业等正常的活动,也包括逃至他处从事耕作或抗租等非正常的行为——可能获得的收入为止。④

但是,地租所占的比例并不是地主追求财富最大化时可以调整的唯一变量。如果把自己的土地分给几个佃农耕种,可获得更高的地租总额的话,地主就不会把他所拥有的所有土地出租给一个佃农耕种。图4说明了这种情况。

---

① 张五常《佃农理论:应用于亚洲的农业和台湾的土地改革》,易宪容译,商务印书馆,2000年,第19—34页。该书的分析正是建立在自由市场中私人产权约束条件下追求财富最大化的前提之上。在资源具有排他性和可转让性的条件下,每一个合约当事人都可以自由地接受或拒绝通过协商达成的分成合约条款。除非有特别说明,假定签订合约的成本(包括合约谈判成本与执行成本)为零。
② 为简便见起,本书参照图1将张五常原图中的曲线改作直线,但在正文表述中仍沿用原来的"曲线"。
③ 根据定义,佃农的收入会随着他所承租土地面积的变化而变化。
④ 这时,如果地主继续提高($\delta Q/\delta H$)r 曲线,佃农就会因为耕作收入低于他从事其他经济活动所可能获得的收入,从而选择弃租。

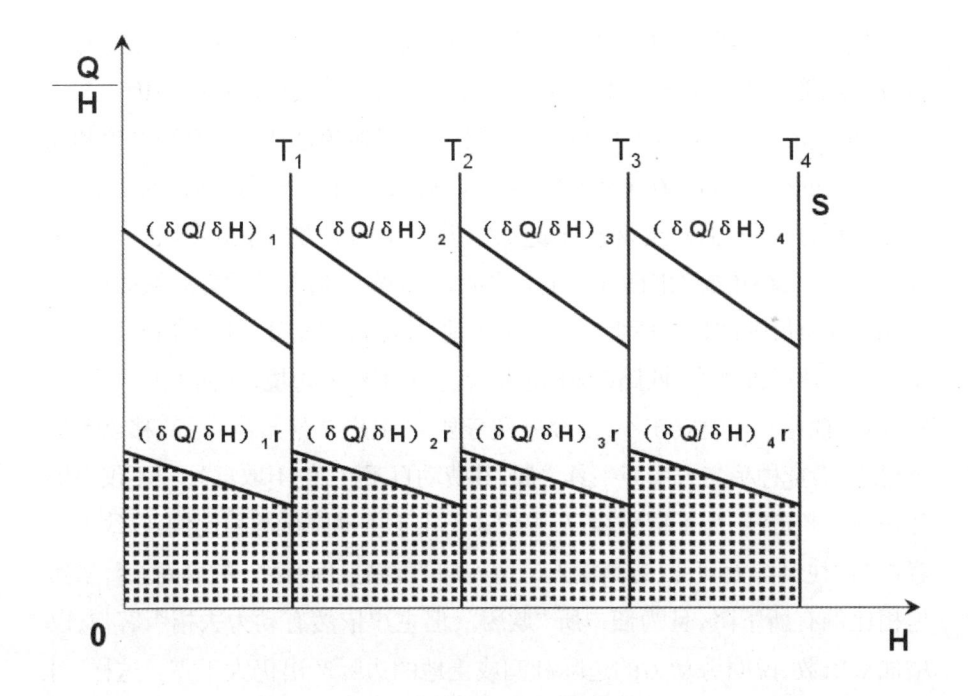

第四章 契约选择、效率分析与中国中古租佃关系新探 159

图4 多个佃农的分成租佃

在图4中，T_1、T_2、T_3……分别是第一、第二、第三个（以及更多个）佃农使用土地的分界线。当耕种现有土地的佃农人数增加时，土地的边际产出曲线相对于只有一个佃农的情况时会向上移动。[①] 暂且假设所有佃农所缴纳的地租比例相同，曲线$(\delta Q/\delta H)_1$, $(\delta Q/\delta H)_2$……分别表示每个佃农的边际生产力曲线，$(\delta Q/\delta H)_1 r$, $(\delta Q/\delta H)_2 r$……分别是每个佃农的合约边际地租曲线。每个佃农的收入分别以该佃农的$\delta Q/\delta H$和$(\delta Q/\delta H)r$之间的区域表示。为使财富最大化，地主会使土地边际生产力与佃户边际收入之间的差额最大化，即地主会使合约的边际地租总额（图4中阴影部分面积之和）积分最大化。[②] 但是，随着分配给每一佃农的土地面积的减少，地主所征收的地租比例必然会降低。因为需要降

---

① 这意味着，在图3的情况下，地主所拥有的全部土地可能没有得到充分利用。
② 这意味着，每一个佃农的收入不会高于他从事其他经济活动的收入。

低合约的边际地租($\delta Q/\delta H$)r,以防止佃农放弃租约。① 张五常的理论,恰好从经济学逻辑上解释了宋代低于对分制的低分成租出现的原因。②

如前所述,既然在图2之中,分成租都不可避免地造成社会净产出和地主净收入的减少,那么在宋代经济待开发地区,以及经济发达地区的新垦区,仍然盛行分成契约,甚至是低分成契约,除了主佃双方出于规避风险的考虑外,还有一个很重要的因素是,在上述地方,大多面临着劳动力短缺的局面,即如图3所反映的地主所拥有的全部土地,没能得到充分利用的情况。如原本经济发达的淮南东、西路,到了南宋以后,由于地处边境,兵祸不断,户口凋敝,田地荒芜。当时安丰军(治今安徽寿县)"主户常苦无客","流移至者争欲得之,借贷种粮与夫室庐牛具之属,其费动百千计,例不取息"。③ 不仅提供住宿与生产资料,为了招引客户,主户还不得不主动降低地租比例,以致出现客户"往往倒持太阿,以陵其主人",主人却"常姑息而听之"的局面。④ 虽然地租比例有所下降,且为佃户所"欺凌",但主户依然有动力去招引客户,以增加垦田数,说明劳动力的边际利润或土地的边际产出仍大于零。这样,对主户而言,不得已的"姑息而听之",可以使他的收入实际增加了($\delta Q/\delta L$)r或($\delta Q/\delta H$)r。其中,L代表客户总数,H代表客户租种的土地总数。

不过,尽管主户开出了如此优厚的条件,体现了"主家虽有招客之意,如不足何"的精神,⑤ 但当地还是不可避免地出现"有田于此,前年固常耕矣,既耕而力,或不能种者有之,既然种而秋成或无所收者有之。去年之与今年,虽

---

① 张五常认为,($\delta Q/\delta H$)r的这种减少,将导致地主从每一个佃农那里获得的地租减少。但如果每一个佃农获得的土地面积继续减少的话,地租比例最终会变得很低,以至于土地的地租总额将下降。所以上述解释须明确定义为:在地主所拥有的土地总量与佃农对土地的投入成本给定的情况下,地主的财富要最大化,就得同时决定每个佃农所租种的土地面积和地租所占的比例。
② 有关宋代低分成租的情况,详见王曾瑜《宋朝阶级结构》(增订版),第87—120页,尤其是第101—102页。
③ 薛季宣《奉使淮西与虞丞相书》(一),《全宋文》卷五七七九,第257册,第147页。两宋之际淮南东、西路户口减少情况,参见梁方仲《中国历代户口、田地、田赋统计》,甲表39,第161—162页。
④ 王之道《论增税利害代许敦诗上无为守赵若虚书》载,淮南"闲旷连阡亘陌,斯民不复问其耕之卤莽,耘之灭裂,而其实有卤莽灭裂之报。为佃客者,又贪多务得,正使所收不偿所种,亦当取其十分之四,往往倒持太阿,以陵其主人,故主人常姑息而听之"。《全宋文》卷四〇六一,第185册,第62页。
⑤ 薛季宣《奉使淮西与虞丞相书》(一),《全宋文》卷五七七九,第257册,第148页。

或不耕不种,而前日垦辟之迹犹在也"。① 垦田面积盈缩不常,究其原因,当与"饥民逐熟投主,岂肯却之不稔之地"的社会现实有关。② 而其根本的原因,在于当时淮南因战乱影响,社会生产力尚远低于江浙诸路,农业不足以提供足够的剩余粮食来养活相对过剩的劳动力(犹如近现代社会的产业后备军)。

此外,宋代地主之间争夺劳动力的另一种表现形式,即通过强化人身依附关系来限制客户的自由流动。③ 比如在川峡等路(今四川、重庆及陕西南部、湖北西部等地),"刀耕火种"的原始耕作方法和粗放经营仍然居于主要地位,社会经济长期停顿在"庄园农奴制阶段"。④ 这是经济发展处于较低阶段的表现,不在本节讨论范围之内。

既然按照经济学的逻辑,地主必定会避开收益较低的契约安排,那么当条件成熟时,在分成制租额的基础上改为定额租契约,将是其自然的选择。正如前文所分析的,当风险不再是主、佃双方考虑的首要因素时,交易成本就成为农业中不同契约制度安排的关键因素。定额租纳租手续简单,减少主、佃双方核查每块佃田收成的费用,从而也就降低了交易成本。定额租契约也由此显示出其对分成契约的先进性来。

但如上一小节所述,选择定额租契约,就意味着土地产出量变动的风险主要由佃农承担。同时也意味着必须有一定风险承受能力的佃农,才会倾向于选择定额租契约。正如梁太济所指出的,宋代出现由客户和乡村下户中的佃农,分别成为"分种"和"租种"制下的佃种者一方,其背后的经济学逻辑,就在于双方承受风险的能力不同。

笔者还想强调的是,租佃者承受风险能力较强,也是北朝末年至唐初在租佃关系还没有得到充分发展的情况下,出现定额租契约远多于分成制契约的原因。⑤ 因为在以自耕农为主的社会生产结构中,租佃关系更多

---

① 王之道《论增税利害代许敦诗上无为守赵若虚书》,《全宋文》卷四〇六一,第185册,第62页。
② 薛季宣《奉使淮西与虞丞相书》(一),《全宋文》卷五七七九,第257册,第148页。
③ 如皇祐四年(1052)敕:"夔州路诸州官庄客户逃移者,并却勒归旧处,他处不得居停。"又敕:"施、黔州诸县主户壮丁、寨将子弟等旁下客户逃移入外界,委县画时差人,计会所属州县追回,令著旧业,同助祗应把托边界。"《宋会要辑稿·逃移》,食货六九之六六至六七。
④ 漆侠《宋代经济史》,第196—208页。
⑤ 根据赵文润《从吐鲁番文书看唐代西州地租的性质及形态》的统计,较为完整,可以看出地租形态的有43件。其中,高昌时期16件,均为定额租契约,唐西州时期27件,定额租契约25件,分成契约仅有2件。在赵文润和其他研究者的基础上,笔者又利用新出　　(转下页)

地体现为由于受田的分散所导致的"均田农民彼此利用对方土地的循环关系"(见本章第一节引仁井田陞语)。因此即便对于那些是由于受田严重不足而缺地、少地的唐前期均田民户来说,他们也会因具有和宋代乡村下户类似的风险承受能力,在一定的市场约束条件下,倾向于选择定额租。①

但在此历史阶段,对于两种租佃契约制先进性的分析,不能仅从交易成本一端着手,还需要从土地所有者和直接生产者根据不同类型的租佃契约所组成的经济组织,在一定的市场约束下劳动产出效率的高低来分析其先进与否的问题。

依据新古典主义对于租佃制的分析,从图2可以清楚地看出,R_1、R_3、R_2所对应的那条$(1-r)\delta Q/\delta L$线所代表的高、低定额租和以对分制为主的分成租三者之间的效率差别。在这三种契约安排中,在一开始对地主最有利的高定额租契约,会随着劳动力的持续投入,使佃农的边际利润最先降为零,因而经济效率最低,造成的社会净收入和地主净收入的损失最大。损失为E-F-G-H-I-J区域。分成契约效率较高,所造成的社会净收入和地主净收入的损失均为H-I-J区域。而低定额租契约效率最高,造成的社会净收入和地主净收入的损失最小,损失为J区域。

所以,从长期趋势来看,为了提高自己的净收入,地主阶级不可能一味倾向于通过提高地租额的方式来提高收益,而是会像张五常所分析的那样,适当降低地租率水平,并减少单个佃农(或每家佃户)承佃土地面积,通过增加佃农总人数的方法来提高整体收益。这样,既提高了自己的净收入,又提

(接上页) 文书资料,对高昌及唐西州田地租佃契约进行了增补,参见本书附表2。在82例可以看出地租类型的粮食作物土地租佃个案中,分成制租佃仍只有2例,其余均为定额租制。虽然不能排除出土文献中定额制与分成制的样本量受到了偶然因素的影响,但比例如此悬殊,还是能反映出当时定额租占主流的情况。

① 赵文润前揭文认为,高昌地区比内地较早地普遍推行定额租制,主要原因是麹氏高昌国时期社会生产力得到较快的发展,租佃制较内地发达。另外,由于迄今(指文章发表的20世纪80年代——笔者注)尚未找到高昌国时期推行过均田制的有力证据,因此他认为普遍采取定额租制与均田制无涉。笔者认为,在一定的约束条件下,租佃双方对定额契约与分成契约的偏好,取决于双方经济状况,以及对风险的预期和对交易成本的控制。定额租出现的早晚与普及程度,与社会生产力的发展没有必然关系,也与社会生产结构状况(如实行均田制与否)没有直接关系。在不同的历史阶段和约束条件下,出现同样的选择是可能的。同理,在面对唐前期租佃契约以定额租为主,而宋代分成租和定额租并存的现象时,不能因为定额租在社会经济生活中的占比高,就认为唐前期的社会生产力整体上高于宋代。

高了社会净收入。而背后的根本原因,是社会生产技术的提高,增加了土地单位面积的产量。随着单位土地产出量的增加,就可以实现如下结果:由农民(特指佃农)提供给地主的地租额,在单位产量中的比重相对下降,即在农民净收入增加的同时,地租总额(被剥削的剩余价值)也有所增加。这是一个被新派学者所津津乐道的双赢结果,也是租佃关系先进性的体现。

3. 中古社会高、低定额租及其对社会生产结构的影响

从现存史料来看,自北朝末年以来,中古社会就存在着高低迥异的定额租契约。有关高昌国和唐西州时期今吐鲁番地区的地租额,详见附表2。由于其中存在着量制、租色的差别,为便于比较,笔者将附表2中可知的定额租价统一折算为高昌和唐初西州所通行的银钱,[①]制为表4-1。

---

① 高昌和唐初西州的定额租契约,若为货币地租,则通常以当地行用的波斯萨珊银币为准,称银钱(最常见的即德拉克马银币,其全重平均约4克)。若为实物地租,一般五月交租麦,十月收秋后交租粟或床,故契约会以"麦秋"(或别称"麦粟"、"麦床")并称,两者交纳量常相等。关于高昌与唐前期银钱的购买力,据《高昌乙酉、丙戌岁(625—626)某寺条列月用斛斗帐历》(文书号67TAM377:06,04,03,07,02,01,08,05,唐长孺主编《吐鲁番出土文书(图录本)》第1册,文物出版社,1992年,第400—405页),麦(小麦)、床价格较稳定,一般1斛(高昌量制,以下非特别注明量制者皆同)银钱1文(如"麦贰斛(斛)柒兜(斗),得钱叁文",第58行;"麦拾贰斛(斛),得钱拾贰文",第66行;"麦捌斛(斛),得钱捌文",第67行;"床陆拾究(玖)斛(斛),得钱陆拾究(玖)文",第40行)。粟价格不稳定,一般1.2—1.6斛得银钱1文(如"粟柒斛(斛),得钱伍文",第16行;"粟拾陆斛(斛),得钱拾文",第18行;"粟叁斛(斛)究(玖)兜(斗),得钱叁文",第37行),低者甚至达到了2.8斛粟得银钱1文(如"麦伍兜(斗),粟壹斛(斛)肆兜(斗),得钱壹文",第16—17行)。考虑到附表2第6例中,床6斛=粟7斛,故将粟价定为1.2斛银钱1文(对于附表2中不能确定租色的"秋",本着从低价的原则,皆定为粟。这也与唐代租佃个案中多以麦、粟并举相符,且便于比较)。大麦依据前件《帐历》"大麦贰斛(斛)伍兜(斗),用贸小麦贰斛(斛)"(第60行),定为1.25斛银钱1文。青麦(青稞)价据《唐左庭玉付阿师子青麦帐》"付壹硕壹斛(斗)小麦,用充壹硕叁斛(斗)青麦"(文书号73TAM506:04/18,唐长孺主编《吐鲁番出土文书(图录本)》第4册,文物出版社,1996年,第586页,约代宗时期),定为1.2斛银钱1文。练价据《唐和籴青稞帐》"绵壹屯准次估直银钱伍文。两屯当练壹定"(文书号73TAM214:148(a),149(a),147(a),《吐鲁番出土文书(图录本)》第3册,第163页,高宗武则天时期),定为练1匹银钱10文。对于附表2所列契约或文书中不能判明所用量制的个案,笔者认为考虑到唐代北方麦(粟)平均亩产量1石(唐制)的情况,可以将地租以单季作物征纳而数量在1斛以上者,认定为使用的是高昌量制,高昌量制与唐量制之比为1:3。另外,地租以单季作物征纳而数量在1斛以上的个案,均出现在中宗朝(含)之前,这与裴成国所指出的,大约自元年间开始,西州民间契约使用唐代官方量制的情况逐步增多的现象是吻合的。又,据前引《唐和籴青稞帐》"钱壹文籴得青科(稞)一斗",<u>函</u>壹定,籴得青科一石三斗",以及《唐汜贞感等付绵、练当青稞帐》(文书号73TAM214:148(b),149(b),147(b),《吐鲁番出土文书(图录本)》第3册,第164—165页,高宗武则天时期),"付绵捌屯,计当青科(稞)伍硕贰斯(斗)","付练伍定,计当青科(稞)陆硕伍斯(斗)",青稞和籴价达银钱6.7—10文/斛。据《唐天宝二年(743)交河郡市估案》(大谷文书3097号,池田温《中国古代籍帐研究·录文与插图》,第304页),大练1匹,上中下三等估价分别为铜钱470、460、450文。以银铜钱比价32:1计算, (转下页)

表 4-1　公元 6—8 世纪吐鲁番地区定额地租统计表 [①]

单位：文（银钱）

编号	时代	租价	备注	编号	时代	租价	备注
1	高昌	5	常田（2）	49*	高宗	15	常田（2）
2*	高昌	6	常田（2）	50*	高宗	11.43	——（2）
3*	高昌	2.7	部麦田（1）	51	高宗	3	——（2）
4*	高昌	2.7	——（1）	52	高宗	2.5	部田（1）
6	高昌	＞1.83	常田（2）	53	武后	4.58	常田（2）
7*	高昌	10	常田（1）	54*	武后	4.17	——（1）
8*	高昌	11.67	秋田（1）	55*	武后	4.8	——（1）
9*	高昌	11.67	——（1）	56	武后	1	部田（1）
12*	高昌	≥5	部田（1）	57	武后	＞1.67	——（1）
14*	高昌	3.04	部田（1）	58	武后	1.25	公廨田（1）
15*	高昌	6.67	常田（2）	59*	中宗	＞3.33	秋田（1）
16*	高昌	8.17	常田（2）	60*	中宗	13.27	职田（2）
17	高昌	2	部田（1）	61	中宗	2.29	职田（2）
18*	高昌	＞16	常田（2）	62	中宗	2.11	职田（2）
19	高昌	2.5	常田（1）	63	中宗	2.09	职田（2）
21*	高昌	25（总）		64	中宗	≥2.38	职田（2）
22*	高昌	11.92	常田（2）	65	玄宗	1.5	职田（1）

（接上页）　中估大练 1 匹为银钱 14.4 文。两者皆高于笔者的估价。笔者认为和籴价是政府为鼓励商人等运粮至边境交易而确定的收购价，其中应当包含了商人的运费成本及利润空间，因而不能作为本地时价的代表。且天宝年间，吐鲁番地区的银钱早已退出流通领域，因而不能排除铜钱流通量增加等因素所造成的物价上涨。为简单起见，笔者在折算时，未考虑价格变动等其他因素，主要以高昌和唐前期（560—680）银钱本位货币时的物价为准。参见卢向前《高昌西州四百年货币关系演变述略》，《敦煌吐鲁番文书论稿》，江西人民出版社，1992 年，第 217—266 页；韩国磐《高昌西州四百年货币关系补缺》，朱雷主编《唐代的历史与社会》，武汉大学出版社，1997 年，第 317—328 页；斯加夫（Jonathan K. Skaff）《吐鲁番发现的萨珊银币和阿拉伯—萨珊银币》，孙莉译，段晴主编《吐鲁番学新论》，新疆人民出版社，2006 年，第 603—634 页；裴成国《从高昌国到唐西州量制的变迁》，《敦煌吐鲁番研究》第 10 卷，2007 年，后收入孟宪实等主编《秩序与生活：中古时期的吐鲁番社会生活》，中国人民大学出版社，2011 年，第 477—498 页。另外，对于附表 2 中量制为私斗的个案，在折算时均以同期官斗为准，并在折算数值前标注"＞"号。"＞"号还表示租价之外，仍需交纳租酒等其他出产物的个案。某个个案中，租价部分文字有残缺，因而不能确知其后是否还有零头，故在现有折算数值前标注"≥"号。

[①] 本表编号同于附表 2，"备注"一栏中（）内数字，"1"表示按一季作物征纳的地租额，"2"表示按两季作物征纳的地租额。该数字与出租田地上实际存在的耕作制度没有必然关系。除了附表 2 第 37 例契约中明确指明田土类型为麦田（单季）外，货币地租统一按两季作物征纳，标示为"2"。

(续表)

编号	时代	租价	备注	编号	时代	租价	备注
23*	高昌	3	床田（1）	66	玄宗	0.6	部田（1）
24*	高昌	12.25	——（2）	67	玄宗	0.6	——（1）
25*	太宗	9.17	常田（2）	68	玄宗	0.6	部田（1）
26*	太宗	6.42	——（2）	69	肃宗	0.6	部田（1）
27	太宗	2.5	——（1）	70	肃宗	0.6	部田（1）
28	太宗	2.08	——（1）	71	肃宗	0.6	——（1）
29	太宗	>4.08	——（2）	72	肃宗	0.6	——（1）
30	太宗	≥2	——（1）	73	肃宗	0.3	部田（1）
31*	太宗	8.17	常田（2）	74	肃宗	5.5	——（2）
32*	太宗	8	常田（2）	75	代宗	3.3	——（2）
35	高宗	3.33	常田（2）	76	代宗	3.3	——（2）
37*	高宗	6	麦田（1）	77	代宗	1	——（1）
38*	高宗	12	常田（2）	78	代宗	2.33	——（1）
39	高宗	2	部田（1）	79	代宗	2.5	——（1）
40	高宗	1.95	——（1）	80	代宗	4.25	——（2）
44	高宗	2	部田（1）	81	代宗	1.5	——（1）
45*	高宗	9.17	常田（2）	82	代宗	1	——（1）
48	高宗	2	——（1）				

通计上表，地租额最高者（第 18 例）与最低者（第 73 例）之比超过 53∶1。① 若取时代比较接近的第 74 例与最低者相比，也高达 18∶1。这样的比例，肯定超过了因土地肥力（土地所适合的耕作制度与其肥力高下直接相关）所造成的产量差距。②

---

① 由于第 21 例银钱 25 文可能是地租总额，实际租价不详，故本书不将其作为地租额最高者用来比较。
② 谢重光根据高昌国时期的两件田亩出银钱帐（《高昌延寿八年（631）辇质等田亩出银钱帐》，文书号 68TAM99∶2，《吐鲁番出土文书（图录本）》第 1 册，第 434 页；《高昌将显守等田亩得银钱帐》，文书号 67TAM78∶17（a）~19（a），28（a），唐长孺主编《吐鲁番出土文书（图录本）》第 2 册，文物出版社，1994 年，第 42 页）指出，前者土地负担高者 2 亩纳钱 2 文，折合亩纳 1 文，低者 7 亩纳钱 2 文，折合亩纳 0.29 文左右。多数的情况是 2 亩半至 4 亩多纳钱 2 文，折合亩纳 0.8 文至 0.42 文不等。后者土地负担高者亩纳 8 文，低者亩纳 4 文。两相对照，在相同面积的土地上，后者的负担要比前者高 10 倍至 20 倍。相差如此悬殊，单用土质、水源的好坏是解释不通的。他认为这种不同，应该是由于土地的自然性质不同和土地占有者的身份不同而引起的。就两件田亩出银钱帐而言，前者是国家征收的课税，后者是官田的地租。见氏著《麴氏高昌赋役制度考辨》，《北京师范大学学报（社会科学版）》1989 年第 1 期，第 80—84 页。

为了更准确的分析唐代高定额租与低定额租的情况,还需要参考传统典籍的记载。开元二十五年(737)《田令》对当时官员职田的地租额进行了限定:"其价六斗以下者,依旧定;以上者,不得过六斗。"①令文中的租价6斗(唐制,下同),指的是粟,依照上表,可折算为银钱1.5文(单秋)。若以一年两作制(麦粟)计算,合计应折银钱3.3文。考虑到律令规定应具有广泛代表性和较强的可操作性,可以推知当时职田地租额,大多数应该低于银钱1.5文,如为两作制,则应低于3.3文,超过此数者当属于少数情况,②否则唐令也不可能将租价"不得过六斗"作为法令限定的标准。在唐中央政府看来,职田地租最高限额不应高于上述标准,否则官员或地方政府就涉嫌抑配百姓承租职田。③

一般来说,单位面积的职田地租额应低于民田地租额。因为承租职田的百姓还必须承担地租的运费,④而民田地租,由于距离较近,运费可略去不计,省下的这部分费用可以成为地主收入的一部分,所以地租额就相对较高。类似的不同,也存在于民田地租与官税(如唐后期某地两税中斛斗元额按应税耕地面积均摊的数额)之间。两者的差距可达一二十倍,据陆贽贞元十年(794)的上书:"今京畿之内,每田一亩,官税五升,而私家收租,殆有亩至一石者,是二十倍于官税也。降及中等,租犹半之,是十倍于官税也。"⑤文

---

① 《通典》卷二《食货·田制下》所引《田令》,该令文同时规定在选择职田佃耕者时,"并取情愿,不得抑配"百姓,第32页。
② 就笔者目前所见到的职田地租个案,等于《田令》标准者,见附表2第65例。低于标准者见附表2第61—64例,高于标准者见附表2第60例。
③ 李文澜《论唐代职田经营及官吏对自耕农的地租剥削》,《江汉论坛》1988年第7期,后收入《文澜存稿》,湖北人民出版社,2013年,第79—90页;李锦绣《唐代财政史稿》上卷第3分册,第818—829页。
④ 《唐会要》卷九二《内外官职田》载天宝十二载(753)敕:"两京百官职田,承前佃民自送,道路或远,劳费颇多。自今已后,其职田去城五十里内者,依旧令佃民自送入城。自余限十月内,便于所管州县并脚价贮纳。其脚价,五十里外每斗各征二文,一百里外不过三文。并令百官差本司请受。"第1981页。元稹《同州奏均田状》亦载长庆三年(823):"当州百姓田地,每亩只税粟九升五合,草四分,地头摧酒钱共出二十一文已下。其诸色职田,每亩约税粟三斗,草三束,脚钱一百二十文。若是京官上司职田,又须百姓变米雇车般送,比量正税,近于四倍加征。既缘差税至重,州县遂逐年抑配百姓租佃,或有隔越乡村被配一亩、二亩之者,或有身居市井,亦令虚额出税之者。其公廨田、官田、驿田等,所税轻重,约与职田相似,亦是抑配百姓租佃,疲人患苦,无过于斯。"《元稹集》卷三八,中华书局,1982年,第436页。由于此时同州(治今陕西大荔)刺史元稹将职田等并入两税征收,故称之为"税"。但究其性质而言,仍是官田地租,并非税。参见李锦绣《唐代财政史稿》下卷第2分册,第740页。
⑤ 《陆贽集》卷二二《均节赋税恤百姓》,第768—769页。

中官税、私租亦皆指粟。可知当时长安地区民田租价,最高者每亩粟 1 石(单季),中等减一半,每亩 5 斗,依前折算,分别相当于银钱 2.5 文(麦粟 5.5 文)和 1.25 文(麦粟 2.75 文)。至此,可以大体认为,表 4—1 中所列唐代定额租个案中,民田地租凡是高于 1.25 文(单季)、2.75 文(两作)者,即可归为高定额租,以下者为低定额租。以唐代平均亩产量 1 石推算,① 可知陆贽划分高定额租与低定额租(中等以下)的标准,大体是以亩产量 50% 为分界线的。

到了宋代,即便在传统文献中,也保存了非常丰富的地租史料。这反映出相比于唐代,租佃关系已取得长足发展。对此,学者们已经做了大量细致的梳理工作。② 在此基础上,笔者仅略举数例,以反映宋代高低定额租之悬殊。据《江苏金石志》所载石刻史料,当时两浙路苏州地区地租,以每亩米 5 斗至 1 石者居多。其中,低额租如昆山县(治今江苏昆山)"全吴乡第伍保学田下脚泛涨滩涂伍亩贰角","管纳糙米壹石壹斗,陈四二佃","全吴乡第伍保学田下脚泛涨滩涂肆亩贰角","管纳糙米玖斗,宋小一佃",③ 平均每亩地租糙米 2 斗,还不到当地下田地租的一半。④ 高额租如长洲县(治今江苏苏州)"一坵戎字陆拾贰号田贰亩壹角三步","租户顾三四,上租米伍石贰斗",⑤ 平均每亩地租约上米 2.3 石,几乎占到了当地上田亩产量(米 3 石)的 77%。⑥ 这样高的定额租并非仅见,如在福建路兴化军(治今福建莆田),"官田一亩,所收仅及一石,而输租重者至七

---

① 《新唐书》卷五四《食货志四》载,"田以高下肥瘠丰耗为率,一顷出米五十余斛"(第 1388 页),折粟之后亩约 8—9 斗至 1 石。有关唐代平均亩产量的研究,可参见胡戟《唐代粮食亩产量——唐代农业经济述论之一》,《西北大学学报(哲学社会科学版)》1980 年第 3 期,第 74—75 页;余也非《中国历代粮食平均亩产量考略》,《重庆师范学院学报(哲学社会科学版)》1980 年第 3 期,第 8—20 页;杨际平《唐代尺步、亩制、亩产小议》,《中国社会经济史研究》1996 年第 2 期,第 32—44 页。
② 王曾瑜《宋朝阶级结构》(增订版),第 87—120 页;漆侠《宋代经济史》,第 351—390 页。
③ 《江苏金石志》卷十三《吴学粮田籍记二》(庆元二年,1196),《石刻史料新编》第 1 辑第 13 册,台北新文丰出版公司,1977 年,第 9765 页。当时,地四角为一亩。
④ [明]黄淮、杨士奇编《历代名臣奏议》卷二五○《水利》载神宗时郏亶奏称:"苏州租米,上田每亩一石,下田只五、六斗,又论纳苗税,借使年年遇熟,每亩不过剩得三、五斗。"台北学生书局,1985 年,第 3298 页。
⑤ 《江苏金石志》卷十四《吴学续置田记一》(开禧二年,1206),《石刻史料新编》第 1 辑第 13 册,第 9785 页。
⑥ 参见方健《关于宋代江南农业生产力发展水平的若干问题研究》所制《宋代江南地区亩产稻米估测表》,高荣盛主编《江南社会经济研究(宋元卷)》,中国农业出版社,2006 年,第 533—534 页。

斗,比之他郡,最为偏重",[①]地租额亦达亩产量的七成。

社会上为何会并存高低悬殊的定额租契约,以及以对分制为主的分成租契约?它们对社会生产结构的影响又是什么?需要结合图2来分析。其中,R_1、R_2、R_3所对应的那条$(1-r)\delta Q/\delta L$线分别代表高定额租、以对分制为主的分成租以及低定额租。

继续前一小节的分析,在一个劳动力短缺的市场环境中,地主会主动降低分成租比例,以吸引耕作者,并且在条件成熟时改行定额租,以避免收益较低的契约安排,提高自己的收入。在这种情况下,就会形成图2中$(1-R_3)\delta Q/\delta L$线所示的低定额租。参照梁太济的分析,这通常是在宋代经济待发展地区,面临着市场中劳动力短缺局面下,主、客户双方博弈的结果。那么,高定额租就应该是在经济发达地区,劳动力供求关系转入买方市场后,由佃农(乡村无地、少地的低等主户)之间高度竞争的结果,产生出如$(1-R_1)\delta Q/\delta L$线所示的高定额租。

市场竞争导致高定额租的出现,这只是事情的一个方面。事情的另一方面是,定额租既然是将风险转嫁到佃农一方的契约安排,那么也就意味着佃农必须在具有一定风险承受能力的前提下,即具有一定的生产资料(如土地、耕牛、农具等)后,才可能接受定额契约,并保证主、佃双方根据定额契约所结成的经济组织能长期运行。这就产生了一个悖论:租佃关系越发达的地区,社会平均定额租水平就越高,那么承担如此高定额租的佃农所具备的抗风险能力,也必须达到相应的水平。这就意味着,该地区佃农所占有的生产资料的比重也必然越高,而地主所占有的比重会相应下降,即当地土地集中程度就不可能太高。这种悖论折射在宋代社会中,就是在政府户口统计中,经济发达地区的客户比例一般远低于经济待发展地区的客户比例。也就是说在宋代,户籍中主户的比例越高,意味着当地的土地集中程度越不可能太高。[②]在此基础上,梁太济指出宋代以后,"客户"在官府眼中和文献中的地位都不再显得那么突出,正是租佃关系

---

① [南宋]钟离松《奏乞除免犹剩米札子》,《重刊(弘治)兴化府志》卷三一,清同治十年(1871)刻本,叶3。
② 这种趋势是就当时社会的整体发展而言。具体到某一地区,在某一时段,主户比例的上升,并不意味着地权一定朝着分散化的方向发展。

向前发展,"客户"转化为"主户"的结果。这也是为什么不少学者研究宋代及其后的中国社会时,会观察到地权呈现分散化发展的经济学逻辑。

有关中国封建时代大土地所有制发展状况的研究,是传统马克思主义史学研究的重心之一。研究者通常认为,中国封建社会的基本特征是地权集中、使用分散。土地兼并造成耕者无其田,有田者不耕的局面,从而形成地主和农民(特指佃农)的对立,由此导致严重的阶级对立与阶级斗争。这样,"土地私有、自由买卖,兼并危机、主佃冲突,最终爆发农民战争"的模式,成为解释中国古代历史周期论的基本前提。① 按照此模式,强调和论证中国封建社会土地占有的高度集中化,便成为研究的主流范式。

改革开放以来,学术环境的改变,促使学者们开始反思传统中国农村社会中,地主占地率或土地集中率的实际状况。这方面的研究主要集中于明清史和近现代史领域,② 但受此学术转型的影响,唐宋史学者也开始了类似的反思。比如针对此前许多学者所得出的结论:"在宋代由于大土地所有制的急剧膨胀,全国百分之六七十以上的耕地已经为地主阶级所占有。"杨际平就根据宋代主、客户比例,对当时土地集中程度重新进行了测算,认为唐末五代宋初地主阶级占有的土地,约为全国耕地的45%,农民占有剩余的55%。到了北宋中后期,地主的占地率下降到35%左右,农民占地率则上升至65%上下。他的结论是:在中国封建社会,地权的变动并非越来越集中。在土地集中的同时,也存在着土地分散的倾向(主要原因是土地买卖和分家析产),两者在很大程度上起相互抵销作用。地权变动的结果究竟是更趋于集中,还是更趋于相对分散,则因时因地而异,不能一概而论。这样的结论,与笔者基于唐宋间地租额的分析是一致的。但需要强调的是,尽管存在着因时因地的差异,但从总的趋势上来看,唐宋时期中国的土地集中程度呈现出先集中后分散的趋势。而这种分散化的趋势,也成为宋以后中国大土地制发展的方向(参见本节4)。

不过,笔者并不认同杨际平关于唐宋间土地先集中后分散趋势原因的分析。他认为就唐末五代与北宋时期而言,地权变动的趋势是越来越

---

① 秦晖《关于传统租佃制若干问题的商榷》。
② 参见秦晖《关于传统租佃制若干问题的商榷》及《"业佃"关系与官民关系——传统社会与租佃制再认识之二》。

集中,此后至北宋末年,又趋于分散。前者表明唐末五代,由于战乱等原因,土地集中的作用大于分散的作用力;后者表明北宋时期,由于社会相对安定,政府招携流散、鼓励垦荒等扶持自耕农政策取得一定的成效,土地分散的作用力大于集中的作用力。① 按照本书一贯的看法,战乱虽然会消耗大量社会财富,严重影响经济的正常增长,但并不能影响社会生产结构的长期趋势。至于政府政策,更多的时候,只能被视为是对社会经济生活的反映(或迎合),并不能作为改变社会经济形态的根本原因。在古代中国的不同地区或不同时代,土地占有情况的趋势是集中化还是相对分散,决定于经济学的基本规律,是主、佃双方在市场上,不断竞争和博弈的结果。

在之前的分析中,笔者结合图2针对不同的时空环境,探讨了市场约束条件的不同,导致高定额租和低定额租出现的经济学逻辑。分析逻辑遵循了前文所提到的悖论:租佃关系越发达的地区或时代,社会平均定额租水平就越高。承担如此高定额租的佃农,所具备的抗风险能力,也必须达到相应的水平。这就意味着,该地区或时代佃农所占有的生产资料的比重也必然越高,而地主所占有的比重会相应下降,即当地或当时社会的土地集中程度就不可能太高。

不过,这样的前提只适合于分析宋代以来租佃制已经有了充分发展的社会。笔者在对高昌和唐西州地区的定额地租进行统计时,发现了一个用上述逻辑难以解释的现象。通常来说,唐代长安地区的农业技术水平,即便达不到当时全国的最高水平,也应当紧随其后。至少,高于西州地区是不成问题的。然而,在表4-1所列的吐鲁番地区69例定额租契约中,竟然有超过三分之一(28例,表4-1中标"*"号者)的地租额超过了约一个世纪之后德宗时期长安地区的最高地租额(单秋银钱2.5文、麦秋银钱5.5文)。高者(如第18、24、60例)甚至接近后者的三倍。更值得注意的是,上述28例超高定额租个案中,竟毫无例外地都出现在唐中宗朝之前。② 其中24例出现在高宗朝(含)之前,4例出现在武则天、中宗时期。玄宗之后,就再也见不到当地出现高于德宗朝长安

---

① 杨际平《中晚唐五代北宋地权的集中与分散》,《中国社会经济史研究》2005年第3期,第1—17页。
② 这些超高定额租个案更是占到了同时期租佃个案(麴氏高昌至唐中宗朝共51例)总数的二分之一强,足以说明当时吐鲁番地区地租水平整体处在高位。

最高地租额的个案了。按照通常的理解，唐前期租佃关系的发展水平低于租庸调制崩溃以后的唐中后期，然而均田制下的农民却承担着远超于唐后期佃农所承担的地租额。这种现象恰恰与上文提及的悖论——租佃关系越发达的地区或时代，社会平均定额租水平就越高——相反。

为何租佃关系在唐前期还没有充分发展起来的同时，租佃者却承担着"超高"的定额租负担？这样的地租水平，再一次印证了上节的分析，即在唐前期，尤其是高宗朝之前，由于人地关系矛盾不突出，自耕农仍可根据均田令，从政府获得一定的土地。即便在西州这样的狭乡，普遍存在着民户受田不足的情况下，均田农民还是可以凭借其已受田的收获物，拥有较高的抗风险能力，从而倾向于选择定额地租，并且能够承受高额的定额租。武则天初年，随着全国著籍户迈入500万关口，恢复至北朝末年的水平（见本书第三章第四节），唐朝政府开始真正遇到隋初政府所面临的授田压力。此后，土地兼并问题日益突出，百姓失去土地成为逃户的现象也越发严重。[1] 在这种情况下，玄宗之后，尽管大土地所有制和租佃关系都在持续发展，但经济生活中却出现了最高地租额（或平均地租水平）下降的趋势。这种看似悖论的现象，却是经济学逻辑的必然反映。因为佃农中无地农民比例的增加，从整体上减弱了佃农阶层承担风险的能力，所以唐中后期定额契约中最高地租额下降，就是自然而然的现象了。[2] 由此可见，定额地租的高低与租佃关系发展程度的

---

[1] 唐代逃户现象以及政府括逃政策的变化与发展，历来是唐代经济史研究的中心话题之一。相关研究综述，详见胡戟等主编《二十世纪唐研究·经济卷》第2章《户口》（吴丽娱执笔），第348—351页。翁俊雄《武则天时期狭乡民户徙就宽乡问题》（载《中国唐史学会论文集（1989）》，第219—236页）分析了武则天时期逃户向关辅流散，以及向河北、蜀汉等逃亡的去向。他认为武则天时出现的各地百姓逃亡，都是由天灾、战乱或徭役过重引起的，无一涉及土地问题，所以似乎不能将这时的逃户问题与均田制是否瓦解联系起来。在《开元、天宝之际的逃户》（《历史研究》1991年第4期，第146—149页）一文中，他继续讨论武则天以后"流庸更滋"的原因，认为首先与宇文融括户置禁售逃人田宅之令于不顾，仍然实行"逃亡之家，邻保代出"租课的政策有关，其次与对客户征收轻税，以诱使客户由首入籍有关，但上述政策不过是逃户增多的诱因，均田农民的土地日益缩小才是其主因。他还论述了逃户与农业经营结构变化的关系，认为大地主田庄作为经营方式更能适应唐朝建立后百余年的发展形势，逃户现象是开、天之际发生这一转变的中间环节。阎守诚《逃户对唐代社会经济的影响》（《首都师范大学史学研究》第1辑，首都师范大学出版社，1999年，第91—97页）也认为逃户的流动使劳动力分布更均匀，满足了封建大土地所有制的需要，有利于租佃关系发展，是两税法改革的动力。

[2] 罗彤华在前揭文《唐代西州、沙州的租佃制》中提到地租交付方式在高昌至唐代所发生的变化时，指出自高宗朝以来，预付地租大幅增多，尤其以开元至大历年间最密集。预付租价与后付租价愈呈两极化发展，显示主佃之间的贫富差距日益扩大。笔者认为，这与本书对唐代地租额变化的论述是一致的，都反映出随着大土地所有制的发展，佃农阶层承担风险的能力整体上减弱了。

高低没有必然的联系。这一点同样印证了前文关于定额租先进性与否讨论。

唐宋间定额地租看似相反的发展趋势，隐藏着不同的经济学逻辑，但就其本质而言，却又是一致的，都与社会生产结构中佃农的经济能力变化直接相关，是主佃双方在一定市场约束条件下相互竞争和妥协的产物。

与之相应的是，唐宋时期直接生产者人身依附关系的变化。根据之前马克思主义史学研究者的看法，宋代佃农对地主的人身依附关系，在总体减弱的前提下，存在着空间的不同步和时间上的曲折发展。然而"宋代佃农人身依附关系总体减弱"的观点，很大程度上是建立在"唐代均田农民作为国家佃农被紧紧束缚在国有土地上"的前提之上。根据前文的分析，将均田土地视为"国有土地"（或公社份地），将均田农民视为"国家佃农"的预设并不成立。均田令并不触及私有制，租庸调也并非均田农民交给国家这个"最高地主"的地租，而只是赋税的一部分。

唐前期的租佃关系，主要发生在有剩余土地和有剩余劳动力的均田农民之间。只有在唐代"土地私有权具有封建性质"的前提下，[①] 才能理解为什么唐初会呈现学者们所观察到的，那种存在于小私有者之间的"自由租佃"中的较轻的人身依附关系。只不过这时社会经济生活中呈现出如下悖论：租佃关系在唐前期还没有充分发展起来的同时，租佃者却承担着"超高"的定额租负担。

前面还提到，唐代前期少地的均田农民与宋代乡村下户具有类似的风险承受能力，是其可以接受高额定额租契约的原因。但这绝不意味着，双方处在相同的经济地位。以宋代江南为例，作为经济发达地区，本地区之所以盛行高定额租，是佃农之间竞争的结果。在这种激烈的市场竞争环境下，佃农只能被迫接受一些约束性的契约条款。这种情况反映在当

---

① 宋家钰《关于封建社会形态的理论研究与唐代的自耕农性质》，《中国唐史学会论文集（1989）》，第36—37页。他认为唐代自耕农民的土地私有权是由封建法律确认的，但因受到封建国家权力的许多限制，才使得它在许多方面不同于资本主义时期绝对自由的土地私有权。对农民土地私有权规定一定的时效，既是国家承认土地私有权的表现，又是土地私有权具有封建性质的表现。有的学者以农民土地私有权受到封建法律时效的限制，就否认它的存在是不正确的。笔者同意其说。

时的社会规范中,就体现为政府为"保护"地主,而在法律法规中增加很多针对佃农的约束性法律条款。从这样的角度观察,唐宋间佃农的人身依附关系,并非总体上减弱,而是逐渐增强。这正是某些学者称之为宋代"第二次农奴化(依附化)"现象出现的原因。

不过,这种现象不宜被称之为农奴化或依附化。因为宋代以来出现的这种所谓人身依附关系的增强,是在一定的社会发展阶段,在特定的市场约束条件下的产物。[1] 一旦约束条件发生变化,在市场竞争的作用下,主、佃双方的关系就会呈现出很大的不同。例如在北方诸路客户比例很高的地区,由于面临着劳动力短缺的压力,为了招引客户,主户不得不主动降低地租额,而政府也立法保障客户的自由选择权(如本章第一节所引天圣五年诏书)。若从这样的角度观察,宋代北方地区的主、客关系,仿佛又回到了唐初那种以自由租佃为主的阶段。这也成为之前学者们所指出的宋代佃农人身依附关系减弱的主要依据。可见,中古社会的中国,不同地区佃农人身依附的强弱,取决于当地的具体情况。但从总体上说,当时的人身依附关系,体现为农民(特指佃农)对封建地主的依附,轻于更早阶段经济社会形态下的人身依附关系。[2]

4. 唐宋间地租率的变化及对新古典租佃模型的反思

在上一小节,笔者结合图 2,分析了宋代的租佃制经营方式,并指出了如下的悖论现象:"租佃关系越发达的地区,社会平均定额租水平就越高,相反,土地集中程度就相对较低。"然而根据张五常的租佃理论,随着租佃关系的发展,地主为了减少净收入的损失,会倾向于降低地租比例来实现该目标。这样,就产生了新的疑惑:为何宋代不同地区定额租额的高低与租佃制的发展趋势会与根据张五常理论做出的解读恰恰相反?其实,这

---

[1] 必须强调的是,江南地区出现的所谓佃农地位的下降,与西南的川峡诸路由于生产技术水平不高、社会发展程度较低所造成的劳动力短缺下,而保留有强烈人身依附关系的社会生产结构中直接生产者的地位(见前引皇祐四年敕),有根本的不同。
[2] 宋家钰指出,马克思认为资本主义以前的各社会都存在依附关系,原始公社成员依附于公社,奴隶依附于奴隶主,农民依附于封建主。只有到了资本主义时代,劳动者变成自由出卖劳动力的雇佣劳动者,才最终消灭了这种依附关系。因此,他才从唐代户籍法的角度,去反思有关自耕农民的性质及其对国家人身依附关系(如国家农奴、国家佃农等)的观点,见氏著《关于封建社会形态的理论研究与唐代的自耕农性质》,《中国唐史学会论文集(1989)》,第 37—40 页。

样的疑惑提醒我们不能单纯从定额租的水平来分析租佃制的发展状况，因为定额契约并非是一种必然先进的经营方式。对唐宋时期租佃制的发展趋势，需要结合分成租和定额租来分析。然而在当时的社会生产中，既存在着高低迥异的定额租，也存在高低不等的分成租，那么应该怎样透过纷繁复杂的现象来观察唐宋时期中国地租水平的变化趋势呢？这不是通过尽可能地掌握史料，并依靠单纯的统计方法就可以解决的问题，需要借助相关经济学模型来分析。

研究者注意到这样的一个现象：宋代定额租占亩产量的比重，多半在50%上下，即以对分制为基础。此时的对分制，并非指将佃田的全部收获物对半分，在多数场合下，是指主、佃双方平分除去种子和赋税之外的净收获物。而且，在通常情况下，采用上述对分制的前提，是由承佃方自行负担耕牛、农具等生产资料的投入。否则，主、佃双方将按照双方实际投入的生产要素，约定相应的分成比例。① 这就是前引陈舜俞《太平有为策·厚生一》中提到的情况："以乐岁之收五之，田者取其二，牛者取其一，稼器者取其一，而仅食其一。"② 可见，在佃户承担耕牛和农具的情况下，除

---

① 王曾瑜《宋朝阶级结构》（增订版），第99—100页；李春圃《宋代封建租佃制的几种形式》，邓广铭等主编《宋史研究论文集》，第142页；漆侠《宋代经济史》，第226—227页。
② 陈舜俞所提到的情况，不仅仅是一个地租分成比例的划分问题，更是一个涉及到认知封建地租本质属性的根本问题。马克思认为，在前资本主义时代，土地所有者根据分成契约所得到那部分剩余产品（即本书所谓的地租 r），并不具有纯粹的地租形式。因为在分成契约形式下，"经营者（租地农民——原注，下同）除了提供劳动（自己的或别人的劳动），还提供经营资本的一部分，土地所有者除了提供土地，还提供经营资本的另一部分（例如牲畜），产品则按一定的、不同国家有所不同的比例，在租地人和土地所有者之间进行分配。在这里，从一方面说，租地农民没有足够的资本去实行完全的资本主义经营。从另一方面说，土地所有者在这里所得到的部分并不具有纯粹的地租形式。它可能实际上包含他所预付的资本的利息和一个超额地租。它也可能实际上吞并了租地农民的全部剩余劳动，或者从这个剩余劳动中留给租地农民一个或大或小的部分。但重要的是，地租在这里已不再表现为剩余价值一般的正常形式。一方面，只使用本人劳动或者也使用别人劳动的租地人，不是作为劳动者，而是作为一部分劳动工具的所有者，作为他自己的资本家，要求产品的一部分。另一方面，土地所有者也不只是根据他对土地的所有权，并且也作为资本的贷放者，要求得到自己的一份"，《资本论》第3卷，第907—908页。由此可知，"田者取其二"不仅包括超额地租，也包括土地作为资本（地主作为资本贷放者）所要求分得的产品（即利息），"牛者取其一"、"稼器者取其一"则是经营资本（所有者，无论是地主还是佃农，"作为他自己的资本家"）所要求分得的利息，而"仅食其一"中，可能包含有他自己全部剩余劳动的一部分，也可能仅仅是其劳动的报酬。在马克思看来，纯粹的地租形式，即超额地租（或　（转下页）

去其所"食其一",① 地主和承佃方各自占取收获物的40%,即主、佃双方对土地净产出物进行对分的契约安排。这样的地租率,可以被视为是张五常所强调的,高定额租、低定额租和分成租在市场的作用下,相互影响之后所达到一种均衡状态下的社会平均地租水平,即当时平均地租额占平均亩产量的比重。据此,参照上述分配比例,可将图2改绘为图5。

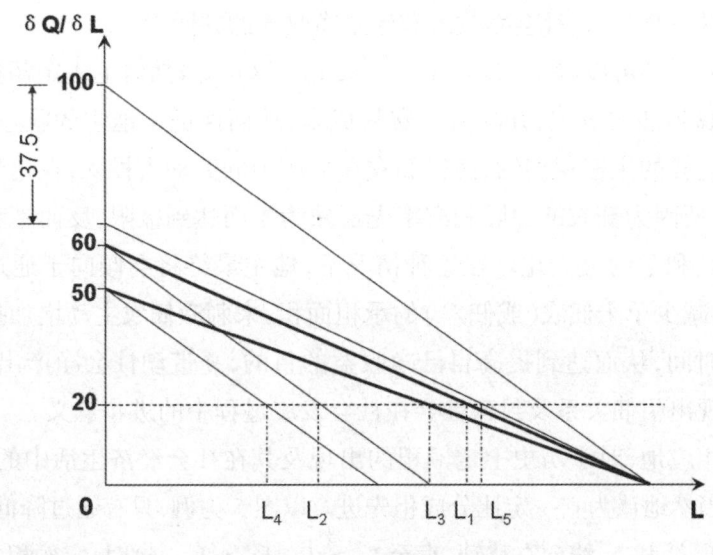

图5 封建社会中分成制的有效率

图5的设定与图2相同。其中,L_1所对应的边际产出线(简称L_1线,下同)代表的是宋代分成租的均衡水平、L_2线代表的是当时定额租的均衡水平。虽然受不同的环境约束,但在各自的均衡状态中,定额租都是以

(接上页) 称绝对地租),是"在剩余价值已经在各个资本之间平均化为平均利润之后,即各个资本在一切生产部门的全部社会资本所生产的总剩余价值中分得与它们的相对量相适应的比例部分之后,也就是说,在这种平均化之后,在待分配的全部剩余价值看来都已分配完毕之后,从哪里又会冒出这种剩余价值的超额部分,由投在土地上的资本以地租形式支付给土地所有者"。而"平均利润本身是在十分确定的历史的生产关系下发生的社会生活过程的一个产物,一个形成物,正如我们已看到的,这个产物要以极为复杂的中介过程为前提。要能够谈论超过平均利润的余额,这个平均利润本身必须已被确立为标准,并且已被确立为生产的调节器(在资本主义生产方式下就是这样)"。可见,纯粹的地租形式,只能是资本主义时代的产物。"在资本尚未执行强行榨取一切剩余劳动,并直接占有一切剩余价值这一职能,从而资本也还没有使社会劳动或只是偶尔使社会劳动从属于自己的社会形式中,根本谈不上现代意义的地租,谈不上作为超过平均利润即超过每个资本在社会总资本所生产的剩余价值中所占的比例部分而形成的余额的地租"。《资本论》第3卷,第884-885页。
① 这里所谓的"食",并非仅指口粮,应该包括佃户日常生活的一切费用及所承担赋税。

分成租为标准确定的。根据前面的分析,陆贽区分唐代高定额租与低定额租的标准,就是以占亩产量 50% 的中等定额租为分界线的。这个分界线可以被视为当时社会生产中定额租的均衡线。所以 L_3 线代表的是唐代分成租的均衡状态,而 L_4 线代表的是当时定额租的均衡状态。由此可知,从唐至宋,地租率由 50% 下降至 40%,从而激励佃农增加劳动力的投入,带来其自身收入、社会净收入和地主净收入的共同增长。

从图 5 可以看出,$L_2 < L_1$、$L_4 < L_3$。这样,虽然看上去定额租是将风险转嫁到佃农身上,并降低了交易成本,从而保证了地主的收益。但是,由于这样的定额租契约,使得佃农在生产中的劳动力投入,在达到较低水平时,便因为佃农的边际利润率先递减为零而达到极限,反而不利于地主追求其利益的最大化。在这种情况下,地主最终将会倾向于通过降低地租率、减少单个佃农(或佃户)的承租面积,来刺激佃农主动增加投入劳动的总时间,从而达到提高自己净收益的目的,并带动社会净产出的增加。这体现出租佃关系及封建社会在社会发展过程中的进步意义。

相应地,对于历史上定额租的出现及其在社会经济生活中的作用,不能想当然地认为它一定比分成租先进。以图 5 为例,只有通过降低定额租,使得 L_2 线和 L_4 线向右移动,直至 $L_2 > L_1$、$L_4 > L_3$。这时,定额租才能在经济效率上,显示出其对分成租的先进性来。不过,由于受到一定生产技术水平的限制,单位土地面积的粮食产出量较低。这样,在较低单位面积产量中所占比例又很低的定额租(也包括分成租)水平,就不能提供满足地主阶级实现其自身再生产所需费用的剩余产品,因而不可能广泛出现。只有随着生产力的提高,地租率下降到一定水平,定额租的比例才会增加。①

---

① 中华民国内政部 1932 年对 849 县所作的调查,反映了当时租佃契约的多样化,租金主要采取现金、实物固定地租和分成地租三种形式。另据国民政府 1934 年的调查报告,50.7% 的佃农以实物付固定租金,28.1% 付分成租,21.2% 付固定现金租。而 1934—1935 年的土地调查显示,上述三组数分别为 60%、15% 和 24.62%,另有劳务租为 0.24%。分成地租的多少依地主是否提供种籽、工具、耕畜而不同,分成地租的租金高于固定实物地租 12.9%,其又高于固定现金地租 11%。在地主不提供种籽、工具、耕畜的情况下,平均地租约为 43.3%。固定实物地租在佃农比例高,产量高的产区较为普遍。参见杨小凯《民国经济史(1912—1949)》,第 38 页。由此可见,20 世纪 30 年代,分成地租额普遍高于定额地租的现象,正好反映笔者所分析的,只有在生产技术达到一定水平之后,定额地租率才能普遍低于分成地租率。这时,定额契约才能在经济效率上超过分成契约,由此成为市场上的主流形式。

这就提醒我们,虽然针对私家收取高额地租的批评,①几乎在租佃关系出现的一开始就同时出现(如本章第一节所引董仲舒语),但历史上佃农减租诉求得以实现,即地租率的下降,并非取决于阶级斗争(包括农民起义等激烈形式)或农民抗争中不合作的"瞒产"、欠租,甚至是暴力方式的抗租,②更非取决于有识之士或政府的呼吁与强制,而是取决于生产技术水平缓慢但持续的提高。③前者只能是后者的外在表现形式(或实现的直接手段),后者才是将减租由理想变为现实的根本原因。

地租率下降不仅是唐宋时期租佃关系发展的趋势,④也是之后时代中国经济发展的长期趋势。近二三十年来,研究者利用各地发现的地主家的收租簿,对清代地租的实收率进行了深入研究。他们发现,清代以来的实收地租,差不多一直都在下降。总括起来,大约下降了20多个百分点。在地租实收率下降的同时,契约上规定的租额也在持续下降,而非上升。⑤

---

① 批评者强调的"高额地租",往往针对的是私家所收地租与官府所收田租(田税)的差异。然而正如笔者所指出的,私租是地租,官租是赋税,两者性质、作用完全不同,不能单纯地从数额高下进行比较。
② 笔者并非否定佃户在追逐自身收益最大化过程中种种努力(甚至包括暴力抗争)的积极意义,而是强调主、佃双方在既定市场约束条件下竞争和博弈,才是市场的基本过程。追逐个人收益最大化,是双方共同的诉求,但其最终实现及如何实现,则取决于生产力的发展水平。
③ 或者如马克思所说:"在地租的发展中,有一点表现的特别突出,这就是:地租的量完全不是由地租获得者的参与所决定的,而是由他没有参与、与他无关的社会劳动的发展决定的。"见氏著《资本论》第3卷,第717页。
④ 这种趋势,仍然是就整体发展而言,并不否定某一地区在某个时段出现增租的现象。有关宋代的增租和减租、抗租情况,可参见王曾瑜《宋朝阶级结构》(增订版),第120—127页。
⑤ 高王凌《租佃关系新论》,第19—31、65—76、188—189页;《拟解地租率》,《读书》2005年第11期,第65—71页。论证地租率的下降,是近年来明清经济史领域的重要成果,与传统马克思主义史学的研究理路明显不同。在自由市场理论和博弈论的影响下,描述主、佃双方在"理性人"预设下的主动竞争和自主选择,尤其是强调佃农的"抗欠有理论"或地主的"情让"、"忍让",即所谓的"道义经济",成为研究的重点。这种研究,使得传统中国农村社会重新呈现出中国文化所特有的"人情味",由此带来了新派学者对马克思主义阶级分析法和五种社会形态理论的批判和放弃。本书虽然仍然坚持运用五种社会形态理论来研究中国古代经济社会形态的演进,但也深受上述研究的影响,在地租率持续下降的趋势下,来分析中国封建社会生产结构的发展。在与张晨(中国人民大学经济学院讲师)的讨论中,笔者受到了新的启示。他指出本书所谓的地租率的下降,只是名义地租率的下降,对于实际地租率的趋势,还需要进一步分析。以图5为例,唐宋之间的地租率虽然名义上由50%下降至40%,但前提是佃户自行承担使用耕牛和农具的费用。这样,佃农的毛收入虽然由50%上升至60%,但由于生产技术的提高,使其成本也随之上涨。因而佃农净收入究竟是增加还是减少,就现有资料,难以判断。这也意味着,在中国封建社会中,实际地租率的变动趋势究竟是增加还是下降,仍然是难以判断,需要进一步研究。

地租率的下降,是马克思主义史学唯阶级斗争论面临的双刃剑。按照之前的理论,地主不断通过提高地租额来增加对农民阶级的剥削,从而激起农民不断以抗租,甚至以农民战争的形式进行反抗。这构成了封建社会的基本矛盾。随着矛盾的激化,以至于不可调和,必然造成了封建王朝的灭亡。之后就是新王朝的建立以及主、佃矛盾的缓和与再恶化。在这种前提下,地租率下降虽然可以作为农民抗租斗争的成果来解释,但却又难以说明封建社会基本矛盾激化的根源。所以,有的学者就重回封建时代地租额持续增长的老路上。① 在新的学术语境中,也有学者将地租率下降的原因归结为粮食亩产量的下降,完全不提农民抗租因素的存在。② 然而在耕地面积增长有限的前提下,上述解释又必然面临着与清代人口激增的现实之间的矛盾。高王凌在最近的研究中,已经尝试利用张五常的理论,即随着某一地主由个别佃户转为向更多佃户出租,地租率将会下降,而总地租却可能上升,来求解中国古代地租率的问题,并认为这样的结论可以反驳那些有关"过密化"(involution)的理论,以及"过密"只会使佃农更为不利的观点。③ 这样的研究与本书的结论不谋而合。

如果将观察的视野持续向下延伸,就不得不承认,唐宋元明清以来地租率的持续下降,将是理解 20 世纪 20—30 年代,共产党在根据地推行"二五减租"等减租政策,④ 以及 50 年代共产党在大陆实施没收地主土地政策的土地改革、国民党在台湾地区实行三七五减租政策(地租一律不得超过主要作物正产品全年收获总量的 37.5%,即图 5 中 L_5 线)和以赎买方

---

① 李文治《明清时代的地租》,《历史研究》1986 年第 1 期,第 118—137 页;《明清时代封建土地关系的松解》第 3 篇第 5 节《地租额、地租率与地租购买年》,中国社会科学出版社,2007 年,第 239—263 页;谢肇华《清代实物定额租制的发展变化》,《青海社会科学》1985 年第 3 期,第 79—88 页。两人均认为明清时期地租额常常是一增再增。

② 赵冈、刘永成、吴慧、朱金甫、陈慈玉、陈秋坤《清代粮食亩产量研究》,中国农业出版社,1995 年,第 74—76 页;赵冈、陈钟毅《中国农业经济史》,台北幼狮文化事业公司,1989 年,第 488 页。

③ 有关"过密化"理论,详见黄宗智《华北的小农经济与社会变迁》,中华书局,1986 年;《长江三角洲的小农家庭与乡村发展》,中华书局,1992 年。"过密化"一词,在《华北的小农经济与社会变迁》一书的中文版中被译为"内卷化",后来在《长江三角洲的小农家庭与乡村发展》中改用"过密化"来做理论表述。

④ 根据规定,不论何种租佃形式,均按照原租额减去 25%。减租后,各类地租的租额,一般不得超过收获量的 30%,最大不得超过 45%。参见杨天石《国民党在大陆"二五减租"的失败》,《炎黄春秋》2009 年第 5 期,第 39—42 页;杨郁、刘彤《国民政府时期的农村控制与权力异化》,《理论与现代化》2014 年第 4 期,第 88—89 页。

式进行土地改革,均得以最终完成的根本原因。因为地租率的持续下降,将使图 5 所示租佃制模型中,代表不同定额租和分成租均衡的那条边际产出线,持续向之前所提到的自耕农边际产出线趋近。这样,在生产力提高的作用下,当地租率下降到一定水平,社会生产及经营方式就开始从大土地所有制下的主、佃结构,逐渐朝着以自耕农为主体的结构发展。① 近

---

① 1953—1955 年,苏联马克思主义史学研究者曾掀起过一轮对封建社会基本经济规律问题的探讨,参见苏联"历史问题"编辑部《封建主义基本经济规律问题的讨论》,苏联《历史问题》1955 年第 4 期,中译文载《历史研究》编辑委员会编译《史学译丛》1955 年第 5 期,黄巨兴译,第 69—90 页;苏联"历史问题"编辑部《论封建社会形态的基本经济规律(讨论总结)》,苏联《历史问题》1955 年第 5 期,中译文载《史学译丛》1955 年第 5 期,孙耀君译,第 91—104 页。在争论中,波尔什涅夫(B. F. Porshnve)首先指出,决不能因为资本主义的基本经济法则,即剩余价值法则,说明了资本主义生产的实质和目的是旨在创造和攫取日益增加的剩余价值量,就简单认为"封建制度的基本经济法则就是封建地租的产生和增殖"。虽然指出了这一点,但他还是把封建地租率的增殖视为封建制度基本经济法则,并补充写到:"如果认为剩余产品量、尤其是剥削率(即剩余劳动与必要劳动的比例——原注)在封建时代一直没有变化,那也是不正确的。不,毫无疑问,在封建制基本经济法则内也包括有封建地租率的增殖,但它增长的表现形式不是经常一贯的增长,而其表现形式就是封建地租形式在封建时代的不时更替⋯⋯剥削在一种封建地租形式向另一种地租形式作历史性过渡时逐渐扩大并加深起来。虽然如此,但是在最高形式即货币地租占统治地位时,毫无疑问,地租额在货币地租的内部也在增长,因为正是货币地租给'榨取剩余劳动的无底欲壑'打开了方便之门。"见氏著《论封建主义的基本经济法则问题》,苏联《历史问题》1953 年第 6 号,中译文载中国人民大学中国历史教研室、世界通史教研室编译《历史问题译丛》1954 年第 1 辑,张书生译,第 42—45 页。波尔什涅夫的观点,受到了梅伊曼(M. N. Meumann)、斯卡兹金(S. D. Skazki)的批评。后者共同撰文指出封建社会形态的主要进步趋势,就是随着社会分工的加强而日趋完备的产品的个体生产的发展,即生产的专门化和劳动者逐渐接近于自己使用的生产资料的自由私有者的地位。换句话说,封建制度的主要进步趋势,恰恰在于它最终不发展封建领主经济,而是发展小农经济。封建社会的经济发展表明,从劳役地租到实物地租而后又到货币地租的转化,并不决定封建地租率的增长。剥削程度的增长是资本主义社会形态发展的法则,而不是封建社会形态的法则。他们特别指出,在封建社会形态的最后时期,封建地租率通常不会提高。封建主通常不可能随着封建制度的发展来提高剥削率,因为他们想加强剥削的企图并不是由封建生产方式的本质和性质所决定的:在抱残守缺的封建技术条件下,封建地租率的增长会损害农民经济发展的可能性。所以封建地租率的增长不是封建生产方式发展的法则,也不能包括在封建社会形态的基本经济法则中。这个法则与封建地租量在整个封建制度时期都在大大增长的现实是不矛盾的。因为地租量增长的原因,不是由于以劳动生产率的经常增长为基础的剥削率的提高,而主要是由于被封建主剥削的直接生产者人数的大量增加,如 16—18 世纪的西班牙、意大利和法国。但上述法则并不意味着在个别国家、在个别历史时期,在一定的具体历史条件下,没有封建剥削率增强的事实。最后,随着封建地租形态的发展,依附农民的经济逐渐摆脱封建领主的经济而独立,小农经济扩大了它作为封建社会经济基础的意义。但农民与封建主的阶级对抗却同时尖锐起来,因为随着农民的独立性的加强,封建制度的基本矛盾也加深起来,而农民也更加强烈地感觉到剥削他们的封建所有制就是他们经济发展道路上的障碍。见梅伊曼、斯卡兹金《论封建社会形态的基本经济法则》,苏联《历史问题》1954 年第 2 期,中译文载《史学译丛》1954 年第 1 期,郝镇华译,第 88—93、112、117—129 页。可见,　　(转下页)

代以来土地向小土地私有制方向发展的这个趋势,恰好印证了土改之前长期存在的"关中无地主"现象,并与土改过程中,各地纷纷抛出的"本地特殊论"相吻合。① 北朝均田制之来所出现的大土地制发展趋势,至此又重新朝着小土地私有制的方向转变。只有认识到了这一点,才能真正明

(接上页) 对封建地租率变化趋势的争论,由来已久。自从波尔什涅夫和梅伊曼、斯卡兹金的文章发表之后,关于封建地租率就存在着增殖和递减两种观点。在当时,波尔什涅夫理论中的某些观点虽然遭到不少批评,但其关于地租率随着地租形态的演变而增殖的看法,却得到更多学者的支持。对于苏联学者的这场讨论,中国学者也都给予了足够的注意。其中比较有代表性的是吴纪先《关于如何表述封建主义基本经济规律问题》、吴于廑《略论关于封建主义基本经济规律的几个问题》,两文同时发表于《武汉大学人文科学学报》1956 年第 1 期,第 87—103、105—128 页,后者亦见于《吴于廑学术论著自选集》,题作《关于封建主义基本经济规律的几个问题》,首都师范大学出版社,1995 年,第 422—454 页。吴纪先指出关于地租率变化趋势的争论,最初是由封建地租与资本主义利润的对比而产生的。但资本主义利润率与剥削率(即剩余价值率)是不同的。前者是剩余价值对全部垫支资本的比率(即 $p'=m/C=m/(c+v)$,其中,m 为剩余价值,C 为全部垫支资本,c 为不变资本,v 为可变资本),它的大小会随着资本有机构成(具体表现为不变资本与可变资本的比率,即 $c:v$)的改变而改变。而剩余价值率是剩余价值对可变资本的比率(即 $m'=m/v$),也就是剩余劳动对必要劳动的比率。由于资本有机构成的提高,利润率会受平均利润率下降趋向的规律所制约,而剩余价值率一般说来,是增长的。如果以封建地租与资本主义利润对比,也要注意封建地租率与封建剥削率的区别。可是苏联学者在讨论时,一般没有对封建地租率与封建剥削率作严格区分。这个看法极具启发性。吴纪先还指出封建剥削率,与资本主义剥削率一样,应该是剩余劳动对必要劳动的比率。这样,封建地租率如果是以土地面积计算的实物地租或货币地租率,就可能在劳动生产率变动的条件下,与封建剥削率的变动发生差别。但他同时认为,以土地面积计算的地租究属少数,所以上述区别的实际意义不大。更重要的是封建主阶级对依附农民的剥削,除了正规地租外,还有名目繁多的捐税和贡赋。所以在将捐税、什一税等都看作附加地租或广义地租的前提下,吴纪先从封建剥削逐渐加深的角度,得出了在整个封建时期,封建地租率是增长的结论。吴于廑则认为封建地租率的高低,在很大程度上要看经济外强制这一条件的强弱,而波尔什涅夫主张的封建地租率增殖说与梅伊曼、斯卡兹金关于地租率递减的说法,都不能得到其所引证史料的证明,所以他主张在封建主义基本经济规律的定义中,不应列入封建地租率随着地租形态的转换而递增或递减的表述,因为该问题还不能得到具有普遍规律性意义的结论。通过本章的分析可知,梅伊曼、斯卡兹金的结论虽然来源于对西欧封建社会发展的研究,但其对封建地租率和地租量的分析,却与张五常租佃理论基于模型的分析是一致的,因而体现出一定的规律性意义,即与资本主义利润率类似,封建地租率会受平均利润率下降趋向的规律所制约。但不能就此得出,农民必然从地租率的下降中得到好处。正如梅伊曼、斯卡兹金所指出的,在封建剥削率(实指地租率)的下降和人身依附关系的弱化的同时,农民与封建主的阶级对抗却尖锐起来的现象,也提醒我们还需要加强对名义地租率与实际地租率(前者相当于吴纪先所提到的封建地租率,后者相当于封建剥削率,即剩余劳动对必要劳动的比率,但本书所说的地租,并不包括其所指的赋税等附加地租或广义地租)的研究。

① 秦晖、苏文(金雁)《田园诗与狂想曲:关中模式与前近代社会的再认识》,中央编译出版社,1996 年,第 48—50 页。他们指出关中地区,大概是前近代社会中国土地分散的典型地区之一。按土改时的调查,关中东部渭南地区和西部宝鸡地区,土改前地主占有土地的比例,分别仅有 5.93% 和 7.58%,以至于在当时有"关中无地主"之说。秦晖在《关于传统租佃制若干问题的商榷》中还提到,他所访问过的许多参加过地方土改工作的老同志　　(转下页)

白为什么意识形态与采取政策截然不同的国共双方,会最后几乎同时展开土地改革,并最终得以实现的经济学逻辑。

至此,有关唐宋以来中国租佃关系的考察可以告一段落。笔者将重新去审视在本节一开始就提及的新古典经济学者的困惑:既然分成制是无效率的,那么为何在历史上却长期存在?

应该说,张五常的研究论证了分成租佃制不可能是非理性的或无效率的,因而较好地回答了分成制的效率困惑,但他的理论与新古典模型一样,都是以近代以来农业技术的大幅提高和机器大工业社会为前提的。在他的理论中,张五常所谓的长期均衡的实现,是以分成制契约而结成的经济组织,通过市场竞争,调整内生的结构性变量,在边际产出效率方面,从无效率的非均衡状态向有效率的均衡状态演进的过程。

然而,根据本章对定额租契约和分成租契约经营效率的分析,笔者认为新古典模型的困惑,正根源于其理论"作为资本主义生产方式的理论表现的现代经济学的观点"(见前引马克思语),将资本主义社会默认为一切社会的前提。所以无论是新古典模型,还是张五常的理论,都是将机器大工业生产方式下的社会现实(雇佣劳动成为更有效率的经营形式)作为出发点,将工资率 w 作为其分析的变量之一。

历史上分成租长期存在的根本原因是,在前资本主义的封建社会中,相对于地主和佃农通过定额租契约结成的社会生产结构,他们根据分成契约所结成的社会生产结构,始终是一种更加有效率的经济组织。在地租率不断下降的推动下,其边际产出线不断向自耕农(随着自耕农的不断破产,他们中的大部分将转化为未来的产业工人)的边际产出线趋近,如

(接上页) 都记得,当时各地都有所谓"本地特殊论":北方"特殊论"者认为当地广人稀而且贫瘠,土地不值钱,地主不屑于兼并,所以多自耕农,典型的地主都在南边。而南方"特殊论"者认为本里地狭人稠,农民惜地如金,地主难以兼并,所以出不了几个像样的地主,大地主都在北方。即使同一省之内,人们也常以本地为"特殊"而认为地主都在其他地方。比如在山东,当建立山地解放区时,人们认为:"我们现在住在落后山区,住在一般大地主所不肯住的地方,土地自然比较分散。"而在革命者尚未立足的省内发达地带和大城市附近,"大地主是相当多的"(薛暮桥《抗日战争时期和解放战争时期山东解放区的经济工作》,山东人民出版社,1984年,第77页)。可是当全省解放后,人们又提出由于地狭人稠等"特殊"原因,"反倒是城市附近农村土地占有较为分散"(张佩国《地权分配·农家经济·村落社区:1900—1945年的山东农村》,齐鲁书社,2000年,第68页)。

图5所示。① 这是马克思敏锐观察到,分成制"是由地租的原始形式到资本主义地租的过渡形式"的原因,也是他指出"自耕农的这种自由小块土地所有制形式,作为占统治地位的正常形式,一方面,在古典古代的极盛时期,形成社会的经济基础,另一方面,在现代各民族中,我们又发现它是封建土地所有制解体所产生的各种形式之一。英国的自耕农,瑞典的农民等级,法国的和德国西部的农民,都属于这一类"情况的原因。②

近代以来,由于工场手工业和机器大生产方式的实现,使得佃户根据定额租契约所得收益,逐步从土地产出物的一部分变为工资。佃农最终成了农业工人。这样,进入资本主义社会后,分成制才相对于工资契约(包含固定租金契约)成为一种看上去无效率的契约安排。

5. 回溯魏晋:建立观察中国中古租佃关系发展的新坐标

在讨论完唐宋以来中国租佃关系后,笔者又产生了新的疑问:既然在前资本主义时代,租佃关系,尤其是分成制作为一种有效率的契约安排,很早就在中国出现,那么为何租佃制却没能在唐代之前得到充分发展?唐之前的大土地所有者为何不选择人身依附关系较轻的佃农,而倾向于使用奴婢、客、部曲这样具有强烈人身依附关系的直接耕作者进行生产呢?我们有必要将研究视野向上延伸。可借助图6来分析唐代之前,生产力水平低于租佃关系普遍流行起来之前的社会生产结构。

---

① 本章借助于张五常的佃农理论,在封建社会地租率不断下降的前提下,得出佃农边际产出线不断向自耕农(也就是未来的产业工人)的边际产出线趋近,从而带动土地向小土地所有制方向发展的结论。不过,在与张晨的讨论中,他指出张五常的理论只是解释了土地经营方式向小土地耕作制的发展,并不能解释土地所有权由大土地所有制向小土地所有制过渡的原因。借助于经济学理论去解释地主为何愿意放弃土地所有权,以推动社会向以自耕农为主的生产结构发展的原因,而不仅仅从历史经验中去描述这样的过程,确实是一个问题,而且是一个超出了笔者现有知识范围的难题,只能留待日后解决。

② 马克思《资本论》第3卷,第907、911页。马克思还指出,他在《资本论》中"所考察的土地所有权形式,是土地所有权的一个独特的历史形式,是封建的土地所有权或小农维持生计的农业(在后一场合,土地的占有是直接生产者的生产条件之一,而他对土地的所有权是他的生产方式的最有利的条件,即他的生产方式得以繁荣的条件——原注)受资本和资本主义生产方式的影响而转化成的形式",同前书第693—694页。可见,马克思所指的"英国的自耕农,瑞典的农民等级,法国的和德国西部的农民",就是在近代封建土地所有制解体阶段所出现的"小农维持生计的农业"耕作者。因为在当时的生产技术水平下,拥有"对土地的所有权",才是对自耕农"最有利的条件,即他的生产方式得以繁荣的条件"。马克思所描述的近代西欧诸国的情形,同样出现在中国社会中,只不过受制于生产力所处的发展阶段,时间上晚于西欧,直到20世纪前期才显著表现出来。

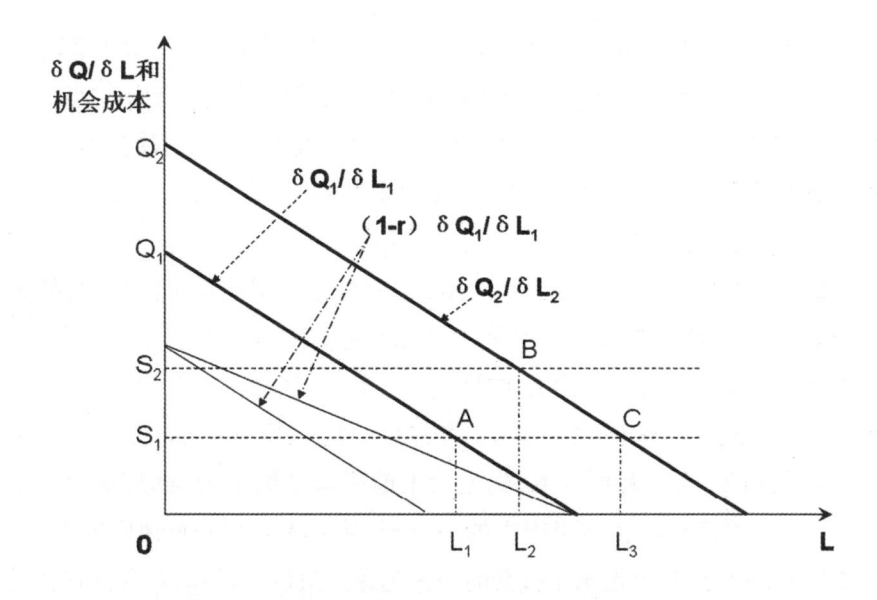

第四章 契约选择、效率分析与中国中古租佃关系新探 183

图6 奴隶社会中租佃制的无效率

在图6中，有关设定如前。此外，假定在不同的生产技术水平下，边际劳动产出率始终恒定，即 $\delta Q/\delta L$ 线斜率保持不变。其中，$\delta Q_1/\delta L_1$ 线代表的是低技术水平下的边际产出，$\delta Q_2/\delta L_2$ 线代表的是高技术水平下的边际产出。相应的，S_1、S_2 分别代表两种情况下维持再生产的费用（机会成本）。

当处在低技术水平时，小土地所有者在亲自耕种时（即相当于自耕农），会选择持续增加劳动力投入直至 L_1，这时 $Q_1=A$，边际成本与边际产出相等，小土地所有者实现了自己收益的最大化。维持这样的生产规模，他支出的费用为 $S_1·L_1$，即 $0-S_1-A-L_1$ 区域。为了增加自己的收益，他可以通过选择提高生产技术水平（比如培育产量更高的良种、增加土地肥力或者购买更加先进的生产工具）的方式，来打破低水平的边际均衡，从而继续增加劳动投入直到 L_2，这时 $Q_2=B$，收益实现最大化。同时，他支出的费用也提高至 $S_2·L_2$，即 $0-S_2-B-L_2$ 区域。需要指出的是，只有在净收入增加的前提下，即在三角形 S_2BQ_2 面积大于三角形 S_1AQ_1 面积时，自耕农才会有意愿主动选择提高生产技术水平。此外，对于小土地所有者而言，在保证自己实现再生产的情况下，即在 $Q_1 > A$ 时，他就可能过上比较富足的生活,而不会主动将劳动时间增加至 L_1。他所偏好的劳动时间 L' 就小于 L_1,这将导致社会净产出的减少。所以,马克思才会指出,"小块土地所有制按其性质来说排斥社会劳动生产力的发展、劳动的社会形式、资本的社会积聚、大规模的畜牧和对科学的累进的应用"。①

同时,在这样的技术水平条件下,大土地所有者也不倾向于采用租佃制。如图 6 中 $(1-r)\delta Q_1/\delta L_1$ 线所示,无论是分成制还是定额租制,都必然造成大土地所有者收入的减少。在当时的低技术水平下,这种减少将直接妨碍土地所有者阶层自身的再生产。于是,直接占有生产者,将其变为自己所有的生产资料的一部分,就成为大土地所有者的首要选择。对于自耕农而言,放弃人身自由,成为大土地所有者的依附阶层,就可以使自己变身为更大规模经济组织中的一分子,从而提高自身抗风险的能力,也成为其不得已,甚至是乐于接受的一种选择。换言之,他们对自耕农身份并无偏好。于是,人身买卖就成为当时大土地所有者和破产自耕农双方共同的选择。这样的社会经济形态,就应该处于马克思所谓的奴隶社会阶段。

与小土地所有者一样,当处在低技术水平时,大土地所有者(即奴隶主)也将持续增加劳动力投入直至 L_1,这时 $Q_1=A$,奴隶主实现了自己的收益的最大化。同时,在市场竞争的社会现实环境中,随时面临的失去人身自由的压力,将迫使尚未破产的自耕农主动增加劳动时间至 L_1,而不是选择他所偏好的劳动时间 L',从而提高了社会净收入。

至于在此阶段的社会中,自耕农生产与奴隶生产,究竟以什么样的比例关系达到均衡状态,则取决于市场约束条件。也就是说,依据现有资料,很难断言,当时社会中究竟是自耕农的绝对人数多,还是生产奴隶的绝对人数多。这就提醒我们,单纯从直接生产者中奴隶占比的多少来断定某一历史时期社会形态是否属于奴隶社会,这样的研究范式,存在着方法论上的先天不足。②

---

① 马克思《资本论》第 3 卷,第 912 页。
② 对于汉代奴婢数量的讨论,学者们在研究中国历史分期问题时已经有所涉及。主张汉代是封建社会的分期论者,如郭沫若等,也会承认汉代仍存在数量巨大的奴隶。但也有不同的估计,如翦伯赞就认为在奴隶社会中,奴隶的数目必然要多于奴隶主和自由民的数目。而两汉的官私奴婢和当时的人口总数相比,是微乎其微的,只是奴隶制的残余因素,已不是社会生产的基本力量。至于个别的官僚贵族和豪富虽然拥有成百成千的奴婢,但他们被认为是奢淫过制,要受到政府限制的。而且,这种情况在后代的封建社会中,也同　　(转下页)

为了继续提高自己的收益,奴隶主也可以通过提高生产技术来持续增加劳动投入量。在这时,奴隶主与自耕农的选择会有很大的不同。因为虽然提高生产技术,也意味着奴隶主在组织生产方面的机会成本在增加,但作为一种大规模的经济组织的拥有者,奴隶主可以利用其规模优势,来降低平均生产成本。这将使奴隶主即便在高技术水平下,也可能使得他所占有的劳动者的平均机会成本降低至 S_1 的水平,从而使其投入的奴隶劳动时间可以增加至 L_3,提高自己的净收入和社会净产出。

可是不管怎么说,在一定技术条件下,一旦劳动力投入达到极限,即边际收益为零时,奴隶主将倾向于维持现有生产规模,不再扩大。这是两汉魏晋南北朝时期,社会上出现比较突出的"流民"问题的根源。[①] 与在封建社会中,在一定的生产技术条件下,地主阶级也可以在既定的市场约束条件下,通过降低地租率来维持劳动投入的持续增加不同,在奴隶制生产方式下,其经济组织的规模必然会受到限制,不可能持续扩大。这就意味在土地兼并发展的同时,失去土地的自耕农将无法完全回到土地上。秦汉以来,为了生存,这部分破产农民只能结成流民集团,通过其他的方

(接上页) 样存在,不能据此而认为是奴隶社会。见氏著《关于两汉的官私奴婢问题》,《历史研究》1954 年第 4 期,后收入《翦伯赞全集》第 4 卷,第 540—547 页。魏晋封建论者不同意翦伯赞的上述论点和估计。他们认为,所谓奴隶社会中奴隶的数量一定要比奴隶主和自由民的数量多的说法,是根本不能成立的。胡钟达、日知就以古代希腊、罗马人口中自由民多于奴隶为例来证明自己的看法,并指出如果说在奴隶社会中,奴隶必然要多于奴隶主和自由民,那么在整个人类历史的发展过程中,就没有奴隶社会这一阶段了。参见胡钟达《关于奴隶社会中奴隶的数目问题》,《光明日报》1956 年 8 月 2 日,史学版,后收入《胡钟达史学论文集》,内蒙古大学出版社,1997 年,第 1—11 页;日知《我们在研究古代史中所存在的问题》。至于为什么在奴隶社会里,奴隶的数目很难超过全国人口的半数?胡钟达在前揭文中将其归结为奴隶制的残酷性。作为最野蛮、最赤裸裸的剥削制度,每当奴隶数目还没有发展到整个社会经济关系中占绝对优势的时候,就要引起即将沦为奴隶的广大自由民的激烈反抗,迫使奴隶主阶级颁布限制或废除债务奴役的法律,甚至导致"改朝换代",从而促使社会经济关系的重新调整。因此,奴隶社会中的奴隶人数自然难以超过自由民。以上参见林甘泉等《中国古代史分期讨论五十年》,第 402—404 页。

[①] 孙如琦《西汉流民问题初探》,《青海社会科学》1986 年第 4 期,第 68—74 页;《东汉的流民和豪族》,《浙江学刊》1993 年第 3 期,第 104—109 页;余谦《两汉流民问题探微》,《江西师范大学学报》1994 年第 3 期,第 63—66 页。不过,上述文章或是在两汉为封建社会的前提下,从封建小农由于个体经济的不稳定性,经受不住天灾人祸的打击,很容易破产流亡的角度来解释两汉流民现象的成因,或是在两汉是奴隶制向封建制过渡的变革期前提下,从债务奴隶制与市场交易奴隶制的区别来解释两汉的流民问题。有关魏晋时期流民与流民帅现象,参见田余庆《论郗鉴——兼论京口重镇的形成》,《东晋门阀政治》,第 37—99 页。

式,甚至是暴力的方式来维持自身的再生产。也正是在这一方面,奴隶制生产方式体现出它相对于封建租佃生产方式的落后性来。

如图6所示,在奴隶社会中(如秦汉时代),租佃制虽然已经出现,但并非是一种有效率的经济组织模式。因而大土地所有者(包括政府)之所以愿意采用租佃制,是有前提条件的。就社会整体而言,只有在奴隶制生产规模达到既定限制(边际利润为零)后,一些有条件且有意愿的大土地所有者,为了继续增加收入,才会在新增的垦殖区以"客"的形式,即采取分成制契约经营方式,增加劳动力投入。这样,奴隶主不仅不会有额外损失,他的收入反而会增加($\delta Q/\delta H$)r。这里H代表使用"客"耕作的土地总数。①

基于以上认识,再来分析魏晋南北朝时期的"客"与"限客"政策。魏晋封建论者根据东汉末至三国"客"的出现及其普遍化(如两晋南北朝大量存在的"免奴为客"的现象),将魏晋作为封建社会的开端。然而,当时社会上同样普遍存在着众多平民被官府"没为奴婢",或"百姓因荒自卖为奴婢",甚至是被少数族民掠卖为奴婢的现象,② 因而凭藉现有史料,很难从量的角度去整体分析生产领域中"奴"与"客"之间的比例及变化。何况问题并不在于这一比例能否从量上确定,前文已指出,单纯从直接生产者内部结构构成去判定社会形态属性的方法并非有效。

不如换一个角度去思考。如果租佃制在魏晋时期,就已经成为一种有效率的经济组织模式,那么它就应该迅速成为社会的主流,不仅为民间广泛选择,也应影响政府经营形式,如唐宋之间官府土地(屯田或营田)经

---

① 玉井是博在论述唐代庄园经济时指出,唐代"庄园的耕地大概使用自己的奴婢去耕种,但土地面积很多,仅用奴婢则感到劳动力不足,因此庄主还收留客户使其佃种,这是明显的事实",见氏著《唐时代的土地问题管见》,转引自乌廷玉《唐朝"庄园"说的产生发展及其在中国的流传和影响》,第75—76页。这种看法并不正确,玉井所谓使用奴婢的庄园经济,应该就是奴隶制经营方式(至于唐代的庄园经济是否为奴隶制经营方式,此处不予讨论)。根据本章的分析,奴隶主之所以在奴隶之外,还愿意使用相对没有效率的租佃制,不可能是因为土地面积大,而劳动力(奴婢数量)不足。只是在奴隶经营规模达到极限之后,奴隶主为获得额外收益才会采用分成制,使用客户佃种。

② 如《周书》卷二《文帝纪下》载西魏恭帝元年(554)十一月辛亥,攻克江陵(今湖北荆州),"没为奴婢者十余万,其免者二百余家"。第36页。《晋书》卷一一七《姚兴载记上》载后秦弘始元年(399),姚兴"班命郡国,百姓因荒自卖为奴婢者,悉免为良人"。第2979页。《魏书》卷三五《崔浩传》载,后秦永和元年(416),"鲁轨说姚兴求入荆州,至则散败,乃不免蛮贼掠卖为奴,使祸及姚泓"。第820页。

营方式的变化。然而历史的发展趋势却并非如此。三国初期,曹操建立的以"客"为生产者的民屯组织,很快就不能继续维持下去,魏末晋初即宣告失败。笔者认为这个结果其实印证了上文的看法,即分成制在当时并不是一个有效率的经营方式。政府之所以愿意采取分成制的形式建立屯田组织(主要指民屯),只能是在战乱之后,为保证军粮供应而采取的临时措施。但租佃制的低效率,影响了政府与屯田客的收入,减少了社会净产出,因而民屯组织不得长久。

对于此后"客"的发展,学者们通常认为,由于司马氏政权将隶属于官府的屯田客户赐给公卿大臣等大土地所有者,导致了屯田客户作为"国家佃农"所具有的免役特权,成为豪族依附阶层的普遍权利。于是,为了限制豪族的势力,政府便采取了种种的限客措施,如西晋的占田荫客制。[①]

笔者认为有必要重新审视上述论断。由于此时租佃制,相对于奴隶制还不是一种有效率的经济组织,所以大土地所有者并不倾向于选择将佃客作为主要劳动力投入到生产中。这意味着并不需要政府主动去通过限客政策来限制豪族。而且,就政策本身而言,对官员贵族所荫佃客户数作出限制,并不意味着限制奴婢人数,因而不应被视为是对豪族势力的打压。

既然在当时的生产技术水平下,租佃制会造成大土地所有者收入的减少,从而直接妨碍大土地所有者阶层自身的再生产。从这样的角度,再去观察魏晋时期国家、豪族与小农三者之间的关系,应该可以得出如下结论:法令允许私家佃客免役,意味着在对地租进行再分配时,政府主动让渡出一部分的土地出产物,实际上就使得这部分土地产出物,转化为大土地所有者与佃客可支配的收益。这样,通过免役政策来鼓励大土地所有者主动(或有意愿)去吸纳剩余劳动力(失去土地的小自耕农),有利于减少流民的数量,增加垦田数,并减少社会不安定因素。对于政府而言,也是一举三得。

对于限客措施,也应该借助于张五常的佃农理论去解读。如前所述,在地主所拥有的土地总量与佃农对土地的投入成本给定的情况下,地主的

---

① 唐长孺《西晋田制试释》,《魏晋南北朝史论丛》,第 35—41 页。

财富要最大化,就得同时决定每个佃农所租种的土地面积和地租所占的比例。如果每一个佃农获得的土地面积持续减少的话,地租比例最终会变得很低,以至于土地的地租总额将下降。所以,政府限客,应该是为了防止大土地所有者为争夺佃客而竞相降低分成租比例,最终导致部曲佃客制不能维持下去,而政府减少社会不安定因素的目的,也将难以实现。

从这个意义上来看,西晋政府的限客政策,有些类似于宋代政府在职田租佃方面,规定"招置客户,每顷不得过三户,即不得全令州县差人及招客户",①或"诸职田县召客户或第四等以下人户租佃,已租佃而升及第三等以上愿依旧租佃者听。或分收,每顷至十户止"(见本章第一节所引《政和令》)。宋代对单位土地面积上承载的客户或分收佃户的户数加以限制,就是为了防止每户佃农由于租得的土地面积过少,从而出现地租率过低而影响职田收入。大概是由于生产力水平较低,西晋时期限客政策,并不针对单位面积的土地,而针对官员所拥有的政治经济特权的外在形式,即官品的高低。②

本章小结

五种社会形态理论,是马克思主义经典作家在其政治经济学研究的基础上,立足于辩证唯物主义和历史唯物主义,提出并逐步加以完善的一套内在逻辑严密的学说,其核心思想是生产方式决定社会形态的发展。③

然而马克思主义传入中国后,绝大多数史学研究者由于缺乏经济学的分析手段,再加上特殊历史环境的约束,不得已之下,只好采取一些庸俗化手段,将五种社会形态理论教条化、片面化。于是,在研究中国古代史分期问题时,不少研究者只能将生产方式分解为生产力(物质内容)和生产关系(社会形式)两方面,或者从生产技术的提高,或者从直接生产者的地位变化,又或者是从生产关系中对立双方的主要矛盾出发,来研究和判断某一

---

① 《定职田诏》(庆历三年,1043),《宋大诏令集》卷一七八,中华书局,1962年,第643页。
② 本节对于西晋限客政策的解读,还只是初步的结论,属于"大胆的假设",有待于进一步的分析研究,来予以修正或完善。
③ 参见罗荣渠《论一元多线历史发展观》,《历史研究》1989年第1期,第3—6页。

个时代的社会性质。同时,又往往将阶级分析法简单化为唯阶级矛盾论。

由于理论的缺乏与历史文献的不足征,研究者往往只能依托于定性的研究方式,而无法予以定量分析。这就使得他们之间的纷争,往往陷入到自说自话的怪圈中。比如,战国封建论者强调铁器出现的标志性意义,并将其作为从生产力方面判断封建社会形成的重要依据。西周封建论者与西汉封建论者则将秦汉时期出现的租佃关系,作为从生产关系方面判断封建地主所有制形成的重要依据。而魏晋封建论者则针锋相对地指出,春秋战国和秦汉时期,代表农业生产技术重大进步的铁器、牛耕和深耕细作制都还没有得到较为广泛地运用,并将秦汉时代的租佃关系认定为非"现实的主导的生产关系",从而将封建社会形成的时间下移至汉魏之际。

想要突破上述不足,有必要借助经济学的分析方法。通过本章的论述可知,马克思所提出的生产方式决定社会形态理论,在方法论上并非有意强调阶级斗争的作用,更多的时候是通过阶级分析法,建立起二元的分析模型,以此来观察由阶级矛盾对立面双方所结成的经济组织,[①] 如何在一定的生产技术水平条件下,根据市场(也包括一定的社会制度)的约束条件,通过选择与竞争,[②] 来获得尽可能多的收益,并实现社会净收入以更有效率方式增加,由此带来社会自身再生产的实现。

以租佃制(特指分成租佃制)为例,由土地所有者和直接生产者根据契约(或某种形式的约定)所组成的这种经济组织,虽然在中国历史上出现地非常早,但只有在封建社会的生产技术水平下,它才是相对有效率的生产经营方式。相反,无论是在生产技术水平较低的奴隶社会,还是在生产技术水平更高的资本主义社会,租佃制相对于奴隶制或雇工制都是一种低效率的生产经营方式。在封建的生产方式下,租佃制是一种有效率的经营方式,因而带动了土地贸易的频繁。即便到了明清时期,土地买卖依然兴盛,吸引大量商业资本不断投入土地市场,这本身就说明土地市场

---

① 此外,社会中还存在着以小农经营为代表第三方,即自耕农阶层。马克思阶级分析法虽然强调阶级的二元对立,但从本章的分析来看,其理论中也同样存在着向阶级对立面双方转化的第三方(自耕农)。
② 直接生产者所具有的这种选择与竞争,未必体现为"自由性"来。受制于当时社会生产力水平和社会发展阶段,他们总在一定程度上依附于其阶级对立面,即社会上存在着面目各异的超经济强制。

还并未达到饱和。此时土地边际产出仍高于零,地主凭借所占有的土地收取的地租,仍可获得高于不同行业之间一般利润率(平均利润率)的超额利润。从本章的分析来看,唐宋以降,中国社会经济发展中出现的地租率持续下降的趋势,恰恰反映了农业利润率不断下降的过程。①

此外,在不同的历史时期,由于市场约束条件的变化,往往出现复杂的社会现象,即相似的历史现象背后隐藏着本质完全不同的社会性质。比如定额租和分成租出现时间的早晚和租额的高低,土地占有的集中化与分散化,人身依附关系的强或弱,往往取决于某一时空范围内的市场约束条件,具有偶然性,并不能作为判断社会经济形态演变的标准或标志。所以,笔者更倾向于魏晋封建论者的看法:"在古代阶级社会中,不会存在着某种单纯的生产关系,而且相反,经常是许多不同的生产关系同时并存,前行生产关系的残留和后起的生产关系的萌芽,与现实的主导的生产关系,经常交织在一起"(见本书第一章第二节2引尚钺语),因而赞成其将中国封建社会形成时间下移的主张。

不过,在对魏晋南北朝社会经济形态性质的判断上,笔者并不赞成将魏晋作为中国封建社会的开端。因为两汉以来,土地兼并所导致的大土地所有制,在魏晋南北朝时期的前半段(甚至是在南朝后期)仍在持续发展。虽然代表租佃关系发展的"客"的普遍化魏晋以后已经比较明显,但与之同时出现的是"客"的身份的卑微化,也就是人身依附关系的强化。其实,这与奴隶主倾向于将自耕农变为奴隶是一致的,是在生产技术水平较低的条件下,将其部分占有而为生产资料的一种措施。此时租佃制还不是一种有效率的经营方式,所以还需要政府以允许屯田客或私

---

① 张晨对名义地租率和实际地租率的强调,促使笔者进一步思考,并得出一个未经验证的推论:在中国封建社会中,名义地租率的下降,意味着地主凭借土地所获得的超额利润在下降,而实际地租率可能的上升,意味着佃农从土地耕作中所获得的超额利润也在下降。主、佃双方从土地产出中所得利润的共同下降,构成了农业利润不断下降的全部过程。马克思也指出,近代以来,"地租分析上的全部困难在于,要说明的是农业利润超过平均利润而形成的余额,即不是说明剩余价值,而是说明这个生产部门所特有的超额的剩余价值",《资本论》第3卷,第885页。据此可知,在前资本主义时代,随着农业利润率的不断下降,地主所获得的地租(不纯粹的地租形式,包括超额地租与地主所预付资本的利息)中所包含利息部分,逐渐减少至零。这时不纯粹的地租形式转化为纯粹的地租形式,由此马克思所谓"由地租的原始形式到资本主义地租"的转变便得以实现。

家佃客免役的形式予以税收减免,①以鼓励大土地所有者采取租佃制作为补充经营方式。同时,不可否认,魏晋和南北朝时期,社会中还存在着数量较多的生产奴隶。②综合以上因素,笔者认为,应该将此时期的中国视为以奴隶制生产方式为主的社会经济形态。

北朝中期以后,以计口受田和均田制为标志的地权分散政策的出台和落实,是中国奴隶社会最终解体的标志。③新的生产方式——租佃制,就是在北朝后期至唐前期以自耕农为主的社会中发展起来的。正如马克思所强调的:"在这里,土地的所有权是个人独立性发展的基础。它是农业本身发展的一个必要的过渡点。这种土地所有权衰亡的原因表明了它的限度。"④

从这个意义上来说,唐宋变革论者所主张的直接生产者人身依附关系减弱的临界点出现于唐宋之际的结论并不成立。中古社会直接生产者人身依附关系由强减弱的临界点应该在北朝。这样的一个过渡点,即均田制的实施,可以被视为是中国封建社会的起点。按照之前的命名方式,笔者愿意将此分期说称之为"北魏封建论"。

---

① 这里的税收包括赋税和劳役两部分。
② 这一结论可从北魏推行均田时,采取将奴婢作为应受田口的政策中推测得出。相应地,隋炀帝除部曲、奴婢之课,则反映出到隋唐之际,社会上从事生产性劳动的部曲、奴婢数量已经不多了。
③ 正如张晨所指出的,本章虽然通过图6分析了奴隶社会中租佃制的无效率,但并没有从经济学逻辑上解释为何在由奴隶社会向封建社会发展时,会出现一个以自耕农为主的社会作为过渡。这确实是很大的不足。通过进一步地思考,笔者认为可以借助马克思所指出的利润率趋向下降的规律来解释。马克思"根据资本主义生产方式的本质证明了一种不言而喻的必然性:在资本主义生产方式的发展中,一般的平均的剩余价值率必然表现为不断下降的一般利润率"。尽管马克思还指出"一般利润率日益下降的趋势,只是劳动的社会生产力的日益发展在资本主义生产方式下所特有的表现"(马克思《资本论》第3卷,第237页),但与之类似,在奴隶制生产方式下,也应存在一个"利润率"不断下降的趋势。如本章第二节5所述,在生产技术提高时,奴隶主可以凭借其规模优势,来降低其生产成本。为了论证的简便,本书在"奴隶主即便在高技术水平下,也可能使得他的机会成本降低至S_1的水平"的假设下,分析了其提高自己的收益过程。不过,理论上,奴隶主的边际收益,会因生产技术提高所带来的成本增加,而出现逐渐下降的趋势。到了一定的阶段,这种下降将使奴隶主继续维持同样规模的奴隶生产,就会造成收益不敷成本的结果。与其利益持续受损,反倒不如缩小奴隶生产的规模,即减少生产奴隶的数量。于是,就出现了北魏后期至唐前期,以自耕农为主的生产结构重现于中国中古社会的现象。
④ 马克思《资本论》第3卷,第912页。需要说明的是,马克思在此处所强调的"这种土地所有权",本来指的是处在解体前夕的封建土地所有制,如18世纪上半叶英国的情况。不过,笔者认为此段论述,也有助于我们理解北魏中期至中唐之间均田制的产生及其瓦解这一过程。

第五章　余论：从中古到近代
——为什么中国未进入资本主义社会

经济规模及增速位居世界前列达两千年之久的中国，在地理大发现时代（15—17世纪）以后，不仅没能率先进入资本主义时代，反而逐渐沦入到所谓"半殖民地半封建化社会"的深渊中，被日益卷入资本主义世界市场，成为西方列强的产品倾销地和原料产地。强烈的反差，使得"中国为什么没能产生资本主义"成为长久以来困扰中外学者的一个问题。围绕这个问题，学者们提出了各种各样的解释，归纳起来，大致有三种比较有代表性的模式。

1. 根据马克思主义史学者提出的"中国封建社会"理论模式（亦可称之为租佃关系决定论），他们在回答上述问题时，给出的三个比较流行的说法中，有两个都与租佃关系有关：（一）中国的租佃制是小生产，而西方的领主制庄园是大生产。大生产有利于使他们过渡到资本主义。（二）中国租佃制下土地可买卖，导致"以末致财，用本守之"的局面，[1] 工商业积累都被用来买了地，因此不能形成资本原始积累。而西方的土地是不能买卖的，所以工商业赚的钱只能在业内滚动，资本就积累起来了。第三种看法，根源于中国革命反帝任务的需要。通过对资本主义萌芽问题的研究，他们指出如果没有外国资本主义的影响，中国也将缓慢地、"自然地"进入资本主义社会。但随着西方列强侵入中国，形成帝国主义与封建势力一起压迫中国资本主义发展的结果。由此，"反帝"成为近现代中国革命的首要任务。[2]

---

[1] 《史记》卷一二九《货殖列传》，中华书局，1959年，第3281页。
[2] 秦晖《关于传统租佃制若干问题的商榷》；毛泽东《中国革命和中国共产党》，《毛泽东选集》第2卷，人民出版社，1991年，第626—631页。

2. 随着资本主义在全球扩张,受西方现代普世逻辑支配的欧美学界,在很长的一段时间内,采取了欧洲中心观(Eurocentrism)的模式来解读非西方世界文明的近代化过程。[①] 所谓欧洲中心观,是一种从欧洲人视角出发对世界的认知模式。他们认为人类社会的发展和进步内源自欧洲,并由此向外辐射到世界其他地区。体现在历史学领域中,就是一些学者或有意或无意地从欧洲历史出发,提出若干理由,认为工业化和现代化只是一些欧洲自身内部因素作用的必然结果,而其他文明包括古代中国和印度等,则因为不具备这些相应的优点,所以无法自主地实现现代化,只能长期陷入停滞状态。[②] 比如在美国的中国学研究(Chinese Studies)中,早期哈佛学派提出的"传统——近代"模式(Tradition-Modernity Model)就深受欧洲中心史观的影响。他们认为传统中国由于儒教和专制政府的影响而趋于停滞,只是近代以来西方的冲击才使得中国最终走上了现代化之路。[③]

3. 受20世纪50—60年代殖民地独立时期疏远西方政治控制的背景影响,西方学者开始主张文化的多元共存是阐释非西方文化历史真正意义的前提。美国中国学界开始出现摆脱欧洲中心史观的迹象。[④] 到了20世纪70—80年代,伊懋可(Mark Elvin)等学者对"传统——近代"模式提出了修正,

---

[①] 特别是受黑格尔关于非西方社会"没有自己的历史"的论断,汉学(the Classical Sinology)研究者参照西方的近代发展趋势,把中国想象成一个停滞不前的国家。黑格尔认为:"中国很早就已经进展到了它今日的情状,但是因为它客观的存在和主观运动之间仍然缺少一种对峙,所以无从发生任何变化,一种终古如此的固定的东西代替了一种真正的历史的东西。中国和印度可以说还在世界历史的局外,而只是预期着,等待着若干因素的结合,然后才能够得到活泼生动的进步",见氏著《历史哲学》,王造时译,上海书店,2006年,第110页。参见杨念群《美国中国学研究的范式转变与中国史研究的现实处境》,黄宗智主编《中国研究的范式问题讨论》,第290页。

[②] 关永强在《从欧洲中心史观看美国中国史研究的变迁》一文中列举了欧洲中心史观的主要学说:(1)自然环境说、(2)宗教影响说、(3)人口控制说、(4)东方专制与欧洲自由市场说、(5)私有产权说、(6)农业先导说、(7)原工业起源说、(8)金融推进说、(9)技术发明与传播说。

[③] 如费正清(John K. Fairbank)的"冲击——回应"模式(Impact—Response Model),见氏著《美国与中国》(第四版),张理京译,世界知识出版社,1999年。类似的研究还有魏特夫(Karl A. Wittfogel)《东方专制主义:对于集权力量的比较研究》,徐式谷等译,中国社会科学出版社,1989年;列文森(Joseph R. Levenson)《儒教中国及其现代命运》,郑大华、任菁译,中国社会科学出版社,2000年;芮玛丽(Mary C. Wright)《同治中兴:中国保守主义的最后抵抗》,房德邻等译,中国社会科学出版社,2002年。

[④] 柯文(Paul A. Cohen)《在中国发现历史——中国中心观在美国的兴起》,林同奇译,中华书局,1989年。

认为中国历史上曾经有过"唐宋变革"的高速发展,只是到了明清尤其是清代才由于人口膨胀等原因而陷入"高水平均衡陷阱"或没有发展的增长。①尤其是20世纪90年代中期以来兴起的加州学派,更建立了自己新的理论体系,系统论证了17—18世纪的中国和西欧基本处在相同的道路和发展水平上,只是由于18—19世纪之际西欧获得了殖民地的丰富资源和偶然性的

---

① Mark Elvin, *The Pattern of the Chinese Past: a Social and Economic Interpretation; The Retreat of the Elephants. An Environmental History of China*, Yale University Press, 2004. 中译本《大象的退却:一部中国环境史》,梅雪芹等译,江苏人民出版社,2014年。伊懋可认为在唐宋尤其是宋代,人口和经济向南方的拓展引起了农业、水路交通、货币信贷、市场结构与城市化以及科学技术等方面的一次重要的经济革命。然而到明清时期,移民扩张达到了边界、政府限制对外贸易和心学重视内省而忽视自然科学等三方面的原因,使得人们倾向于节约使用资源和资本而不是采用替代人工的发明,知识分子沉溺于复杂哲学的思考而丧失了探究科学的兴趣,发达的国内市场、农业与运输可以保证在很低的成本下提供足够的商品,因而无法产生投资科技创新的动力,于是中国陷入一个高水平均衡的陷阱之中,再也无法通过内部力量产生新的变化。高水平均衡陷阱理论一方面通过"唐宋变革"解释了中国历史上曾经拥有的高水平的经济、市场、技术和文化,否定了一些欧洲中心史观的论点;另一方面又糅合了另一些如人口、宗教、贸易、农业和技术等欧洲中心观学说,提出了一个与"发展的欧洲"相对应的"停滞的明清"。这一理论随后被很多学者采纳并应用到中国问题研究中,产生了巨大的影响。邓伯格(Robert F. Dernberger)认为中国近代经济衰落主要是人口不断增加造成的,而近代外国商品和资本的出现间接地迫使中国政府和企业家为了与国际产品竞争而采取新式机器,从而在帮助中国突破高水平均衡陷阱上起到了至关重要的作用(邓伯格《1840—1949年外国人在中国经济发展中的作用》,程麟荪译,张仲礼主编《中国近代经济史论著选译》,上海社会科学院出版社,1987年,第20—49页)。罗友枝则认为明清中国国内市场的过度竞争,导致了其主要出口商品无法适应国际市场,过度竞争的国内市场成为了中国工业生产管理与大规模企业发展的障碍(Evelyn S. Rawski, "Competitive Markets as an Obstacle to Economic Development", in *China's Market Economy in Transition*, The Institute of Economics, Academia Sinica, 1990)。黄宗智不同意近代资本主义入侵帮助中国摆脱高水平均衡陷阱的看法。为了反对欧洲中心范式,黄宗智抛弃了理性小农理论,通过恰亚诺夫(Alexander V. Chayanov)的前资本主义小农自我剥削理论衍生出新的内卷化(Involution)模式。他认为近代中国农村卷入了世界经济体系,并加速了原有的经济内卷化(一种以单位工作日边际报酬递减为代价的总产出的扩展)。但是在内卷化的成因上,他认为是过剩的劳动力和生存压力,使得小农在边际产量低于平均产量的情况下仍然继续从事农业或兼业生产;其结果是中国家庭农场的低工资竞争优势使得经营式农业无法发展,高度的商品化反而促进了经营性农场的瓦解,在西欧小农经济经历资本主义的发展和改造时,中国的小农经济却在日益内卷化,见氏著《华北的小农经济与社会变迁》;《长江三角洲的小农家庭与乡村发展》。黄氏的本意在于反对欧洲中心论的话语霸权,力图在此之外建立一个新的话语体系,但对内卷化概念和中西内部差异的过度执著,却使其落入了高水平均衡陷阱所强调的人口膨胀问题。针对欧洲中心史观的自由市场说,赵冈详细论述了中国悠久的市场经济传统,与欧洲类似,中国在近代之前早已形成了成熟的商品和要素市场。他还对伊懋可的高水平均衡陷阱理论和黄宗智的内卷化理论提出批评,认为高水平均衡陷阱理论混淆了边际产量和总产量,事实上也不存在所谓的均衡,并通过最低维生费用点的引入,廓清了内卷化的经济学含义(Kang Chao, *Man and Land in Chinese history: an Economic Analysis*, Stanford University Press, 1986;赵冈、陈钟毅《中国经济制度史》,中国经济出版社,1991年;赵冈《19世纪末以前为什么我国没 (转下页)

能源因素,东西方才出现了"大分流"(The Great Divergence)。①

然而在乔万尼·阿里吉(Giovanni Arrighi)看来,王国斌、彭慕兰等人的研究,依然没能真正摆脱欧洲中心观的影响。对欧洲中心观的批判,首

(接上页) 有手工棉纺织工厂》,《中国社会经济史研究》1995年第3期,第1—8页;赵冈《过密型农业生产的社会背景》,《中国经济史研究》1997年第3期,第130—135页;《生产函数与农史研究——评彭、黄大辩论》,《中国社会经济史研究》2005年第1期,第34—37页)。然而赵冈认为由于中国小农经营面积狭小,并不适用于边际产量的分析思路,这又在事实上认同了恰亚诺夫的思路,即通过对小农家庭经济运行机制的静态分析,指出是"人口分化"而非"经济分化"形成农户间差别的主因(秦晖《当代农民研究中的"恰亚诺夫主义"》,恰亚诺夫《农民经济组织》(代中译本序),中央编译出版社,1996年;秦晖《"恰亚诺夫主义":成就与质疑——评A.B.恰亚诺夫〈农民经济组织〉》,香港《中国书评》总第10期,1996年,后收入俞可平等主编《农业农民问题与新农村建设》第5辑,中央编译出版社,2006年,第198—210页)。于是,对于中国为什么没有最早进入工业化这一问题,赵冈强调的是中国与西方在个人主义传统、财产继承制度和税收制度上的差异,因而形成了大量的过剩人口和过密型农业,廉价劳动使得农村兼业生产挤垮了手工工场制度,又回到了高水平均衡理论的人口陷阱问题上,为欧洲中心论添加了新的注脚。参见关永强前揭文《从欧洲中心史观看美国中国史研究的变迁》。

① 王国斌(R. Bin Wong)指出前近代中国和欧洲的经济发展都是由斯密型动力推动的,而斯密型动力并不能使双方避免马尔萨斯人口危机。中国人口持续增长、生活水准无明显提高的内卷化与前近代英国农村的情况并无二致。欧洲原工业(proto-industrialization,或译"原初工业化")和前近代中国的农村手工业一样,都促进了早婚和高结婚率并带来了人口的增长,原工业不是未来工业发展的预兆,而是一个死结。他还指出清代中国人的预期寿命并不比欧洲国家低,而近代早期欧洲农村的土地和信贷市场则比中国的市场更为不自由。总而言之,公元1800年前后欧亚两端同样呈现出脆弱的人口——资源比例,只是由于美洲殖民地的开发和矿物资源的利用,西欧才转向由城市工业型动力推动的经济发展(王国斌《转变的中国——历史变迁与欧洲经验的局限》,李伯重、连玲玲译,江苏人民出版社,1998年)。弗兰克(Gunder Frank)则提出15—18世纪的中国不仅是东亚朝贡贸易体系的中心,而且是世界经济的中心,拥有着当时世界上最发达的生产能力、科技、效率、竞争力和出口能力。欧洲只是利用殖民美洲获得的白银,买下了亚洲经济快车上的一张三等车票,又在亚洲进入资源短缺之际包下了一节车厢,最后取代亚洲成为经济快车的火车头(贡德·弗兰克《白银资本:重视经济全球化中的东方》,刘北城译,中央编译出版社,2000年)。彭慕兰(Kenneth Pomeranz)将中国与欧洲历史的交互比较扩展到了各个领域,首先从农业生产与运输能力、预期寿命、生活水平、出生率、资产积累和技术水平比较中提出,1800年之前中国经济中心区并不落后于英国,中国和欧洲同样面临着严重的资源和生态压力;之后通过土地、劳动力和农产品与手工业品市场的比较,证明17—18世纪的中国市场制度比西欧更接近于斯密型自由竞争模式,中国的农业和手工业也并不比英国过密;此外,前近代欧亚大陆不同核心区之间的商业企业形式也没有很大的差别。总之,近代以前的世界是多元和没有中心的,东西方基本处在相同的发展水平上,直到18世纪末19世纪初才出现了"大分流",西方走向了现代化而中国却没有摆脱原有的道路,由此产生了一个欧洲占据支配地位的世界体系。造成大分流的主要原因:一是英国煤矿位于经济发达区这一偶然性因素,二是美洲新大陆的开发提供了丰富原料和资源,同时吸纳了大量欧洲的过剩人口,从而缓解了生态制约,使得欧洲走上了密集使用资源和节约劳动的发展道路(彭慕兰《大分流:欧洲、中国及现代世界经济的发展》,史建云译,江苏人民出版社,2003年)。参见关永强前揭文《从欧洲中心史观看美国中国史研究的变迁》。

先体现在他并不从资本主义发展的角度来分析大分流的出现。与弗兰克等人一样,阿里吉也认为欧洲和中国发展道路的不同。不同的是,阿里吉认为大分流的出现,并不是因为先进的西方发现了资本主义和现代国家,而东亚的中国没有。欧洲发展道路的资本主义动力,并不是大分流出现的原因,而是大分流出现的结果。在他看来,欧洲发展道路的资本主义性质是在特殊的社会历史条件下"偶然的"产生的,是一种"非自然"的发展道路,并不具有普遍的意义。阿里吉将中国的发展视为是沿着一条"自然"通向富裕的道路前进的结果。①

在斯密和马克思的观察中,"非自然的"欧洲道路(或资本主义道路)的基本特性是一致的,即它的外向性以及它由外贸到工业再到农业的模式。然而阿里吉认为,如果基于欧洲道路的经验,同时又试图从东亚农业社会中寻找资本主义动力或缺乏这种动力的起源,这种普遍做法本身就具有误导性。所以,尽管王国斌、弗兰克、彭慕兰等人也在运用斯密动力的理论对比欧洲与中国的发展道路,却依然无法回答大分流出现,原因就在于他们只是把斯密动力看作沿着一条道路的发展,而实际上斯密加以理论化的经济发展,并不是沿着一条道路而是沿着两条不同的道路。但与黄宗智等人所认为的中国和欧洲两条道路发展的认识不同,斯密并不认为欧洲道路比中国道路具有更大的增长潜力。因为,两条道路都导向停滞或高水平均衡陷阱。

既然中国和欧洲在大分流之前都遵循了斯密动力,而遵循斯密动力发展的市场经济在遇到地域规模和体制环境的限制后将导向高水平均衡陷阱,所以阿里吉指出,真正的难题并不是为什么中国陷入了高水平均衡陷阱,而是为什么欧洲通过工业革命逃脱了这个陷阱。进一步地,他又认为欧洲逃脱了高水平均衡陷阱,并不是 19 世纪的新鲜事物。更恰当地说,欧洲在 19 世纪通过工业革命逃脱这个陷阱之前,就已经出现了对资本主

---

① 斯密曾论及社会经济发展的一种"自然趋势",即"进步社会的资本,首先是大部分投在农业上,其次投在工业上,最后投在国外贸易上。这种顺序是极自然的"。见氏著《国民财富的性质和原因的研究》(上卷),郭大力、王亚南译,商务印书馆,2010 年,第 350 页。而传统上以农业立国、且不重视海外贸易的中国,正好印证了斯密的经济发展的"自然趋势",因此很容易被阿里吉认为是遵循了斯密所谓"事物的自然趋势"或"富裕的自然进展"而达到经济成熟的国家范本。

义中心和网络进行重大改组所导致的早期逃脱。它们为后来的逃脱做了准备。也就是说,大分流的出现为资本主义的发展提供了动力,而不是由于资本主义发展才造就了大分流。这样,阿里吉就认为可以不用费劲地回答诸如"资本主义为什么率先出现于西欧,而不是中国"这样一个充满了欧洲中心论预设的问题,而是将讨论的重点集中于对斯密动力的解读——也就是要解答为何欧洲国家要去追求对外贸易,尤其是长距离的对外贸易了。最后他指出地缘政治环境的不同,是对欧洲和东亚出现两条截然不同的发展道路所作的简单而有力的解释。这两条发展道路在适当的时机导致了大分流,并促进了资本主义的发展。①

综上所述,那些主张租佃制阻碍中国产生资本主义的马克思主义史学者,虽然看上去坚持了马克思主义普遍原理,但实际上,却不自觉地与主张"传统——近代"模式的研究者趋同。所谓"中国的租佃制是小生产,而西方的领主制庄园是大生产"的看法,就是在割裂"传统"与"近代"的前提下,将租佃制归为传统社会的小生产,而将领主庄园制归入接近于现代社会的大生产,从而得出"大生产有利于使他们过渡到资本主义(大工业)"的结论。又或者认为商业资本的积累和流动,可以推动货币转化为资本,从而得出"工商业赚的钱只能在业内滚动,资本就积累起来"的结论。所以他们才会从消极方面理解小农经济的作用,认为租佃关系或土地买卖,或者认为帝国主义是阻碍中国进入资本主义社会的根本原因。

其实,马克思早就指出,"在16世纪和17世纪,由于地理上的发现而在商业上发生的并迅速促进了商人资本发展的大革命",只是"促使封建生产方式向资本主义生产方式过渡的一个主要因素",然而"正是这个事实产生了完全错误的观点":即"商业使工业发生革命"。为此,他特别强调,"不是商业使工业发生革命,而是工业不断使商业发生革命"。② 资本主义发展的前提是生产力提高所带来的生产方式的改变。所以,即便"随

---

① 乔万尼·阿里吉《亚当·斯密在北京:21世纪的谱系》,路爱国、黄平、许安结译,社会科学文献出版社,2009年。参见张雨《长时段看中国市场经济:"自然"通向富裕的中国道路?——评〈亚当·斯密在北京:21世纪的谱系〉》,《政治经济学评论》2014年第1期,第212—223页。需要指出的是,阿里吉的结论还是回到了欧洲中心观的自然环境说的套路上。
② 马克思《资本论》第3卷,第371页。

着这种独立的小本经营的技术发展，——这种小本经营本身已经使用手工操作的机器，——也会发生向大工业的过渡"。①

另一方面，西方学者对欧洲中心观的持续批评，确实对从方法论上改变西方中国学研究的不足，有积极作用，可以不断地形成新的研究和切入问题的起点，为下一步的方法论转换积累了讨论的前提。但正如关永强所指出的，新理论虽然不断地否定了一些欧洲中心史观的论点，但却又糅合了另一些如人口、宗教、贸易、农业和技术等欧洲中心观学说，其结果只是为欧洲中心论添加了新的注解而已。即便像黄宗智那样，为了反对欧洲中心论的话语霸权，而力图在此之外建立一个新的话语体系，但他对内卷化概念和中西内部差异的过度执著，却使其落入了高水平均衡论的陷阱。东方独特的内卷化成为了与欧洲发达农业相平行的一个例证，最终与农业先导说这样的欧洲中心史观结成了同盟。② 究其原因，就在于受"后现代"理论影响的现代学者重新回归对多元化差异的关注和强调。他们更倾向于对规律特殊性方面的讨论，忽视甚至反对分析规律的普遍性。以至于他们将马克思五种社会形态理论，归为欧洲中心论之一种而将其摒弃，一味主张从中国的特殊性入手，来寻找问题的答案。因而往往只是强调中国社会经济形态中的某一个或某几个现象，以此来分析问题，却不断陷入同欧洲中心史观一样的泥淖之中。

如何摆脱这种泥淖，在对传统马克思主义史学和新派学者的研究进行反思之后，笔者又将目光转回到马克思主义五种社会形态理论。

在借用经济学分析方法对中国中古租佃关系进行考察后可知，五种社会形态理论的核心是生产技术决定生产方式，进而决定社会形态的发展。马克思强调生产方式是社会发展的决定因素，但马克思主义基本原理在方法论上，并非有意强调阶级斗争的作用，更多的时候是通过阶级分析法，建立起二元的分析模型，以此来观察由阶级矛盾对立面双方所结成的经济组织，如何在一定的生产技术水平条件下，根据市场（也包括一定

---

① 马克思《资本论》第3卷，第374页。
② 参见关永强前揭文《从欧洲中心史观看美国中国史研究的变迁》；杨念群《美国中国学研究的范式转变与中国史研究的现实处境》，黄宗智主编《中国研究的范式问题讨论》，第297—301页。

第五章　余论：从中古到近代——为什么中国未进入资本主义社会　199

的社会制度）的约束条件，通过选择与竞争，来获得尽可能多的收益，促使社会净收入以更有效率方式增加，由此带来社会自身再生产的实现。

在封建的生产方式下，租佃制是一种有效率的经营方式，因而带动了土地贸易的频繁。即便到了明清时期，土地买卖依然兴盛，吸引大量商业资本不断投入土地市场，这本身就说明土地市场还并未达到饱和。此时土地的边际产出仍高于零，地主凭借所占有的土地收取的地租，仍可获得高于不同行业之间一般利润率（平均利润率）的超额利润。农业与其他行业（如手工业和商业等）之间仍处在不均衡的状态，所以在中国前近代社会生活中才会始终存在着"以末致财，用本守之"的意识。可以说唐宋以降，中国社会经济中出现的地租率持续下降的趋势，恰恰反映了农业利润率不断下降的过程。只有当地租率下降到一定的水平，农业利润率低于平均利润率后，才会带动资本向工业（工场手工业）流动，从而导致新的生产方式（机器大工业）出现和资本主义的确立。否则，租佃关系与小农经济将持续发展下去，并阻碍新的生产方式快速发展壮大。这是近代中国没能产生和进入资本主义社会的根本原因。

正如马克思所说："现代生产方式，在它的最初时期，即工场手工业时期，只是在它的各种条件在中世纪内已经形成的地方，才得到了发展。"[1] 由此可知，资本主义生产方式的出现，并不是一件"特殊"的事件，或者是"非自然"的发展道路。它率先出现于"中世纪（封建社会）"的英国，只是因为在当时当地，农业所能获得利润率首先下降至行业间平均利润率水平之下，导致从新大陆涌入的黄金白银转化为资本，并不断投向工业，推动了工业革命的出现、资本主义的形成，以及随之而来的商业大发展。

明清以来，尽管大量的白银也从欧洲涌入中国市场，[2] 但由于中国市

---

[1] 马克思《资本论》第3卷，第371页。
[2] 贡德·弗兰克《白银资本：重视经济全球化中的东方》，第202—211页。根据巴雷特（Ward Barrett）的估算，美洲白银产量迅速增长，16世纪总计约1.7万吨，17世纪约4.2万吨，18世纪约7.4万吨。在17—18世纪，美洲生产的白银大约有70%输入到欧洲，其中的40%又被欧洲人转运至亚洲。不过，弗兰克认为，欧洲向亚洲输出白银，实际上只是从1600年前后开始的，在此之后亚洲的白银进口，大约占欧洲输入白银的40%。对于之前，在综合了诸多学者有关白银生产和转移的估算后，他认为从16世纪中期至17世纪中期，美洲生产了3万吨，日本生产了8千吨，合计3.8万吨，最终流入中国的就有0.7—1万吨。即便按保守的估计，中国也占有了世界白银产量的1/4到1/3。这个份额依然高于欧洲、西亚、南亚和东南亚分别占有的份额，更不用说非洲和中亚占有的份额。

场规模巨大,农业经济,尤其是小农经济(租佃制)还处在发展期,地租率尚未下降到低于全行业平均利润率的水平,所以根本不具备马克思所说的产生现代生产方式的"各种条件",因而不可能率先产生资本主义。之后,看似汹涌的资本主义浪潮在全世界蔓延,但是却在很长一段时间内在中国遭到顽强抵制,以至于西方列强不得不用坚船利炮来强制中国开放国内市场。其原因仍在于租佃制经济尚未走到历史的终点,所以表现出了"顽强"的生命力。在18—19世纪的中国,"小农业和家庭工业的统一形成了生产方式的广阔基础"。虽然"他们(指英国——笔者注,下同)的商业在那里(指印度)对生产方式发生了革命的影响,那只是指他们通过他们的商品的低廉价格,消灭了纺织业,——工农业生产的这种统一的一个自古不可分割的部分",但在中国情况有所不同,"因农业和手工制造业的直接结合而造成的巨大的节约和时间的节省,在这里(指中国)对大工业产品进行了最顽强的抵抗;因为在大工业产品的价格中,会加进大工业产品到处都要经历的流通过程的各种非生产费用"。正是"资本主义以前的、民族的生产方式具有的内部的坚固性和结构,对于商业的解体作用造成了"极大的障碍。所以上述"解体进程","在中国,那就更缓慢了"。①

---

① 马克思《资本论》第3卷,第372页。在此处,马克思还将资本主义摧毁中国传统生产方式的缓慢归因于"在这里(指中国)没有直接的政治权力的帮助"。这种看法,对于中国马克思主义史学者从封建国家及其政权对资本主义萌芽的扼杀角度,来解释为什么中国没能率先产生资本主义产生很大影响。但是,将生产方式的改变与否归因于政治权力的帮助,并不符合马克思五种社会形态理论的分析逻辑。这大概与当时马克思不可能全面研究中国历史有关,也与其写《资本论》的目的有关,即:"对土地所有权的各种历史形式的分析,不属于本书的范围。我们只是在资本所产生的剩余价值的一部分归土地所有者所有的范围内,研究土地所有权的问题。"《资本论》第3卷,第693页。

参考文献

一　古籍文献

(甲) 传统典籍

1. ［汉］班固《汉书》，中华书局，1962年
2. ［南朝宋］范晔《后汉书》，中华书局，1965年
3. ［晋］陈寿《三国志》，中华书局，1982年
4. ［唐］房玄龄等《晋书》，中华书局，1974年
5. ［梁］沈约《宋书》，中华书局，1974年
6. ［梁］萧子显《南齐书》，中华书局，1972年
7. ［唐］姚思廉《梁书》，中华书局，1973年
8. ［唐］姚思廉《陈书》，中华书局，1972年
9. ［北齐］魏收《魏书》，中华书局，1974年
10. ［唐］李百药《北齐书》，中华书局，1972年
11. ［唐］令狐德棻等《周书》，中华书局，1971年
12. ［唐］魏徵等《隋书》，中华书局，1973年
13. ［唐］李延寿《南史》，中华书局，1975年
14. ［唐］李延寿《北史》，中华书局，1974年
15. ［后晋］刘昫等《旧唐书》，中华书局，1975年
16. ［宋］欧阳修、宋祁《新唐书》，中华书局，1975年
17. ［宋］司马光《资治通鉴》，古籍出版社，1956年
18. ［唐］杜佑《通典》，王文锦等点校，中华书局，1988年

19. [元]马端临《文献通考》,中华书局,1986年
20. [唐]李林甫等《唐六典》,陈仲夫点校,中华书局,1992年
21. [宋]王溥《唐会要》,上海古籍出版社,2006年
22. [宋]王溥《五代会要》,上海古籍出版社,2006年
23. [清]徐松等《宋会要辑稿》,中华书局,1957年
24. [唐]长孙无忌等《唐律疏议》,刘俊文点校,中华书局,1983年
25. [宋]王钦若等《册府元龟》(影明本),中华书局,1960年
26. [宋]王钦若等《宋本册府元龟》,中华书局,1989年

(乙)新出文献

1. 唐长孺主编《吐鲁番出土文书(图录本)》第1—4册,文物出版社,1992—1996年
2. 陈国灿《斯坦因所获吐鲁番文书研究》(修订本),武汉大学出版社,1997年
3. 柳洪亮《新出吐鲁番文书及其研究》,新疆人民出版社,1997年
4. 荣新江、李肖、孟宪实主编《新获吐鲁番出土文献》,中华书局,2008年
5. [日]小田义久编《大谷文书集成》第1—3册,法藏馆,1984—2003年
6. 刘俊文著《敦煌吐鲁番唐代法制文书考释》,中华书局,1989年
7. 天一阁博物馆、中国社会科学院历史研究所天圣令整理课题组《天一阁藏明钞本天圣令校证》,中华书局,2006年
8. 走马楼简牍整理组编《长沙走马楼三国吴简·嘉禾吏民田家莂》,文物出版社,1999年

二 研究论著

(甲)著作

1. 陈明光《唐代财政史新编》,中国财政经济出版社,1998年
2. 陈爽《世家大族与北朝政治》,中国社会科学出版社,1998年

3. 陈寅恪《隋唐制度渊源略论稿》,中华书局,1963年;三联书店,2001年

4. 陈勇勤《中国经济史》,中国人民大学出版社,2012年

5. [日]池田温《中国古代籍帐研究》,龚泽铣译,中华书局,2007年

6. [日]川胜义雄《六朝贵族制社会研究》,岩波书店,1982年;徐谷芃、李济沧译,上海古籍出版社,2007年

7. 冻国栋《唐代人口问题研究》,武汉大学出版社,1993年

8. 冻国栋《中国人口史》第2卷《隋唐五代时期》,复旦大学出版社,2002年

9. [日]渡边信一郎《中国古代的王权与天下秩序》,徐冲译,中华书局,2008年

10. 冯天瑜《"封建"考论》(第二版),武汉大学出版社,2007年

11. 范传贤、杨世珏、赵德馨《中国经济通史》第2卷《秦汉时期》,湖南人民出版社,2002年

12. [美]费正清(John King Fairbank)《美国与中国》(第四版),张理京译,世界知识出版社,1999年

13. 高敏主编《中国经济通史:魏晋南北朝经济卷》,经济日报出版社,1998年

14. 高王凌《租佃关系新论:地主、农民和地租》,上海书店出版社,2005年

15. 葛剑雄《中国人口史》第1卷《导论、先秦至南北朝时期》,复旦大学出版社,2002年

16. 葛金芳《唐宋变革期研究》,湖北人民出版社,2004年

17. 耿元骊《唐宋土地制与政策演变研究》,商务印书馆,2012年

18. 耿元骊《帝制时代中国土地制度研究》,经济科学出版社,2012年

19. [日]宫崎市定《中国史》,岩波书店,1977年;邱添生译,华世出版社,1980年

20. [日]谷川道雄《隋唐帝国形成史论》,筑摩书屋,1971年;1998年增补再版;李济沧译,上海古籍出版社,2004年

21. [日]谷川道雄《中国中世社会共同体》,国书刊行会,1976年;马彪译,中华书局,2002年

22. [日]谷川道雄《魏晋南北朝隋唐史学的基本问题》,汲古书院,1997年;李凭等译,中华书局,2010年

23. 郭沫若《中国古代社会研究》,上海联合书店,1930年;后收入《民国丛书》第1编第76册,上海书店,1989年

24. 何德章《中国经济通史》第3卷《魏晋南北朝时代》,湖南人民出版社,2002年

25. 何怀宏《世袭社会及其解体:中国历史上的春秋时代》,三联书店,1996年

26. 何幹之《中国社会史问题论战》,上海生活书店,1937年;后收入《民国丛书》第2编第78册,上海书店,1990年

27. 胡戟、张弓、李斌城、葛承雍主编《二十世纪唐研究》,中国社会科学出版社,2002年

28. 胡如雷《中国封建社会形态研究》,三联书店,1979年

29. 侯外庐《中国古代社会史论》(修订本),人民出版社,1955年

30. [日]加藤繁《中国经济史考证》,东洋文库,1952—1953年,吴杰译,中华书局,2012年

31. 翦伯赞主编《中国史纲要》(修订本),人民出版社,1995年

32. 翦伯赞主编《中国史纲要》(增订本),北京大学出版社,2006年

33. 柯文(Paul A. Cohen)《在中国发现历史——中国中心观在美国的兴起》,林同奇译,中华书局,1989年

34. [日]堀敏一《均田制研究:中国古代国家的土地政策与土地所有制》,岩波书店,1975年;中译本《均田制的研究》,韩国磐等译,福建人民出版社,1984年

35. 李华瑞主编《"唐宋变革"论的由来与发展》,天津古籍出版社,2010年

36. 李锦绣《唐代财政史稿》(上、下卷),北京大学出版社,1995、2001年

37. 李锦绣《敦煌吐鲁番文书与唐史研究》,福建人民出版社,2006 年
38. 梁方仲《中国历代户口、田地、田赋统计》,上海人民出版社,1980 年
39. 林甘泉等《中国古代史分期讨论五十年(1929—1979 年)》,上海人民出版社,1982 年
40. 林文勋《唐宋社会变革论纲》,人民出版社,2011 年
41. [法]马克·布洛赫,《封建社会》,张绪山、李增宏、侯树栋译,商务印书馆,2004 年
42. [德]马克思《资本论》第 1—3 册,人民出版社,2004 年
43. [德]马克思、恩格斯《马克思恩格斯选集》第 1—4 册,人民出版社,1995 年
44. [日]内藤湖南著,夏应元选编《中国史通论——内藤湖南博士中国史学著作选译》,社会科学文献出版社,2004 年
45. 宁可主编《中国经济通史:隋唐五代经济卷》,经济日报出版社,2000 年
46. 全汉昇《中国经济史研究》,中华书局,2011 年
47. [意]乔万尼·阿里吉(Giovanni Arrighi)《亚当·斯密在北京:21 世纪的谱系》,路爱国、黄平、许安结译,社会科学文献出版社,2009 年
48. 秦晖、苏文(金雁)《田园诗与狂想曲:关中模式与前近代社会的再认识》,中央编译出版社,1996 年
49. 漆侠《宋代经济史》,上海人民出版社,1987 年
50. [日]仁井田陞《中国法制史》,牟发松译,上海古籍出版社,2011 年
51. 尚钺《中国历史纲要》,人民出版社,1954 年;修订本,人民出版社,1980 年;河北教育出版社,2000 年
52. 尚钺《尚钺史学论文选集》,人民出版社,1984 年
53. [冰岛]思拉恩·埃格特森(Thráinn Eggertssom)《经济行为与制度》,吴经邦、李耀、朱寒松、王志宏译,商务印书馆,2004 年
54. 陶希圣、鞠清远《唐代经济史》,商务印书馆,1936 年;后收入"近代名家散佚学术著作丛刊",山西人民出版社,2014 年
55. 唐长孺《三至六世纪江南大土地所有制的发展》,上海人民出版

社,1957年

56. 唐长孺《魏晋南北朝隋唐史三论——中国封建社会的形成和前期的变化》,武汉大学出版社,1992年,中华书局,2011年

57. 唐长孺《魏晋南北朝史论丛》,河北教育出版社,2000年

58. 田昌五、漆侠总主编《中国封建社会经济史》(4卷本),齐鲁书社,文津出版社,1996年

59. 王礼锡、陆晶清编《中国社会史的论战》(第1—3辑),神州国光社,1932年;《民国丛书》第2编第79—80册,上海书店,1990年

60. 王学典《20世纪中国史学评论》,山东人民出版社,2002年

61. 王曾瑜《宋朝阶级结构》,河北教育出版社,1996年;增订版,中国人民大学出版社,2010年

62. 王仲荦《关于中国奴隶社会的瓦解及封建关系的形成问题》《文史哲》1956年第3—5期,湖北人民出版社,1957年

63. 王仲荦《魏晋南北朝史》,上海人民出版社,1979—1980年

64. 王仲荦《隋唐五代史》,上海人民出版社,1988年;后收入"中国断代史系列"丛书,上海人民出版社,2003年

65. 吴松弟《中国人口史》第3卷《辽宋金元时期》,复旦大学出版社,2000年

66. 吴宗国《隋唐五代简史》,福建人民出版社,1998年

67. 杨际平《北朝隋唐均田制新探》,岳麓书社,2003年

68. 郑学檬主编《中国赋役制度史》,上海人民出版社,2000年

69. 张五常《佃农理论:应用于亚洲的农业和台湾的土地改革》,易宪容译,商务印书馆,2000年

70. 中国人民大学中国历史教研室编《中国封建经济关系的若干问题》,三联书店,1958年

(乙)论文

1. 包伟民《走向自觉——近百年宋代财政史研究回顾与反思》,《浙江学刊》2003年第3期,后收入氏著《传统国家与社会(960—1279年)》,商务印书馆,2009年,第210—228页

2. ［苏联］波尔什涅夫（B. F. Porshnve）《论封建制度基本经济法则的问题》，苏联《历史问题》1953 年第 6 号，中译文载中国人民大学中国历史教研室、世界通史教研室编译《历史问题译丛》1954 年第 1 辑，张书生译。

3. ［日］滨口重国《中国史上古社会问题札记》，《唐代贱人制度研究》，东京大学出版会，1972 年，中译文见刘俊文主编《日本学者研究中国史论著选译》第 1 卷《通论》，黄约瑟译，中华书局，1992 年，第 91—120 页

4. ［日］草野靖《宋代的顽佃抗租和佃户的法律身份》，《史学杂志》第 78 编第 11 号，1969 年，中译文见《日本学者研究中国史论著选译》第 8 卷《法律制度》，徐世虹译，中华书局，1992 年，第 313—351 页

5. 陈乐素《主客户对称与北宋户部的户口统计》，《浙江学报》第 1 卷第 2 期，1947 年；后收入氏著《求是集》第 2 集，广东人民出版社，1984 年，第 68—99 页

6. ［日］池田温《中国古代的租佃契》（上、中、下），《东洋文化研究所纪要》第 60、65、117 册，1973、1975、1992 年

7. 范文澜《关于上古历史阶段的商榷》，《群众》第 5 卷第 4—5 期《中国文化》第 1 卷第 3 期，1940 年；《范文澜历史论文选集》，中国社会科学出版社，1979 年，第 81—92 页

8. 韩树峰《从"分异令"到"异子科"》，《汉魏法律与社会——以简牍、文书为中心的考察》，社会科学文献出版社，2011 年，第 156—179 页

9. 李华瑞《20 世纪中日"唐宋变革"观研究述评》，《史学理论研究》2003 年第 4 期

10. 李根蟠、张剑平《社会经济形态理论与古史分期讨论——李根蟠先生访谈录》，《史学史理论研究》2002 年第 4 期

11. 李根蟠《中国"封建"概念的演变和"封建地主制"理论的形成》，《历史研究》2004 年第 3 期

12. 李根蟠《"封建"名实析义——评冯天瑜〈"封建"考论〉》，《史学理论研究》2007 年第 2 期

13. 李根蟠《"封建地主制"理论时中国马克思主义史学的重大成果》，《河北学刊》2007 年第 1 期

14. 刘后滨《经典教材的生命力——评翦伯赞主编〈中国史纲要〉(增订本)》,《北京大学学报(哲社版)》2007年第3期

15. 柳立言《何谓"唐宋变革"》,《中华文史论丛》2006年第1辑

16. 耿元骊《十年来唐宋土地制度史研究综述》,《中国史研究动态》2008年第1期

17. [日]宫崎市定《东洋的近世》,教育时报社,1950年;中译文见《日本学者研究中国史论著选译》第1卷,黄约瑟译,第153—242页

18. [日]宫崎市定《从部曲到佃户——唐宋间社会变革的一个侧面》,《东洋史研究》第29卷第4号,1971年;中译文见《日本学者研究中国史论著选译》第5卷,索介然译,中华书局,1993年,第1—70页

19. 关永强《从欧洲中心史观看美国中国史研究的变迁》,《史学理论研究》2009年第1期

20. 郭沫若《古代研究的自我批判》,《群众周刊》第9卷第2期,1944年;后收入《十批判书》《中国古代社会研究(外两种)》,河北教育出版社,2000年,第599—666页

21. 郭沫若《中国古代史的分期问题》《奴隶制时代》(代序),《郭沫若全集》历史编第3卷,人民出版社,1984年,第3—13页

22. 韩国磐《从〈吐鲁番出土文书〉中夏田券契来谈高昌租佃的几个问题》,韩国磐主编《敦煌吐鲁番出土经济文书研究》,厦门大学出版社,1986年,第199—224页

23. 韩国磐《根据敦煌和吐鲁番发现的文书略谈有关唐代田制的几个问题》,《历史研究》1962年第4期

24. 侯外庐《秦汉社会的研究》,《中国封建社会史论》,人民出版社,1979年,第55—122页

25. 华山《关于宋代的客户问题》,《历史研究》1960年第1—2期,后收入氏著《宋史论集》,齐鲁书社,1982年,第30—48页

26. 华山《再论宋代客户的身份问题》,《光明日报》1961年4月12日;后收入氏著《宋史论集》,第49—54页

27. 孔祥星《唐代前期的土地租佃关系——吐鲁番文书研究》,《中国

历史博物馆馆刊》总第 4 期,1982 年

28. 李春圃《宋代封建租佃制的几种形式》,邓广铭、程应镠主编《宋史研究论文集》(《中华文史论丛》增刊),上海古籍出版社,1982 年,第 139—150 页

29. 李文澜《论唐代职田的经营及官吏对自耕农的地租剥削》,《江汉论坛》1988 年第 7 期

30. 梁太济《宋代五等下户的经济地位和所占比例》,《杭州大学学报(哲学社会科学版)》1985 年第 3 期

31. 梁太济《两宋的租佃形式》,邓广铭、漆侠主编《中日宋史研讨会中方论文选编》,河北大学出版社,1991 年,第 33—46 页

32. 罗彤华《唐代西州、沙州的租佃制》(上、中、下),《大陆杂志》第 87 卷第 4—6 期,1993 年

33. 马燕云《吐鲁番出土租佃与买卖葡萄园券契考析》,《许昌学院学报》2006 年第 6 期

34. [苏联]梅伊曼(M. N. Meumann)、斯卡兹金(S. D. Skazki)《论封建社会形态的基本经济法则》,苏联《历史问题》1954 年第 2 号;中译文载《历史研究》编辑委员会编译《史学译丛》1954 年第 1 辑,郝镇华译

35. 乜小红《对古代吐鲁番葡萄园租佃契的考察》,《中国社会经济史研究》2011 年第 3 期

36. 牟发松《略论唐代的南朝化倾向》,《中国史研究》1996 年第 2 期

37. [日]内藤湖南《概括的唐宋时代观》,《历史与地理》第 9 编第 5 号,1922 年;中译文见《日本学者研究中国史论著选译》第 1 卷,黄约瑟译,第 10—18 页

38. 宁可《〈隋唐制度渊源略论稿〉中唐代中央财政制度"江南地方化"问题》,《光明日报》1959 年 1 月 22 日;后收入《宁可史学论集》,中国社会科学出版社,1999 年,第 571—576 页

39. 宁欣、陈涛《"中世纪城市革命"论说的提出和意义——基于"唐宋变革论"的考察》,《史学理论》2010 年第 1 期

40. [日]气贺泽保规《均田制研究的展开》,谷川道雄编《战后日本的

中国史争论》,河合文化教育研究所,1993年;中译文见《日本学者研究中国史论著选译》第2卷附录,夏日新译,中华书局,1993年,第392—423页

41. 秦晖《古典租佃制初探——汉代与罗马租佃制比较研究》,《中国经济史研究》1992年第4期

42. 秦晖《关于传统租佃制若干问题的商榷》,《学术月刊》2006年第9期

43. 秦晖《"业佃"关系与官民关系——传统社会与租佃制再认识之二》,《学术月刊》2007年第1期

44. 秦晖、彭波《中国近世佃农独立性研究》,《文史哲》2011年第2期

45. [日]仁井田陞《吐鲁番出土的唐代交易法文书》,西域文化研究会编《西域文化研究》第3卷,1960年,中译文收入中国敦煌吐鲁番学会编《敦煌学译文集》,那向芹译,甘肃人民出版社,1985年,第660—740页

46. [日]仁井田陞《吐鲁番发现的唐代租佃文书的两种形态》,《东洋文化研究所纪要》第23号,1961年

47. 日知(林志纯)《我们在研究古代史中所存在的一些问题》,《历史研究》1956年第12期

48. 沙知《吐鲁番佃人文书里的唐代租佃关系》,《历史研究》1963年第1期

49. 宋家钰《关于封建社会形态的理论研究与唐代的自耕农性质》,《中国唐史学会论文集》,三秦出版社,1989年,第24—40页

50. 孙达人《对唐至五代租佃契约经济内容的分析》,《历史研究》1962年第6期

51. 唐长孺《唐代的客户》,《山居存稿》,中华书局,1989年,第139—165页

52. 唐长孺《唐代色役管见》,《山居存稿》,第166—194页

53. 田余庆《秦汉魏晋南北朝人身依附关系的发展》,《中国史研究》1983年第3期;后收入氏著《秦汉魏晋史探微》(重订本),中华书局,2011年,第64—96页

54. 翁俊雄《武则天时期狭乡民户徙就宽乡问题》《中国唐史学会论文集(1989)》,第219—236页

55. 翁俊雄《唐后期民户大迁徙与两税法》《历史研究》1994年第3期

56. 吴纪先《关于如何表述封建主义基本经济规律问题》《武汉大学人文科学学报》1956年第1期

57. 吴于廑《略论关于封建主义基本经济规律的几个问题》,《武汉大学人文科学学报》1956年第1期;后收入《吴于廑学术论著自选集》,题作《关于封建主义基本经济规律的几个问题》,首都师范大学出版社,1995年,第422—454页

58. 吴震《近年出土高昌租佃契约研究》,新疆人民出版社编《新疆历史论文续集》,新疆人民出版社,1982年,第106—164页

59. 杨际平《麴氏高昌与唐代西州、沙州租佃制研究》,韩国磐主编《敦煌吐鲁番出土经济文书研究》,第225—292页

60. 杨际平《宋代官田出租订立租佃契约说质疑》,《陕西师范大学学报》1990年第4期

61. 杨际平《中晚唐五代北宋地权的集中与分散》,《中国社会经济史研究》2005年第3期

62. 杨际平《唐前期江南折租造布的财政意义——兼论所谓唐中央财政制度之渐次南朝化》,《历史研究》2011年第2期

63. 杨念群《美国中国学研究的范式转变与中国史研究的现实处境》,黄宗智主编《中国研究的范式问题讨论》,社会科学文献出版社,2003年,第289—314页

64. [日]西嶋定生《从吐鲁番出土文书看均田制的实施情况——以给田文书、退田文书为中心》,《西域文化研究》第2—3卷,1959—1960年;后收入氏著《中国经济史研究》,冯佐哲等译,农业出版社,1984年,第313—519页

65. 夏爱军《定额租制是分成租制进一步演化之异议》,《中国农史》2002年第3期

66. 阎守诚《逃户对唐代社会经济的影响》,《首都师范大学史学研究》

第 1 辑,首都师范大学出版社,1999 年

67. [日]宇都宫清吉《东洋中世史的领域》,《东光》第 2 号,1947 年;中译文见《日本学者研究中国史论著选译》第 1 卷,第 122—134 页

68. 赵德馨《两汉的商品生产和商业》,《赵德馨经济史学论文选》,中国财政经济出版社,2002 年,第 3—90 页

69. 赵德馨《商品货币关系发展水平与生产结构的关系——以公元一世纪前后为例》,《赵德馨经济史学论文选》,第 91—126 页

70. 赵冈《地权分配的长期趋势》,《中国社会经济史研究》2002 年第 1 期

71. 张邦炜《北宋租佃关系的发展及其影响》,《甘肃师范大学学报》1980 年第 3、4 期

72. 张广达《内藤湖南的唐宋变革说及其影响》,邓小南、荣新江主编《唐研究》第 11 卷,北京大学出版社,2005 年,第 5—70 页

73. 张国刚《改革开放以来唐史研究若干热点问题述评》,《史学月刊》2009 年第 1 期

74. 张锦鹏《宋朝租佃经济效率研究》,《中国经济史研究》2006 年第 1 期

75. 张学锋《东晋的"度田税米"制与土断的关系》,胡阿祥主编《江南社会经济研究(六朝隋唐卷)》,中国农业出版社,2006 年,第 306—343 页

76. 张雨《长时段看中国市场经济:"自然"通向富裕的中国道路?——评〈亚当·斯密在北京:21 世纪的谱系〉》,《政治经济学评论》2014 年第 1 期

77. 张泽咸《唐代的客户》,《历史论丛》第 1 辑,1964 年

78. 张泽咸《再论唐代的客户——关于纳税客户的性质问题》,《中国古代史论丛》1982 年第 3 辑

79. 章有义《本世纪二三十年代我国地权分配的再估计》,《中国经济史研究》1988 年第 2 期

80. 赵文润《从吐鲁番文书看唐代西州地租的性质及形态》,《敦煌学辑刊》1989 年第 1 期

81.［日］周藤吉之《宋代的佃户制》,《中国土地制度史研究》,东京大学出版会,1971 年；中译文见《日本学者研究中国史论著选译》第 5 卷《五代宋元》,索介然译,第 105—164 页

82. 周一良《从北魏几郡的户口变化看三长制的作用》,《社会科学战线》1980 年第 4 期

83. 朱瑞熙《试论唐代中期以后佃客的社会地位问题》,《史学月刊》1965 年第 5 期

84. 朱瑞熙《宋代佃客法律地位再探索》,《历史研究》1987 年第 5 期

（丙）未刊学位论文

1. 陈立军《西欧村庄共同体研究》,东北师范大学博士学位论文,2011 年

2. 赵莎《吐鲁番出土租佃文书中的地租形态探究》,陕西师范大学硕士学位论文,2012 年

（丁）外文论著

1.Mark Elvin（伊懋可）, *The Pattern of the Chinese Past: A Special and Economic Interpretation*, Stanford: Stanford University Press, 1973.

2.Robert M. Hartwell（郝若贝）, "Demographic, Political, and Social Transformations of China, 750—1550", *Harvard Journal of Asiatic Studies*, 42.2, 1982, pp.365—442.

3.Robert M. Hartwell, "A Revolution in the Chinese Iron and Coal Industries during the Northern Sung, 960—1126 A.D.", *Journal of Asian Studies*, 21, 1962, pp.153—162.

4.Thráinn Eggertsson, *Economic behavior and Institutions*, Cambridge: Cambridge University Press, 1990.

附 录

附表1　北宋主、客户数及客户比例表[①]

年代	主户	客户	客户比例
太平兴国五年至端拱二年（980–989）	3560797	2547838	41.7%
天禧五年（1021）	6039331	2638346	30.4%
天圣元年（1023）	6144983	3753138	37.9%
天圣七年（1029）	6009896	4552793	43.1%
天圣九年（1031）	5978065	3402742	36.3%
景祐元年（1034）	6067583	4228982	41.1%
景祐四年（1037）	6224753	4438274	41.6%
宝元二年（1039）	6470095	3708994	36.4%
庆历二年（1042）	6671392	3636248	35.3%
庆历五年（1045）	6862889	3820058	35.8%
庆历八年（1048）	6893827	3829868	35.7%
皇祐二年（1050）	6912997	3834957	35.7%
皇祐五年（1053）	6937380	3855325	35.7%
嘉祐三年（1058）	6948470	3877110	35.8%
嘉祐六年（1061）	7209581	3881531	35.0%
治平四年（1067）	9799346	4382139	30.9%
熙宁五年（1072）	10498869	4592691	30.4%
熙宁八年（1075）	10682375	5001754	31.9%
元丰元年（1078）	10995133	5497498	33.3%
元丰初年（甲）	10109542	4743144	31.9%

① 本表数据据梁方仲《中国历代户口、田地、田赋统计》，甲表33，第126—129页。

（续表）

年代	主户	客户	客户比例
元丰初年(乙)	10883686	5686188	34.1%
元丰三年(1080)	11244601	5485903	32.8%
元丰六年(1083)	11379174	5832539	33.9%
元祐元年(1086)	11903668	6053424	33.7%
元祐三年(1088)	12134723	6154652	33.7%
元祐六年(1091)	12427111	6227982	33.4%
绍圣四年(1097)	13068741	6366829	32.8%
元符二年(1099)	13276441	6439114	32.7%

附表2　高昌及唐西州田地租佃契约统计[①]

编号	立契时间	契约	田土	亩均年租额	量制	文书号及出处
1	延昌二十四年(584)	定额货币	常田	银钱5文	——	60TAM326：01/6，吐2—页250
2	延昌二十八年	定额货币	常田	银钱6文	——	60TAM308：8/1，吐1—页247
3	延昌二十八年	定额实物	部麦田	小麦2.7斛	高昌官斗	67TAM365：7/11，吐1—页293
4	延昌二十九年	定额实物	——	小麦2.7斛	高昌官斗	67TAM365：7/2，吐1—页293
5	延昌二十九年	定额实物	常田	小麦□斛	高昌官斗	67TAM365：14，吐1—页294

[①] 本表资料来源《吐鲁番出土文书(图录本)》第1-4册(简称：吐1至吐4)、《大谷文书集成》第1-3册(简称：集成1至3)、《新出吐鲁番文书及其研究》(简称：新出)、《新获吐鲁番出土文献》(简称：新获)、《斯坦因所获吐鲁番出土文书研究(修订本)》(简称：斯获)。对于租价不详者，以"□"表示，田土类型不详者与无需标明量制者，皆以"——"表示。在搜集资料过程中，先后参考了孔祥星《唐代前期的土地租佃关系——吐鲁番文书研究》、赵文润《从吐鲁番文书看唐代西州地租的性质及形态》、赵莎《吐鲁番出土租佃文书中的地租形态探究》等研究成果。有些租佃个案中，在租价之外(如小麦、粟等)，主佃双方还约定有附加的草等他物，本表从略。

（续表）

编号	立契时间	契约	田土	亩均年租额	量制	文书号及出处
6	延昌三十六年	定额实物	常田	大麦1斛,木酒0.67斗;床1斛或粟1.17斛	高昌官斗	72TAM153：39（a）,40（a）,吐1—页279
7	延和四年（605）	定额实物	常田	小麦5斛、床5斛	高昌官斗	86TAM386:35—1b,35—2b,33—4b,新出—页56
8		定额实物	秋田	粟14斛	高昌官斗	
9		定额实物		粟14斛	高昌官斗	
10		定额实物	——	粟□斛	高昌官斗	
11	义和三年（616）	定额实物	部床田	床□斛	高昌官斗	72TAM151：94,吐2—页100
12	义和三年	定额实物	部田	床5斛(或5斛余)	高昌官斗	72TAM151：13,吐2—页101
13	重光元年（620）	定额实物		床□斛	高昌官斗	73TAM116：58,59,吐1—页372
14	重光四年	定额实物	部麦田	大麦3.8斛	高昌官斗	69TAM140：18/5,吐2—页196
15	延寿六年（629）	定额货币	常田	银钱6.67文	——	69TAM338：14/1,吐2—页242
16	延寿六年	定额实物	常田	大麦5斛、秋（床或粟）5斛	高昌官斗	72TAM155：31,吐1—页426
17	延寿九年	定额实物	部麦田	小麦2斛	高昌官斗	69TAM117：57/3,吐2—页289
18	高昌时期	定额货币	常田	银钱16文、租酒3斛	——	60TAM326：01/7,01/8,吐2—页251
19	高昌时期	定额实物	常田	小麦2.5斛	高昌官斗	60TAM326：01/3,吐2—页252
20	高昌时期	定额实物	部麦田	小麦□斛	高昌官斗	67TAM364：5,吐1—页386

（续表）

编号	立契时间	契约	田土	亩均年租额	量制	文书号及出处
21	高昌时期	定额货币	常田	银钱25文（总）	——	67TAM364：15，吐1—页387
22	高昌时期	定额实物	常田	小麦6.5斛；床或粟6.5斛	高昌官斗	69TAM135：7，吐1—页411
23	高昌时期	定额实物	床田	床3斛	高昌官斗	66TAM48：22，吐1—页354
24	高昌时期	定额实物	——	大麦7.5斛、粟7.5斛	高昌官斗	64TAM25：13，吐1—页459
25	贞观十四年（640）	定额实物	常田	小麦5斛、床或粟5斛	高昌官斗	64TAM15：23，吐2—页25
26	贞观十五年	定额实物	——	小麦3.5斛、秋（床或粟3.5斛）	高昌官斗	64TAM15：16，吐2—页29
27	贞观十六年	定额实物	常田	小麦2.5斛	高昌官斗	69TAM117：57/11，吐2—页293
28		定额实物	——	粟2.5斛	高昌官斗	
29	贞观十六年	定额实物	——	大麦2.5斛、粟2.5斛	寺斗	69TAM117：57/10，吐2—页294
30	贞观十七年	定额实物	——	小麦2斛（或2斛余）	高昌官斗	59TAM301：15/4—1,15/4—2,吐2—页82～83
31	贞观二十二年	定额实物	常田	大麦5斛、秋（床或粟）5斛	高昌官斗	64TAM24：26，吐2—页177
32	贞观二十三年	定额货币	常田	银钱8文	——	64TAM10：34，吐2—页207
33	贞观年间	定额货币	常田	银钱□文	——	64TAM10：35，吐2—页208
34	贞观年间	分成实物	常田薄田	主佃均分	——	64TAM15：27，吐2—页36
35	永徽元年（650）	定额实物	常田	练0.33匹	——	65TAM42：10，73,吐3—页117
36	永徽二年	定额实物	常田	小麦□斛、秋（床或粟）□斛	高昌官斗	64TAM24：28，吐2—页178

(续表)

编号	立契时间	契约	田土	亩均年租额	量制	文书号及出处
37	永徽四年	定额货币	麦田	银钱6文	——	64TAM10：36，吐2—页209
38	永徽四年	定额货币	常田	银钱12文	——	64TAM10：33，吐2—页210
39	显庆四年（659）	定额实物	部田	小麦2斛	高昌官斗	64TAM20：34，吐3—页476
40	显庆四年	定额实物	——	小麦0.65斛	唐官斗	大谷2828，集成1—页102
41	龙朔元年（661）	定额实物	常田	小麦□斛	高昌官斗	64TAM10：39，吐2—页213
42	龙朔三年	分成实物	常田	主佃均分	——	60TAM337：18（a），吐2—页229
43	乾封元年（666）	定额实物	——	小麦□斛	高昌官斗	64TAM4：43，吐3—页217
44		定额实物	部田	小麦2斛	高昌官斗	
45	仪凤三年（678）	定额实物	常田	小麦5斛、粟5斛	高昌官斗	2001SYMX1：1—3，新获—页362
46	仪凤年间	定额实物	——	小麦□斛、秋（床或粟）□斛	高昌官斗	67TAM363：7/4，吐3—页570
47	高宗时期	定额货币	——	银钱□文	——	60TAM317：30/4，30/5，吐3—页90
48	高宗时期	定额实物	——	大麦2.5斛	高昌官斗	60TAM317：30/1，吐3—页91
49	高宗时期	定额货币	常田	银钱15文	——	64TAM10：40，吐2—页212
50	高宗时期	定额实物	——	大麦7斛、秋（床或粟）7斛	高昌官斗	69TAM137：1/2，1/4—1，吐3—页87
51	高宗时期	定额货币	——	银钱3文	——	69TAM137：1/1，1/3，吐3—页89
52	高宗时期	定额实物	部田	小麦2.5斛	高昌官斗	60TAM332：9/4，吐3—页151

(续表)

编号	立契时间	契约	田土	亩均年租额	量制	文书号及出处
53	垂拱元年（685）	定额实物	常田	小麦 2.5 斛、粟 2.5 斛	高昌官斗	2001SYMX1:3—7,新获—页364
54	垂拱三年	定额实物	——	粟 5 斛	高昌官斗	2001SYMX1:3—3,新获—页365
55	垂拱三年	定额实物	——	小麦 1.6 斛	唐官斗	64TAM35：20,吐3—页493
56	天授元年（690）	定额实物	部田	小麦 1 斛	高昌官斗	Ast.Ⅲ.4.090,斯获—页239—240
57	武周时期	定额实物	绝户田	粟 2 石以上	高昌官斗	72TAM230：64,吐4—页77
58	武周时期	定额实物	公廨田	粟 0.5 石	唐官斗	大谷1305,集成1—页45—46
59	景龙二年（708）	定额实物	秋田	床 1.11 斛	寺斗	2006TZJI:162＋2006TZJI:164,新获—页326—327
60	中宗时期	定额实物	杜渠职田	小麦 7.24 石、粟 7.24 石	高昌官斗	64TAM36：9,吐4—页16
61			樊渠职田	小麦 1.25 石、粟 1.25 石		
62				小麦 1.15 石、粟 1.15 石		
63				小麦 1.14 石、粟 1.14 石		
64				小麦 1.3 石（或1.3 石余）、粟 1.3 石（或 1.3 石余）		
65	开元二十二年（734）	定额实物	职田	粟 0.6 石	唐官斗	73TAM509：23/3—1,吐4—页313
66	开元二十四年	定额实物	部田	小麦 0.2 石	唐官斗	大谷3107,集成2—页26—27
67	天宝十三载（754）	定额实物	——	小麦 0.2 石	唐官斗	73TAM506：04/7,吐4—页569

(续表)

编号	立契时间	契约	田土	亩均年租额	量制	文书号及出处
68	天宝十三载	定额实物	部田	小麦 0.2 石	唐官斗	73TAM506：04/10—2,吐4—页570
69	至德二载（757）	定额实物	部田	小麦 0.2 石	唐官斗	73TAM506：04/6,吐4—页572
70		定额实物	部田	小麦 0.2 石	唐官斗	
71	至德二载	定额实物	——	小麦 0.2 石	唐官斗	73TAM506：04/9,吐4—页573
72	至德二载	定额实物	——	小麦 0.2 石	唐官斗	73TAM506：04/19,吐4—页574
73	肃宗时期	定额实物	部田	小麦 0.1 石	唐官斗	64TAM37：21,吐4—页345
74	肃宗时期	定额实物	樊渠地	小麦 1 石、粟 1 石	唐官斗	73TAM506：5/8（a）,吐4—页563
75	大历六年（771）	定额实物	常田	小麦 0.6 石、粟 0.6 石	唐官斗	73TAM506：04/13,吐4—页578～579
76			常田	小麦 0.6 石、粟 0.6 石		
77			常田	粟 0.4 石		
78			常田	床 0.776 石		
79			常田	粟 1 石		
80	大历年间	定额实物	——	青麦 0.8 石、粟 0.9 石	唐官斗	73TAM506：04/15(a),吐4—页582
81	大历年间	定额实物	——	青麦 0.6 石	唐官斗	73TAM506：5/6（a）,吐4—页561
82		定额实物	——	粟 0.4 石		

后 记

从没想过,能以这样的一本书来为两年的博士后生活画上一个句号。对经济学的一无所知就不必说了。可就算是相对熟悉的唐宋经济史领域,我也几乎是个门外汉,素无积累。偏偏经济史又是中国古代史研究的重中之重,成果极为繁富。所以,一直以来,不得不宣称要以滥竽充数的精神完成这项不可能完成的任务。这是我内心最真实的想法。即便到了四个多月之前,开始真正动笔的时候,对于整本书的框架,我也依然没有什么完整的想法。唯一不同的是,从那时起,我自己也已经心知肚明,南郭先生的手段,大概是不能救我于水火之中了,只好勉力为之,以至于今日。

能够完成这样一本书,需要感谢的人非常多,父母、家人的支持与陪伴自然是不必说的。首先要感谢张宇老师。承蒙张老师不弃,使我得以在博士毕业之后能够忝列于门下,继续问学。在这两年之间,张老师为我提供了非常宽松的环境,让我能够有充分自由的时间来完成自己的任务。记得2011年5月21日晚上,刚刚博士论文答辩后的第二天,还在忙乱地整理各种材料时,刘后滨老师领着我去拜见张老师。那种即将踏入陌生学术领域的激动和惶恐,至今仍能身临其境地体会在心。张老师为我指定了两门必修课,或者说是先修课——《资本论研究》和《高级政治经济学》。第一次真正接触马克思主义的基本原典,对于完成这篇出站报告,大有裨益。

其次要感谢巫云仙老师在出站报告选题上的指点迷津。在进站之初,拟定的研究课题是《前近代中国经济发展模式演变理论的反思》。最初的设想是,在更长的时段内和更广阔的视野中,去回应有关"中国模式"或者"中国道路"的争论。不过,这样的领域,与我自身的学术背景和知识结构之间,存在着明显的错位。所以去年暑假的时候,在巫老师的提醒和建议之下,便将题目改为《唐宋经济增长的要素分析研究》。当时的设想是,借鉴经济增长的理论,从人口、土地、资本和政府等要素入手,逐一分析它们对唐宋之间经济增长的影响,并由此探讨唐宋经济增长的模式。虽然限于本人的学力,上述设想最后也未能实现,而报告的题目也最终变为《赋税制度、租佃关系与中国中古经济研究》。但对前近代中国经济史研究诸理论的反思,和对唐宋经济增长模式的探讨,还是在最后的书稿中有一定的体现。

同样要感谢刘后滨老师。虽然他总是说现在这样的题目他不懂(其实他是最近忙得没时间看报告),但实际上,有关中国历史分期、唐宋变革论等话题,一直以来,都是他在不断地督促我们这些学生去了解,去思考。刘老师总是告诫我们,在关注政治制度史的同时,不能忘记还有经济史研究这一领域,以及社会形态演变这样的大关怀。也正因如此,他才会力荐我去张老师门下,希望我在经济学院的两年时间,能有所作为。不过,像我这样的笨学生,也只能拿出这样一份"披头散发"的出站报告,聊以应付老师的期许。希望日后还能有机会进一步地完善。

还要感谢张晨兄。同样是 2002 年入学,又曾有幸在一个军训方阵度过了初入人大的半个月。虽然当时并不相识,但这样因缘,还是大大加速了我融入新师门的速度,也消解了许多的不适。尤其是昨天的一席长谈,更让我明白了本书的缺点所在(详见本书正文部分的相关注释)。起初,也是在张晨的建议,我有幸去旁听了邱海平老师所讲授的《资本论研究》。邱老师的风趣幽默,以及深入浅出的讲课方式,都给我留下了深刻的印象,也使得我这样的初学者,能够在有限的时间中,更多一点儿地去了解《资本论》和马克思主义政治经济学。

正是在第一次课上,当读到马克思的"宣言"——"我决不用玫瑰色描绘资本家和地主的面貌。不过这里涉及到的人,只是经济范畴的人格化,是一定的阶级关系和利益的承担者。我的观点是把经济的社会形态的发展理解为一种自然史的过程。不管个人在主观上怎样超脱各种关系,他在社会意义上总是这些关系的产物。同其他任何观点比起来,我的观点是更不能要个人对这些关系负责的"(《资本论》第 1 版《序言》)——时,一下子让我对马克思主义理论的看法丰满和形象了起来。

后来,在撰写出站报告的过程中,又看到了如下的文字:"矛盾无处不在,理性的个人追逐自身利益的强大冲动力,既是经济衰退的主要原因,也是经济增长和繁荣的主要源泉。"(思拉恩·埃格特森《经济行为与制度·中文版序言》)由此让我体会到了西方经济学者对"理性人"假设的反思,对我而言,同样是非常重要的收获。

我想,就以这样的两段话,结束两年的博后生活吧。

张　雨

2013 年 6 月 1 日

于青年公寓 6022

(出版时有修订)

补　记:

在返家举行婚礼的当天早晨,我从微信群里得到了业师刘后滨教授为本书所作序文,发送时间是凌晨两点多。对于此序,我期待已久,却不意能在这样一个"恰好"的时刻收到,成为一份意味深长的新婚礼物。如果说婚姻开启了人生新的篇章,意味着我将承担更多的责任和义务去经营家庭,那么出版专著就是学术人生的重要一步,意味着我会接受更多的同行评议来完善此书。

本书是在博士后出站报告基础上修改而成的,故仍将原文后记附在前面。对于曾经的那些帮助,感激之情无需额外置辞。

正如后记所说,经济史并非我所擅长,只是在人大读书时,聆听过多位师长从不同方面讲授经济史的不同领域和各种话题。比如本书涉及的中国古代史分期问题,就是本科课堂的学习内容。听过之后,便一直记在心中。还记得当时为了了解各家观点,我也曾看过一些论著,做过一些笔记。虽然粗浅,但毕竟埋下了一颗种子。后来,在博士后阶段,需要讲授《〈资治通鉴〉选讲》这门校选课,为了准备《孝文帝改革》一讲,我曾对户调制、均田制做过梳理。当时虽无心,但最终它成为本书赋税制度部分的基础。但正因有此因缘,使它与后来写出的租佃关系部分在思路上始终有距离感。我虽然在本书第四章一开始试图加以述说弥合,但始终无法消除两者之间存在的"两张皮"现象。刘老师之所以"花了很长时间"来写序,与此有着直接关系。

博士后在站只有短短的两年,因而相比于博士学位论文而言,出站报告更是一篇急就章。为此,工作之后,我利用业余时间持续修改了一年多,才下定决心将其正式出版,并以此书作为一份负笈人大十一载的学习总结。

在读书期间,身为普通工人的父母一直都是我生活的基石。父亲张成忠从军十余年后,复员转业到本地的啤酒厂工作,母亲胡玉珍则是通过亦工亦农的方式从阳县北部山区来到城市,在棉纺厂上班,吃上了商品粮。用刘老师的话说,他们都是从农村进入城市的第一代人,非常辛苦。后来啤酒厂不景气,父亲便以停薪留职的方式下海经商,在村边路旁开了一家小饭店,名曰金兰。生意还算红火,但终因赊欠帐太多,资金周转陷入困难,恰好此时谢成叔力邀父亲来到他所在的电厂打工。父亲同意了,还是干老本行,经营职工食堂,一晃又是十几年,直到去年正式"荣休"。

年轻时的父亲怀揣着梦想,喜爱读书,也喜欢历史,据说当兵期间,还积累下多年的《历史研究》。只因时运不济,先进了车间,后进了厨房。对于父亲而言,经商毕竟是迫不得已的事情。当时我刚上小学二三年级,还处于人生启蒙的阶段。为了让我形成正确的世界观、人生观、价值观,他一直勇于自我批评,不断指出自己身上所谓的小农、小市民思想,反复告诫我不能沾染市侩习气。不过现在想来,父亲对小农思想所持的负面态度,恰恰是"现代"对"传统"众多批判的一个缩影。其实,我更想说的是,从他的阅历中,让我更多的体会到最原初的经济学思想和成本分析的意识。这也促使我在本书中,从更加积极的角度来看待中国传统社会中的小农经济。

在父亲的背后,母亲一直都给予坚定的支持。虽然不显山不露水,但却是父子之间沟通的桥梁。同时,作为一名基督徒,她也以自己的方式启迪着我的心灵。因此,我将本书献给他们。父母之外,张坤哥也总在我需要帮助的时候,及时伸出援手,毫无怨言,棠棣之情甚切。

对我而言,人大的生活,是一段难以忘怀的岁月,在博士论文的后记中,我曾这么说："求学路上，有过彷徨和苦恼，不过收获更多的是快乐与幸福。这份快乐与幸福，离不开历史02本的各位同学的支持，离不开309、520和106各位室友和饭友的陪伴。"感谢有幸结识的各位RUCer们，感谢束宇、王松曾多次帮我翻译论文的英文摘要，感谢王松又为我专门拍摄作者近照。

在本书的修改过程中，王静、刘新光、张耐冬、赵璐璐、赵晶、刘家隆、徐畅、张亦冰、朱博宇等师友，或代为寻找资料，或提出意见建议，或容我聒噪啰嗦，对减少本书的疏漏错误，帮助很大。此外，联大历史文博系研究生王帆，也为查找资料提供了帮助。谨此致谢。

今年3月26日拿到书稿校样，截止7月，全稿通校一遍，通读两遍，修订了不少讹误，也补充了一些内容。在庆幸之余，我更加清醒的意识到，本书还有太多的不足。在此之前，我曾将出站报告中有关唐宋租佃关系的内容，修改成文发表在《唐宋历史评论》第1辑上（本书相关章节对该文有所修正），当时审稿专家就有"本来就极为零散、偶尔存留下来的一些数据性记载，被他用经济学的公式算来算去，天晓得靠得住否"之语，对此我亦深有体会。所以在向出版社提交定稿时，为了便于读者复查数据，我将本书所涉及到的高昌及唐西州田地租佃契约文书（每份文书之后另加按语）全部附录在书后。不过在校样排印时，又将此部分删去。现在看来，或许有所不妥，希望日后有机会予以修订。

最后，要感谢我的妻子冯晓川，是她让我所做的一切有了意义，也使我的人生充满了敢于幸福的力量。作为一名编辑，她阅读了本书的部分章节，提出了自己的意见，并为本书翻译了全部英文目录。

本书的出版还得到了北京联合大学应用文理学院历史文博系的资助。本书出版过程中，上海古籍出版社吕瑞锋兄等帮助甚著，从选题论证到编辑审校，付出了大量的时间和辛劳，谨此一并致谢。

2015年7月29日初草
8月4日修改
于北京寓所

图书在版编目(CIP)数据

赋税制度、租佃关系与中国中古经济研究 / 张雨著.
—上海:上海古籍出版社,2015.11(2023.4重印)
ISBN 978-7-5325-7571-8

Ⅰ.①赋… Ⅱ.①张… Ⅲ.①赋税制度—研究—中国 ②租佃关系—研究—中国 Ⅳ.①F812.9②F329

中国版本图书馆 CIP 数据核字(2015)第 052943 号

赋税制度、租佃关系与中国中古经济研究
张　雨　著
上海古籍出版社出版发行
(上海市闵行区号景路 159 弄 1-5 号 A 座 5F　邮政编码 201101)
(1) 网址:www.guji.com.cn
(2) E-mail:guji1@guji.com.cn
(3) 易文网网址:www.ewen.co
上海新艺印刷有限公司印刷
开本 635×965　1/16　印张 15.25　插页 2　字数 212,000
2015 年 11 月第 1 版　2023 年 4 月第 2 次印刷
ISBN 978-7-5325-7571-8
K·2007　定价:89.00 元
如有质量问题,请与承印公司联系